Paul Jackson

MUSTER IM RAPPORT

Haupt
GESTALTEN

Paul Jackson hat bereits in den frühen 1980er-Jahren Papierkunst und Papierdesign für sich als Beruf entdeckt. Er hat mehr als 30 Bücher über Origami und Papierkunst verfasst, Falttechniken in mehr als 50 Hochschulen für Kunst und Design gelehrt, zahlreiche Auftragsmodelle für Druck, Fernsehen und andere Medien ausgeführt und Unternehmen wie Nike und Siemens bezüglich ihrer Produkte beraten. Seine Werke aus gefaltetem Papier waren und sind in Galerien und Museen auf der ganzen Welt zu sehen. Paul Jackson verfügt über mehrere Studienabschlüsse in den Bereichen Bildende Kunst, Experimentelle Mediengestaltung und Verpackungsdesign. Er ist vor zehn Jahren von London nach Tel Aviv umgezogen, wo er heute lebt.

Die englische Originalausgabe erschien 2018 unter dem Titel *How to Make Repeat Patterns*
bei Laurence King Publishing Ltd., GB-London

Gestaltung und Umschlag: Nicolas Pauly und Maria Hamer
Aus dem Englischen übersetzt von Anne Taubert, D-Berlin, und Martina Simonis, D-Baden-Baden
Satz der deutschsprachigen Ausgabe: Die Werkstatt Medien-Produktion GmbH, D-Göttingen

Gedruckt in China
Um lange Transportwege zu vermeiden, hätten wir dieses Buch gerne in Europa gedruckt.
Bei Lizenzausgaben wie diesem Buch entscheidet jedoch der Originalverlag über den Druckort.
Der Haupt Verlag kompensiert mit einem freiwilligen Beitrag zum Klimaschutz die durch den
Transport verursachten CO_2-Emissionen und verwendet nach Möglichkeit nachhaltiges FSC-Papier.

Swiss Climate
CO_2neutral
Transport

Diese Publikation ist in der Deutschen Nationalbibliografie verzeichnet.
Mehr Informationen dazu finden Sie unter http://dnb.dnb.de
ISBN: 978-3-258-60182-3

www.haupt.ch
Der Haupt Verlag wird vom Bundesamt für Kultur mit einem Strukturbeitrag für die Jahre 2016–2020 unterstützt.

Paul Jackson

MUSTER IM RAPPORT

DIE GRUNDLAGEN FÜR DESIGN, MODE UND ARCHITEKTUR

HAUPT VERLAG

Inhalt

Einleitung

Schauen Sie sich um. Betrachten Sie den Fußboden, die Wände, die Zimmerdecke, die Möbel und werfen Sie einen Blick durch das Fenster. In Vielem, das Sie erblicken, wird sich ein flächiges oder auch ein plastisches Motiv entdecken lassen, das sich mehrmals wiederholt und zu einem Muster zusammenfügt. Derartige Wiederholungsmuster sind mitunter rein dekorativ, wie die Dessins von Stoffen, oder auch funktional, wie die Tastenanordnung einer Computertastatur, und genauso können sie auch eine Kombination aus dem Dekorativen und dem Funktionalen sein, wie an einem Ziermauerwerk.

Aber wie entwirft man derartige Wiederholungsmuster? Dieses Buch, das speziell für Designer/-innen geschrieben ist, gibt die Antwort darauf. Der Schlüssel zum Verstehen liegt in den Regeln der Symmetrie. Da es nur vier Arten von Symmetrie gibt – Drehung, Parallelverschiebung, Achsenspiegelung und Gleitspiegelung – sind die Regeln leicht erlernbar. Für die kreative Arbeit ergeben sich aus der Kombination der vier Symmetrieoperationen zu weiteren, komplexeren Symmetrieformen unendliche Möglichkeiten der Ornamentik. Dazu zählen Rotationsmuster, sieben verschiedene Typen linearer Muster (Muster, die sich entlang einer geraden Linie wiederholen) und siebzehn verschiedene Typen ebenflächiger Muster (Muster, die sich horizontal und vertikal im zweidimensionalen Raum wiederholen). Jeder dieser Mustertypen ist im vorliegenden Buch mit seinen besonderen Merkmalen beschrieben. Extrakapitel sind der Parkettierung mit Vielecken gewidmet, der Erstellung nahtloser Muster, wie beispielsweise an Tapeten, sowie zu guter Letzt verschachtelter Escher-Parkettierungen.

Symmetrie ist ein umfangreicher und komplexer Teilbereich der Mathematik. Wahrscheinlich könnten die wenigsten Designer/-innen einer Diskussion über Symmetrie unter Mathematikern folgen, daher versucht dieses Buch, die Mathematik außen vor zu lassen und die Symmetrie als visuelles Thema in den Fokus zu rücken, um sie so selbst für den unkundigen und Mathe-phobischen Leser zugänglich zu machen. Es zeigt sich dabei, wie ungemein kreativ das Erschaffen von Mustern ist, dass es großen Spaß macht, viele wenig genutzte, wunderbare Möglichkeiten bietet und dabei überraschend einfach ist.

Auf welchem Level Ihre gestalterischen Erfahrungen auch sind, was immer Sie an Materialien verwenden möchten und was immer Ihr Interessensgebiet ist – ganz gleich, ob das die Gestaltung von Stoffen oder von Gebäudefassaden ist –, dieses Buch erklärt Ihnen in leicht verständlicher Sprache, was Sie zum Entwerfen von Wiederholungsmustern wissen müssen.

Paul Jackson

Was ist ein Wiederholungsmuster und was nicht?

Diese Frage stellt sich am Anfang eines Buches über das Entwerfen von Wiederholungsmustern naturgemäß als Erstes. Glücklicherweise gibt es darauf eine einfache Antwort, zu der es eine interessante Ausnahme gibt, die am unteren Ende der Seite betrachtet wird.

Was ist ein Muster?
Ein Muster ist die Anordnung darstellender Elemente auf einer Oberfläche.

Was ist ein Wiederholungsmuster?
Ein Wiederholungsmuster entsteht durch die Vervielfachung dieser Elemente mittels einer der Symmetrieabbildungen, wie sie in diesem Buch beschrieben werden.

Man beachte dabei, dass wir häufig von „Muster" sprechen, wenn eigentlich das Wort „Wiederholungsmuster" korrekt wäre. Zum Beispiel, wenn die Rede von einem „Schal mit einem schönen Muster" ist, anstelle von einem „Schal mit einem schönen Wiederholungsmuster".

Handelt es sich bei dem rechts abgebildeten Muster um ein Wiederholungsmuster oder nicht? Die Abstände zwischen den Buchstaben nehmen schrittweise und in einem bestimmten Rhythmus zu, weshalb man durchaus von einem Wiederholungsvorgang mit vorgegebenen Parametern sprechen kann. In der Buchstabenzeile selbst dagegen gibt es keine einzige erkennbare Wiederholung. Je nachdem, wie eng ich also die Definition auslege, können Muster, die auf Skalierung (d. h. Vergrößerungen oder Verkleinerungen) oder Veränderungen der Abstände zwischen darstellenden Elementen basieren, als Wiederholungsmuster gelten oder nicht. Das zu entscheiden liegt bei Ihnen.

aa a a a a a a a

Rechts sehen Sie ein Muster aus Buchstaben in zufälliger Anordnung, eingerahmt in ein Quadrat. Es handelt sich dabei nicht um ein Wiederholungsmuster, sondern lediglich um eine Sammlung grafischer Elemente.

Erst wenn an der gleichen Anordnung von Buchstaben eine Form der Symmetrieabbildung vorgenommen wird, entsteht ein Wiederholungsmuster. Zunächst wird die Buchstabenanordnung um einen Punkt gedreht (Drehsymmetrie), darunter entlang einer Geraden wiederholt (Lineare Symmetrie) und unten zu einem Gitter zusammengefügt (Symmetrie der Ebene oder Plansymmetrie). Im weiteren Verlauf des Buches werden diese drei Formen der Mustererstellung noch ausführlicher erklärt.

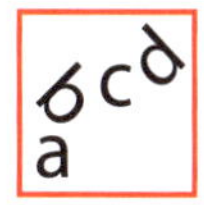

Zelle

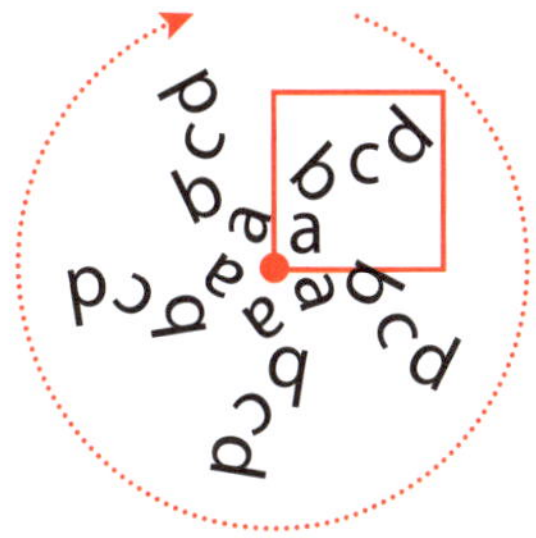

Drehsymmetrie

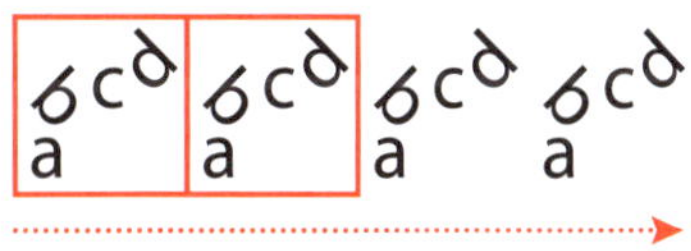

Lineare Symmetrie

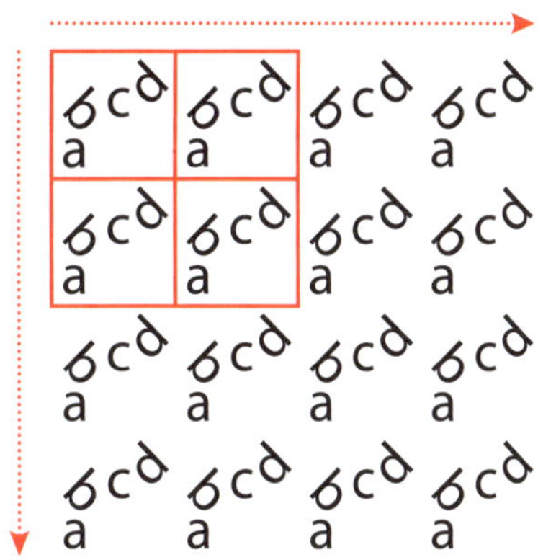

Plansymmetrie

Symmetrieabbildung, Einzelelement, Motiv und Metamotiv

Ein Wiederholungsmuster besteht aus bis zu vier Teilen, die im Folgenden besprochen werden. Es müssen nicht alle auf einmal gegeben sein, um ein Wiederholungsmuster entstehen zu lassen.

Das Einzelelement

Das Einzelelement ist das „Atom" des Wiederholungsmusters: seine kleinste unteilbare Einheit.

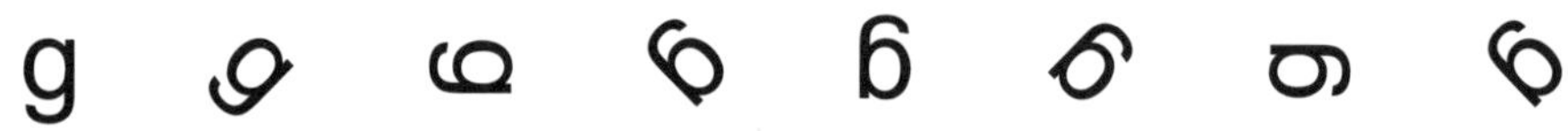

Einzelelemente

Das Einzelelement kann einfach, komplex, abstrakt, figürlich, schwarzweiß, mehrfarbig, zwei- oder dreidimensional sein und aus einem oder mehreren Materialien bestehen – die Aufzählung ließe sich beliebig fortsetzen. In diesem Buch bestehen die Einzelelemente in der Regel aus asymmetrischen Druckbuchstaben (für die Erläuterung, warum Buchstaben gewählt wurden, siehe Seite 16).

Wiederholungsmuster können aus Einzelelementen allein bestehen. Für ein Wiederholungsmuster müssen nicht zwingend Motive oder Metamotive (beschrieben auf der gegenüberliegenden Seite) vorhanden sein, ohne irgendein Element aber geht es nicht.

Das in diesem Abschnitt des Buches verwendete Einzelelement ist der Kleinbuchstabe g. Beachten Sie, dass er asymmetrisch ist, was bedeutet, dass man keine Linie durch ihn ziehen kann, zu deren beiden Seiten die Formen gleich wären. Das g wird hier in verschiedenen Drehstellungen gezeigt. Jede davon (oder eine jede andere) könnte als Musterelement verwendet werden.

Das Motiv

Das Motiv ist das „Molekül“ in einem Wiederholungsmuster und besteht aus zwei oder mehr Einzelelementen. Einzelelemente lassen sich, abhängig von ihrer Anzahl und davon, ob sie zufällig oder in einem Wiederholungsmuster angeordnet sind, in nahezu unendlicher Zahl zu Motiven zusammenstellen.

Hier ist das Einzelelement, der Kleinbuchstabe g, nach dem Zufallsprinzip bzw. in sorgfältig geplanten Wiederholungen zu einer Auswahl möglicher Motive angeordnet. Jedes dieser Motive könnte wiederum eine nahezu unendliche Zahl von Wiederholungsmustern erzeugen. Multipliziert man die mögliche Vielzahl an Motiven mit der schier unendlichen Zahl sich ergebender Wiederholungsmuster, haben wir bereits mehr Mustermöglichkeiten, als jede und jeder von uns in seinem Leben entwickeln kann.

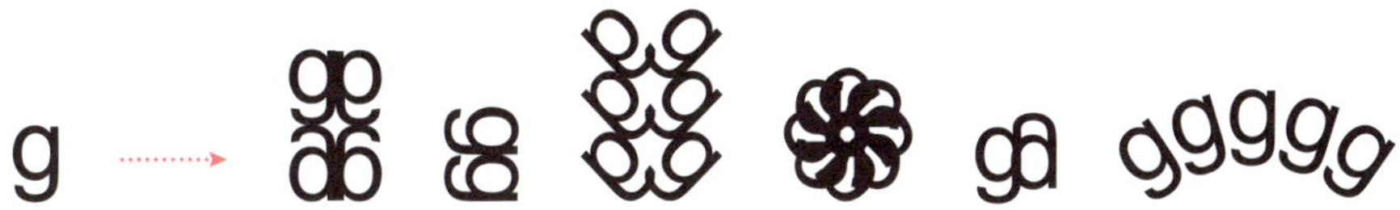

Einzelelement

Beispiele für Motive

Das Metamotiv

Zwei oder mehr Motive können wieder zu einem Metamotiv zusammengebunden werden, das dann das Grundelement eines Wiederholungsmusters ist. Wie zuvor ist die Anzahl der Möglichkeiten riesig.

Das erste Mustermotiv aus dem vorigen Abschnitt liefert hier die Ausgangsform für einige wenige Stellvertreterbeispiele, wie es sich vervielfältigen lässt, um ein Metamotiv zu erzeugen. Wie schon zuvor kann ein und dasselbe Motiv die Ausgangsbasis für eine ungeheuer große Zahl möglicher unterschiedlicher Metamotive sein.

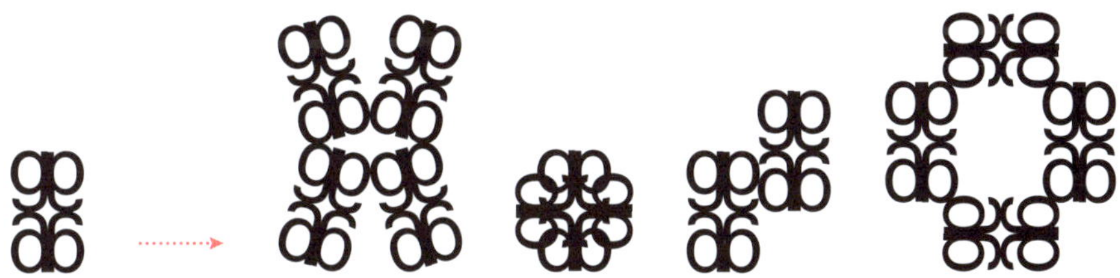

Motiv als Einzelelement

Beispiele für Metamotive

Die symmetrische Abbildung

Steht Ihr Einzelelement, Motiv oder Metamotiv fest, können Sie es anhand einer oder mehrerer der vier in Kapitel 1 erläuterten Symmetrieoperationen in ein Wiederholungsmuster verwandeln. Diese Symmetrieabbildungen bilden den Kern des vorliegenden Buchs.

Symmetrieabbildung, Einzelelemente, Motive , Metamotive

Für die Konstruktion von Wiederholungsmustern spielen Einzelelemente, Motive, Metamotive und symmetrische Abbildung zusammen. Im Folgenden sind die drei prinzipiellen Möglichkeiten beschrieben.

Einzelelement + Symmetrieoperation = Wiederholungsmuster

Bei dieser Methode, der unmittelbarsten von allen, setzt sich das Muster aus einem Einzelelement zusammen. Mittels einer von vier möglichen Symmetrieoperationen, die auf Seite 21 aufgelistet sind, entsteht das Wiederholungsmuster. Beachten Sie, dass nur ein Element verwendet wird. Sobald ein zweites Element ins Spiel kommt, wird aus dem Element ein Motiv.

Als Einzelelement fungiert der Kleinbuchstabe g. Das Wiederholungsmuster wird im nebenstehenden Beispiel mittels einer Verschiebung (siehe Seite 26) erzeugt, aber auch jede andere der vier Symmetrieoperationen hätte als Beispiel dienen können. Das gleiche Wiederholungsmuster hätte man auch mit einer Parkettierung der Fläche (siehe Seite 111) erreichen können.

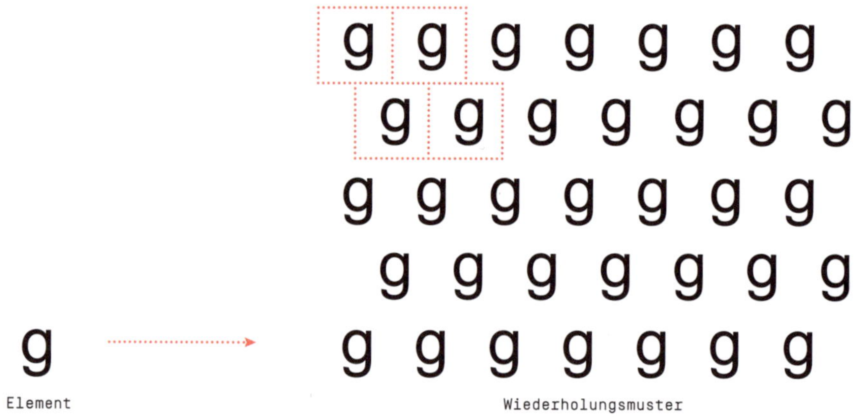

Motiv + Symmetrieoperation = Wiederholungsmuster
Bei dieser Methode wird zunächst eine gewisse Anzahl von Einzelelementen zu einem Motiv zusammengebunden. Anschließend ist es das Motiv, das mittels einer der vier Symmetrieoperationen vervielfältigt wird, bis das Wiederholungsmuster entsteht.

Das Einzelelement g wurde horizontal und vertikal gespiegelt, woraus sich ein symmetrisches Motiv aus vier Einzelelementen ergibt. Das zusammengesetzte Motiv wurde anschließend mittels Verschiebung in der Ebene wiederholt. Auch hier hätte wieder jede der vier Symmetrieoperationen als Beispiel herangezogen werden können.

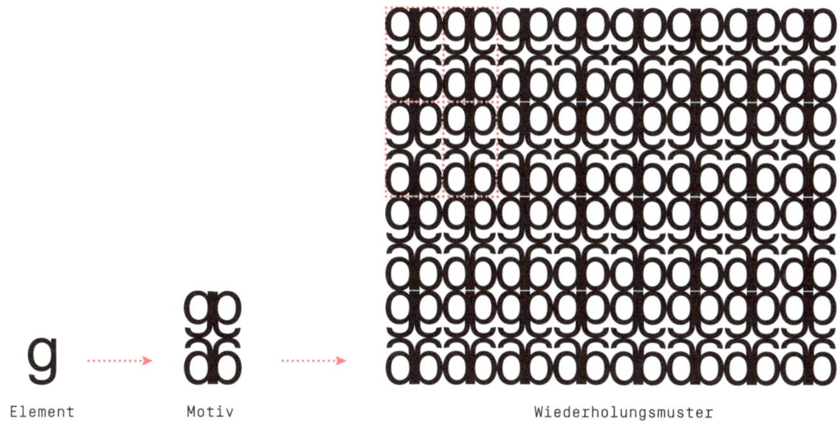

Metamotiv + Symmetrieoperation = Wiederholungsmuster
Das Metamotiv ergibt sich aus der Kombination identischer Motive, als sei jedes von ihnen ein Einzelelement. Anschließend wird das Metamotiv mithilfe einer der vier Symmetrieoperationen vervielfältigt. Der Vorgang, aus kleineren Motiven oder Metamotiven immer größere und immer komplexere Metamotive zu bilden, die als Ausgangselemente dienen, lässt sich unendlich fortführen.

Hier wird das Motiv des vorigen Abschnitts als Ausgangselement zur Erzeugung des Metamotivs eingesetzt. Das Metamotiv wird erneut mittels Verschiebung flächendeckend wiederholt. Auch hier wäre gleichermaßen jede der vier Symmetrieoperationen anwendbar. Beachten Sie, dass trotz der Verwendung desselben Motivs wie im oberen Abschnitt sein Einsatz als Metamotiv ein weitaus abwechslungsreicheres Wiederholungsmuster ergibt.

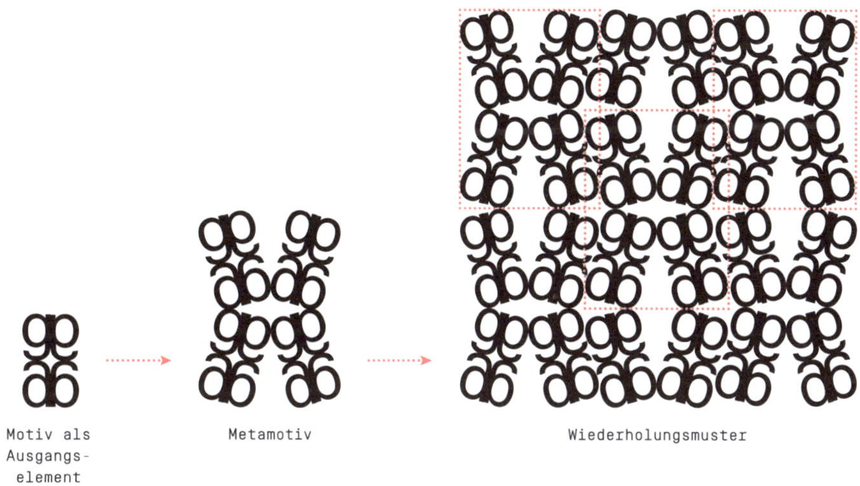

Zellen und Kacheln

Zellen und Kacheln sehen sich ähnlich, sind manchmal sogar identisch und erfüllen die gleiche Aufgabe. Zellen und Kacheln sind die Vielecke, die es erlauben, dass sich Musterelemente aneinanderfügen und lückenlos über eine Fläche fortsetzen lassen. Ohne sie gäbe es keine Wiederholungsmuster.

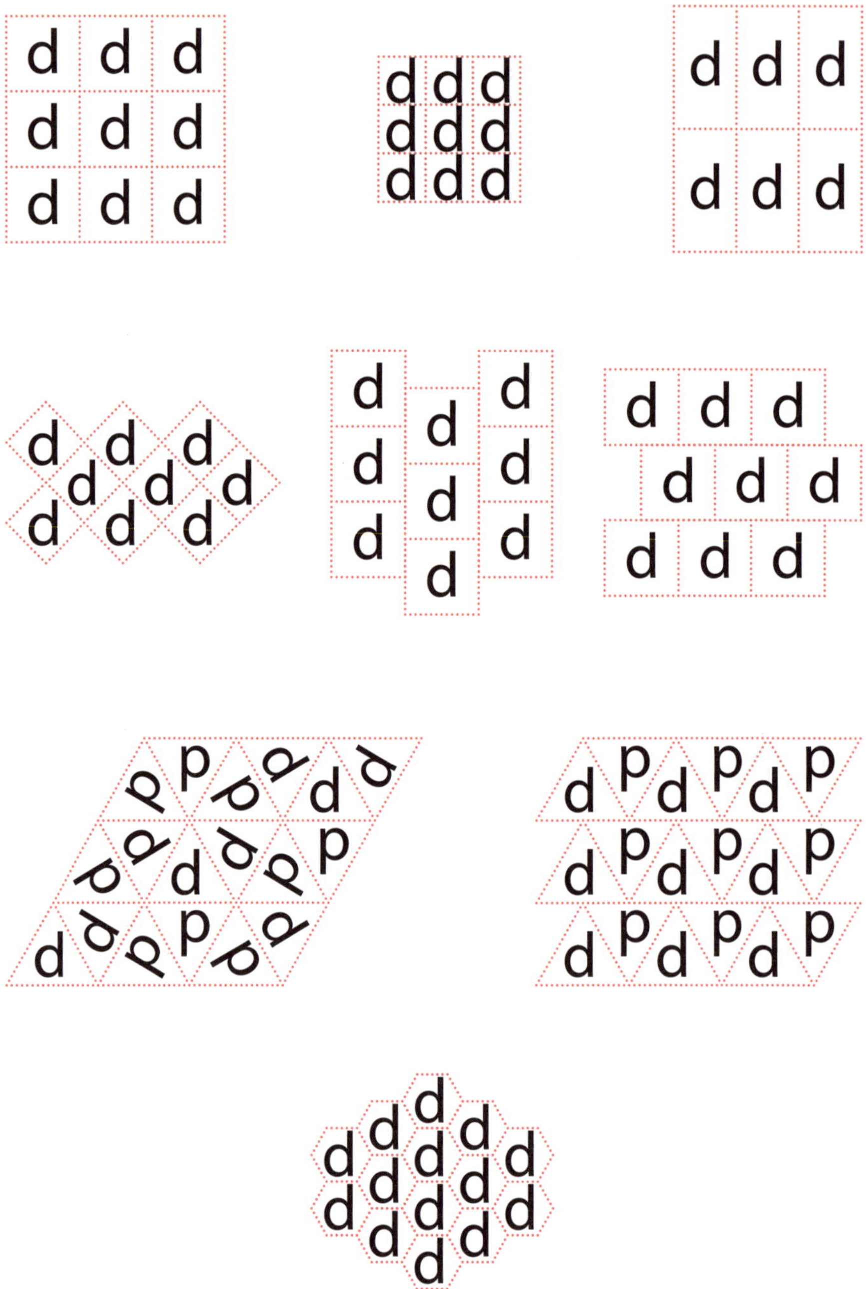

Der Unterschied zwischen Zellen und Kacheln besteht darin, dass sich die Ränder einer Zelle aus einem vorgegebenen Einzelelement, Motiv oder Metamotiv ergeben, während die Ränder einer Kachel festgelegt werden, ohne dass ein Einzelelement, Motiv oder Metamotiv hinzutreten muss. Zellen tragen einen grafischen Inhalt, Kacheln sind leer. Beide werden an dieser Stelle nur kurz vorgestellt, denn sowohl Zellen als auch Kacheln werden in einem späteren Kapitel noch genauer beleuchtet.

Zellen

Die roten Rahmen definieren den Rand einer Zelle. Die meisten Zellen sind einfache Vielecke (Polygone), die sich lückenlos aneinanderfügen lassen. Zellen definieren die Außengrenzen eines Einzelelements, Motivs oder Metamotivs oder die Grenzen einer Abfolge von Symmetrieoperationen, insbesondere in planebenen Musterflächen, wie in Kapitel 3 beschrieben. Eine Zelle kann, um ein dichtes Wiederholungsmuster zu erzielen, eng um ein Element, Motiv oder Metamotiv herumgefügt sein, genauso aber kann sie Spielräume bieten, die die grafischen Elemente voneinander abrücken lassen.

Ein Einzelelement, Motiv oder Metamotiv kann in jeder beliebigen Form einer polygonalen Zelle untergebracht sein: zum Beispiel ist das ‚d'-Motiv auf dieser Seite in dreieckigen, quadratischen, rechteckigen und sechseckigen Zellen dargestellt. Die Form der Zelle und die Größe des grafischen Inhalts bestimmen die Wiederholungsmerkmale des Musters. Die hier dargestellten Zellen sind ein Ausschnitt aus einer Vielzahl von möglichen Beispielen. In Kapitel 3 werden Ihnen noch viele weitere begegnen.

Kacheln

Kacheln bezeichnen leere Zellen. In diesem Buch werden sie von schwarzen Linien umrahmt, um sie von den rot-gerahmten Zellen zu unterscheiden. Während die Form einer Zelle von derem enthaltenen Einzelelement, Motiv oder Metamotiv bestimmt sein kann, geht die Erstellung einer Kachel entweder dem Entwurf eines grafischen Bildes, das sie enthalten soll, voraus oder das Wiederholungsmuster kann allein aus der Kachel selbst, ganz ohne jeglichen grafischen Inhalt bestehen.

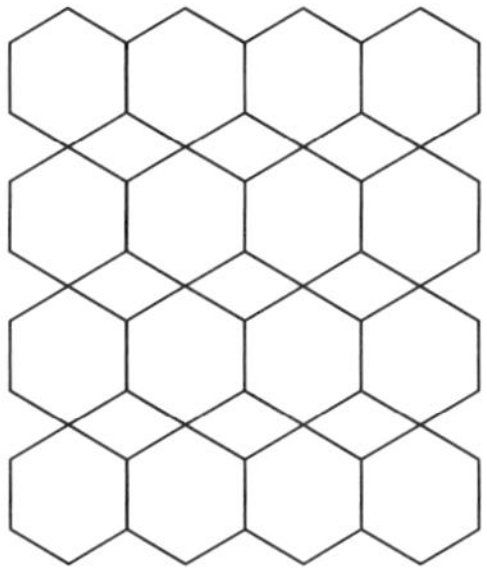

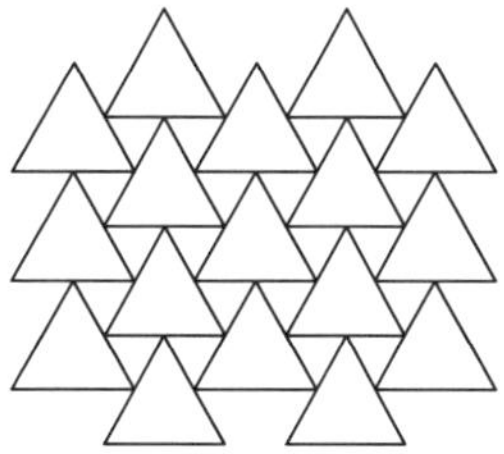

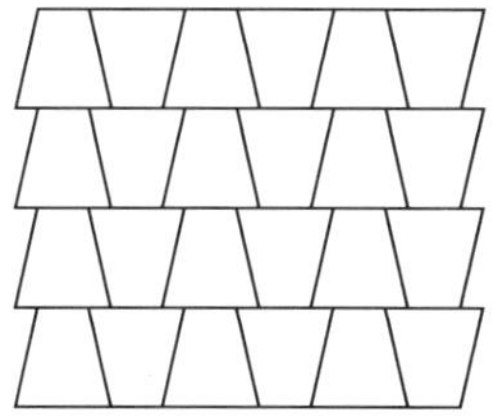

Die hier dargestellten Kacheln sind eine Auswahl aus der nahezu unendlichen Vielfalt an Lösungen bei der Erstellung von Kacheln, die in Kapitel 4 näher erläutert werden. Dargestellt sind Kacheln aus einer einzelnen oder aus zwei polygonalen Formen; mit dabei sind sowohl Polygone, die sich lückenlos aneinanderfügen, als auch Polygone, die dies nicht tun und infolgedessen sekundäre polygonale Formen zwischen ihnen entstehen lassen. Während Zellen in der Regel einfache Form haben, können Kacheln hochkomplex und sehr kreativ gestaltet sein.

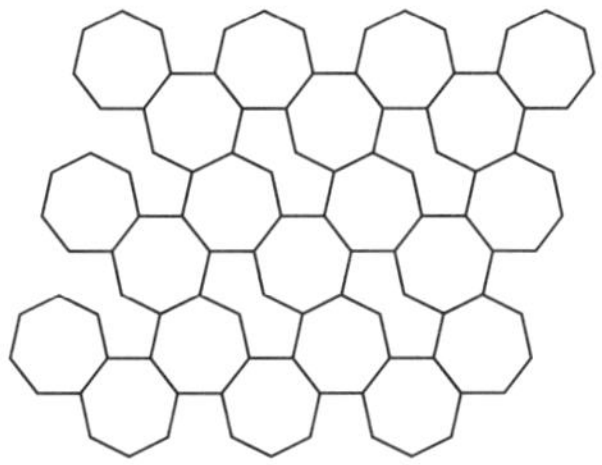

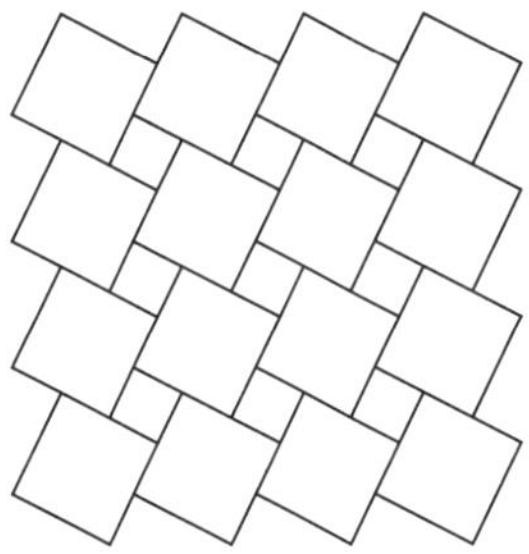

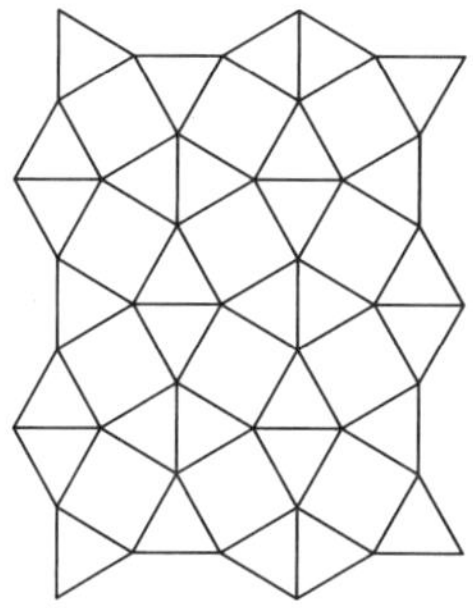

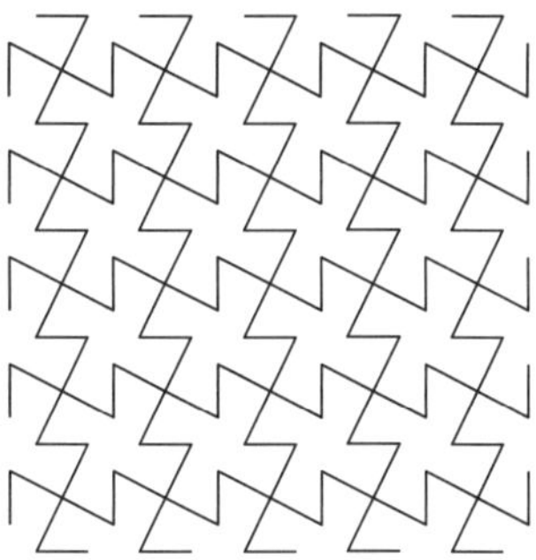

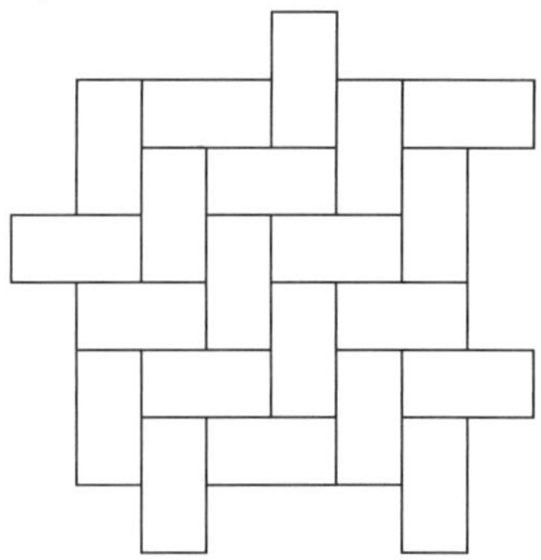

Die Verwendung von Buchstaben als Musterelemente

Für jeden neuen Abschnitt wird in diesem Buch ein anderes Musterelement verwendet, wobei es sich stets um asymmetrische Groß- oder Kleinbuchstaben des lateinischen Alphabets handelt. Die einzige Ausnahme bildet ein symmetrischer Buchstabe auf den Seiten 64 und 65, weil dieser dort für die Symmetrieoperation von besonderer Relevanz ist.

Asymmetrische Buchstaben wurden für das Demonstrieren der Prinzipien der Mustererstellung gewählt, weil es bei ihnen keine Symmetrieachse gibt. Buchstaben wie beispielsweise A, B, C, I, v und w sind dagegen ungeeignet, denn eine Hälfte des Buchstabens spiegelt die andere. Buchstaben wie m, n und u sind zwar asymmetrisch, dies aber nur in minimalem Ausmaß, weshalb sie ebenfalls von der Liste der geeigneten Elemente gestrichen wurden.

Demgegenüber sind die Buchstaben b, d, p und q zwar Spiegelungen voneinander, aber durch ihre klar erkennbare, einfache asymmetrische Gestalt ideal für unsere Zwecke, denn sie lassen zweifelsfrei erkennen, wann eine der vier Symmetrieoperationen an ihnen ausgeführt wurde, sprich: ob der Buchstabe gedreht, verschoben oder gespiegelt wurde. Eine symmetrische Buchstabenform würde dies nicht immer eindeutig zu erkennen geben.

Für die Gestaltung Ihres eigenen Musters besteht jedoch kein Grund, weshalb ein Element nicht symmetrisch sein sollte.

Es gibt auch noch einen zweiten Grund, weshalb in diesem Buch durchgängig Buchstaben verwendet werden, nämlich weil es sich bei ihnen um neutrale Symbole handelt. Mit Stilelementen, die als japanisch, Art Déco, keltisch, folkloristisch etc. erkennbar sind, könnte das Buch als Kompendium der Musterquellen missverstanden werden, was es nicht ist.

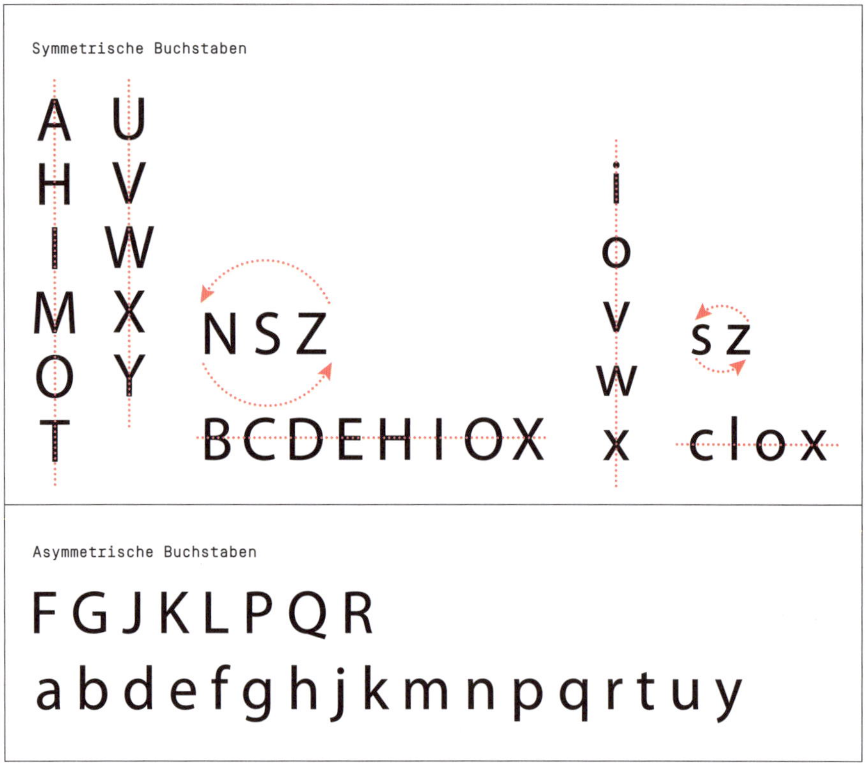

Hier sind die 26 Buchstaben des Alphabets in Groß- und Kleinbuchstaben dargestellt, gruppiert nach verschiedenen Symmetrieeigenschaften: horizontale und vertikale Spiegelung, Drehung und asymmetrisch.

Gestaltung Ihrer eigenen Musterelemente

Wie gegenüber dargestellt, werden angesichts ihrer grafischen Neutralität in diesem Buch durchgängig asymmetrische Buchstabenelemente verwendet. Es ist mir jedoch der Hinweis wichtig, dass Sie Ihre eigenen Einzelelemente, Motive und Metamotive aus allen erdenklich möglichen Formen entwickeln können. Zum Beispiel können Sie genauso einfache Punkte und Streifen zugrunde legen wie komplexe florale Formen und Ihre Ausgangselemente können einfarbig oder mehrfarbig sein, mit Prägung oder Gravur, fotografiert oder handgezeichnet, gescannt oder digital bearbeitet, ja, Sie können sogar Kartoffeldrucke verwenden: Ihrer Fantasie sind keinerlei Grenzen gesetzt.

Als Gestaltende, egal welchen Erfahrungsstands und welchen Spezialgebiets, tragen Sie, liebe Leserin und lieber Leser, eine Verantwortung, die darin liegt, die Grenzen dessen zu erweitern, was ein Element oder ein Wiederholungsmuster an Wirkung entfalten kann. Es gilt also unerschrocken auszuprobieren und zu verwerfen, zu experimentieren und neu zu erfinden, um schließlich Wiederholungsmuster zu entwickeln, die auf geniale Weise Können mit Innovation verbinden. Seien Sie deshalb aufgefordert, das Buch ausführlich und sorgfältig zu studieren. Echter Lernerfolg kommt nicht vom Durchblättern der Seiten allein.

Zu den Dingen, die ein Computer besonders gut kann, gehören kopieren und einfügen, drehen, spiegeln und ein Objekt um eine bestimmte Strecke zu versetzen. Jede Grafiksoftware bietet Ihnen diese Funktionen, auch einfache Freeware. Das Zusammenspiel dieser Funktionen macht die Erstellung von Wiederholungsmustern per Computer schnell und einfach, sodass der Designer innerhalb kürzester Zeit viele Variationen an Farben, Mustern, Skalierungen und sogar Symmetrieoperationen ausprobieren und ihre optische Wirkung vor Augen haben kann.

Jedoch sollten die mehr oder weniger als „low-tech" zu bezeichnenden Methoden zur Vervielfältigung von Bildern auch nicht von der Hand gewiesen werden. Fotokopierer können schnell großartig aussehende Schwarzweiß- oder Farbbilder mit interessanten Oberflächenstrukturen erzeugen, die anschließend in den Computer geladen und dort zu Wiederholungsmustern bearbeitet werden können. Das gleiche gilt für Linoldrucke, Monoprints, Fotografien, altes Bildmaterial, Frottagen, Fundgegenstände und vieles mehr. Der Computer ist ein wunderbares Werkzeug, aber nicht das einzige. Andere Methoden mögen altmodisch oder im Vergleich begrenzt erscheinen, aber sie können grafische Effekte liefern, die digital nur schwer zu erzeugen sind.

Wie in jedem Bereich der Gestaltung bringen originelle Ideen, ungewöhnliche Materialien und innovative Herstellungsmethoden die größten Aussichten auf Erfolg mit sich. Versuchen Sie, an Ihren Computer als das letzte Mittel zum Zweck zu denken, nicht als das erste.

Wie ist dieses Buch zu lesen?

Dieses Buch sollte in etwa wie ein Roman gelesen werden: Wird er in der richtigen Reihenfolge, von der ersten bis zur letzten Seite gelesen, entfalten sich die Handlung und die Beziehungen der Charaktere in aller Klarheit und Unmissverständlichkeit. Ein Hin- und Herspringen oder das vorschnelle Eintauchen in eines der späteren Kapitel wird dagegen unweigerlich zu einiger Frustration führen. Nichtsdestotrotz bietet ein Glossar am Ende des Buches Hilfe bei allen technischen Begriffen, die vielleicht überlesen wurden.

Manche der Symmetrieoperationen – besonders in Kapitel 3, das die 17 Symmetriemöglichkeiten der Ebene aufführt – sind zugegebenermaßen komplex, vollführen sie doch eine Abfolge verschiedener geometrischer Wenden, Kehren und Salti, die einen olympischen Turner durchaus mit Neid erfüllen würden. Den besten Lernerfolg erzielen Sie, wenn Sie mit Bleistift und Papier Ihre eigenen Beispiele erstellen oder, falls Sie Zugang zu einem Computer mit CAD-Software haben, anhand der Befehle „Kopieren“, „Einfügen“, „Verschieben“, „Drehen“ und „Spiegeln“ die Umwandlungsschritte mit nachvollziehen.

So gesehen kann es wohl doch nicht der beste Weg sein, das Buch einfach nur zu „lesen“, denn die Zeit, die Sie auf das Wiederholen einzelner Beispiele verwenden, wird Sie in Ihrem Verständnis für das Potenzial, das in den einzelnen Symmetrieoperationen steckt, um einiges mehr voranbringen.

Aufbau des Buches

Das Buch ist in zwei Teile gegliedert. Der erste Teil, die Kapitel 1 bis 3, beschreibt die vier elementaren Symmetrieoperationen mit Anwendungs- und Kombinationsmöglichkeiten: Dabei handelt es sich einmal um die Drehung sowie um sieben lineare und siebzehn ebenflächige Operationen. Die Zusammenstellung enthält den vollständigen Satz aller möglichen Symmetrieoperationen in null, einer und zwei Dimensionen. Warum dies der vollständige Satz ist und warum es keine weiteren Symmetrieabbildungen geben kann, hat eine lange mathematische Erklärung, die den Rahmen dieses Buches sprengen würde. (Es mag Symmetrieoperationen geben, die auf den ersten Blick anders erscheinen mögen, unter genauer mathematischer Betrachtung jedoch nichts Neues bieten.) Zum Nachschlagen und Vergleichen ist am Ende des Buches, auf den Seiten 154 bis 157, der volle Satz der linear- und plansymmetrischen Operationen noch einmal zusammengestellt.

Der zweite Teil des Buches, Kapitel 4 und 5, befasst sich damit, wie man unter breiter gefassten und weniger strengen Gesichtspunkten über den endlichen Satz der Symmetrieoperationen hinaus noch mehr Wiederholungsmuster erstellen kann.

Kapitel 4 widmet sich dem Konzept der Kacheln und zeigt, wie sie, entweder ganz oder mit Zwischenräumen, die zu sekundären Kacheln führen, zur Füllung einer Fläche eingesetzt werden können.

Kapitel 5 führt in die Methode der Erstellung nahtloser Muster ein, wie sie typischerweise auf Tapeten zu sehen sind, und in denen die Musterwiederholung keine offensichtlichen Ränder oder Grenzen mehr aufweist. Darüber hinaus stellt Kapitel 5 die komplex verschachtelten Bilder des niederländischen Grafikers M. C. Escher vor und zeigt, wie sich Kacheln geometrischer Form dahingehend verändern lassen, dass sie ineinandergreifenden Bildern von Tieren, Vögeln, menschlichen Figuren und mehr ähneln. Obwohl die Ergebnisse bemerkenswert lebensecht und unnachahmlich ausgeklügelt erscheinen, ist die Entwicklung derartiger Kacheln verblüffend intuitiv und macht Spaß, sobald ein paar einfache Grundprinzipien verstanden wurden.

Das Buch enthält vielerorts ganze Musterseiten, auf denen die Themen der vorangegangenen Seiten kreativ umgesetzt wurden. Diese Abbildungen verstehen sich nicht als Musterquellen zum Nachahmen, sondern dienen der Verdeutlichung des ungeheuren Potenzials, das die verschiedenen Methoden der Mustererstellung in sich bergen.

Null, eine und zwei Dimensionen

Im Buch ist häufig die Rede von null, einer und zwei Dimensionen. Was bedeuten diese Begriffe und wie verhalten sie sich zueinander?

Ein Punkt stellt in der Geometrie eine Besonderheit dar. Er hat keine räumliche Ausdehnung, also weder Höhe, Tiefe noch Breite. Ein Punkt ist nulldimensional. Unter dem Aspekt der Symmetrie betrachtet, handelt es sich um Rotations-, also Drehsymmetrie, wenn die Abbildung um einen Punkt herum ausgeführt wird. Dies ist in Kapitel 1 erklärt.

Zwei Punkte in einiger Entfernung zueinander bilden eine Gerade. Die Gerade ist eindimensional. In Bezug auf Symmetrie sprechen wir von linearer Symmetrie, wenn die Symmetrieabbildung entlang einer eindimensionalen Gerade ausgeführt wird. Dies ist Inhalt von Kapitel 2.

Drei Punkte einer Ebene bilden in einiger Entfernung zueinander ein Dreieck. Die Ebene ist zweidimensional. Wir sprechen von Symmetrie der Ebene oder Plansymmetrie, wenn die Symmetrieoperation an einer zweidimensionalen, also planen Ebene ausgeführt wird. Dies ist Inhalt von Kapitel 3.

(Es besteht auch die Möglichkeit, dass ein vierter Punkt im Raum über dem Dreieck angeordnet ist. Bei Verbindung der vier Punkte entsteht ein Körper mit vier Dreieckflächen, genannt Tetraeder. Körper sind dreidimensional. Dreidimensionale Symmetrieoperationen unterscheiden sich signifikant von radialen, linearen und ebenflächigen Symmetrieoperationen und sind nicht Gegenstand dieses Buches.)

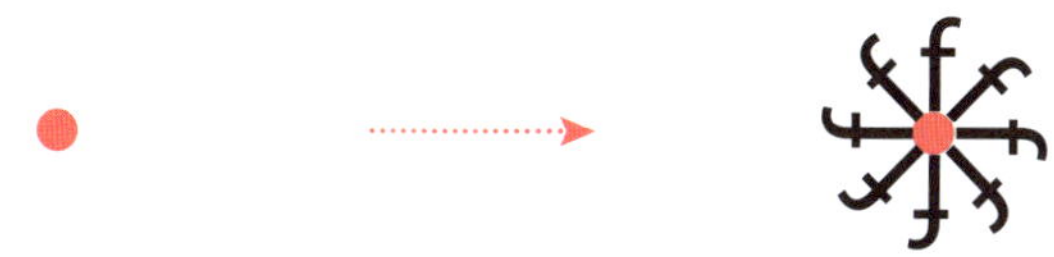

Punkt [ein Punkt]

Dreh-
symmetrie

Gerade [zwei Punkte]

Lineare Symmetrie

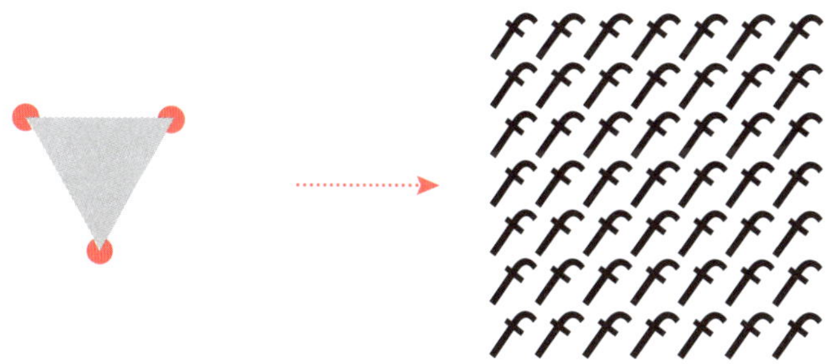

Ebene [drei Punkte]

Plansymmetrie,
Symmetrie der Ebene

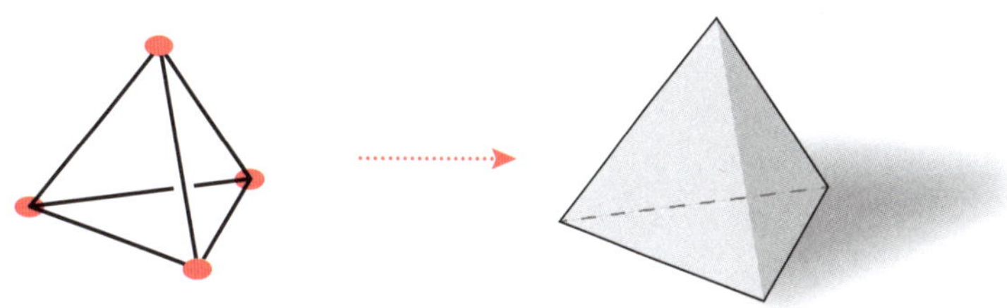

Körper [vier Punkte]

Symmetrie des
dreidimensionalen Raums

1

1. Die vier elementaren Symmetrieoperationen

Von Symmetrie im Bereich der Mustergestaltung spricht man dann, wenn eine Figur auf sich selbst abgebildet und verschoben, gedreht oder gespiegelt wird.

Die Welt der Symmetrie ist so reich und vielgestaltig wie die menschliche Vorstellungskraft, dabei beruht sie im Grunde auf vier Grundprinzipien. Diese im ersten Kapitel vorgestellten Grundprinzipien bilden den Grundstock aller Symmetrieoperationen, sie sind leicht zu erlernen und bieten allein schon ein wunderbares Spielfeld für Kreative. Nehmen Sie sich also die Zeit, das Kapitel gründlich zu studieren, bevor Sie an die Folgekapitel gehen. Ohne ein allgemeines Verständnis der vier Grundprinzipien der Symmetrie könnte die Umsetzung der Folgekapitel, die sich mit den unterschiedlichen Kombinationen von Symmetrieoperationen befassen, schwierig werden. Die Bezeichnungen der vier elementaren Symmetrieoperationen – Drehung (Rotation), Parallelverschiebung (Translation), Achsenspiegelung (Reflexion) und Gleitspiegelung – sind standardisierte mathematische Begriffe und werden vielfältig verwendet. Ich habe die Begriffe übernommen, damit Sie die Begrifflichkeiten kennen und verstehen lernen. Da wir von Symmetrie umgeben sind, ist es durchaus ein Vorteil, wenn man die entsprechende Fachterminologie beherrscht.

1.1 Drehsymmetrie

Definition

Von Drehsymmetrie spricht man, wenn eine Figur durch Drehung um einen zentralen Punkt auf sich selbst abgebildet wird.

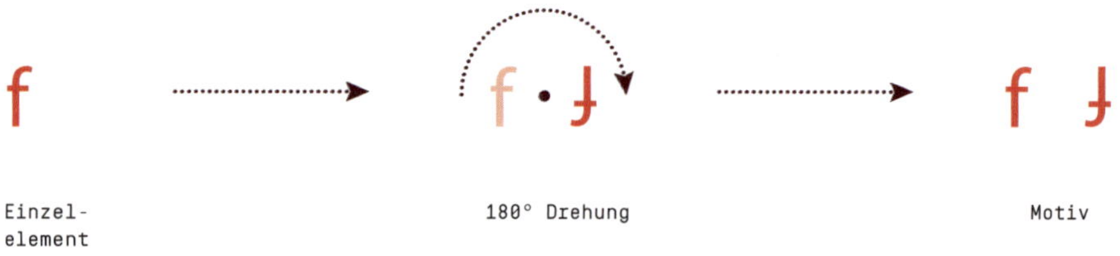

Die Drehsymmetrie sticht unter den vier elementaren Symmetrieoperationen hervor, da hier die deckungsgleiche Abbildung um einen Drehpunkt erzeugt wird. Bei den anderen drei im Folgenden erklärten Operationen entsteht die Symmetrie durch Dopplung entlang einer Achse oder auf einer Ebene. Aus diesem Grund kann man die Drehsymmetrie im Unterschied zu den ein- (lineare Symmetrie) und zweidimensionalen Operationen (Plansymmetrie) auch als nulldimensionale Operation (Punktsymmetrie) bezeichnen. Dennoch lassen sich auch aus diesen durch Drehung entstandenen Motiven mittels Parallelverschiebung und Achsenspiegelung problemlos lineare und flächige Wiederholungsmuster gestalten (siehe Kapitel 2 und 3).

Bei diesem einfachen Beispiel wird das Einzelelement, der Kleinbuchstabe f, um 180° gedreht, die Kombination beider Buchstaben bildet dann das Motiv. Zur Verdeutlichung ist das Originalelement im zweiten Schritt heller abgebildet. Meist wird bei der Drehsymmetrie ein Winkel von 180° verwendet, da sich so am leichtesten symmetrische Motive erzeugen lassen. Diese Form der Drehsymmetrie, bei der das Motiv aus nur zwei Figuren besteht, wird als Drehsymmetrie der Ordnung 2 bezeichnet, da die 360° einer vollständigen Kreisdrehung in zwei gleich große Segmente von je 180° unterteilt werden. Ein Beispiel für Drehsymmetrien in der Natur sind Schneeflocken, in der Welt der Produktion findet man sie zum Beispiel in den Speichen eines Rades.

Verknüpfungen von Einzelelementen

Motive lassen sich auch durch direkte Verknüpfung von Einzelelementen erstellen, indem man den Drehpunkt innerhalb des Elements oder direkt an das Einzelelement angrenzend setzt.

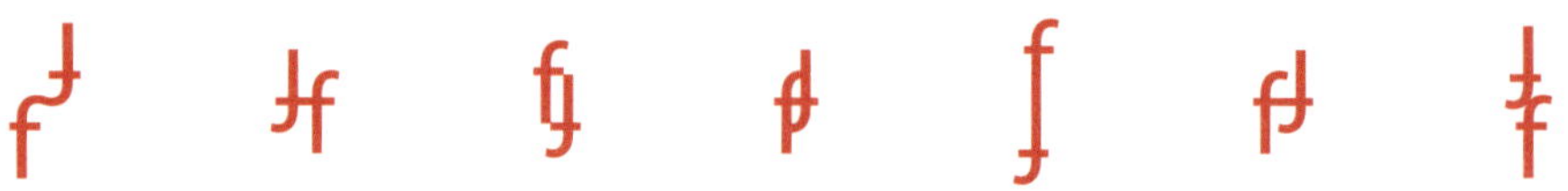

Drehsymmetrien der Ordnung 2
Beim Kreieren von Motiven mithilfe der Drehsymmetrie muss zuerst die Position des Drehpunktes, um den das Einzelelement sich drehen soll, festgelegt werden. Der Drehpunkt kann sich in praktisch jeder Position zum Element befinden (oberhalb, unterhalb, links oder rechts) und nah oder weit vom Element entfernt sein.

Rechts ist eine kleine Auswahl von mittels Drehsymmetrien der Ordnung 2 erstellter Motive abgebildet. Daneben gibt es natürlich noch zahlreiche andere Varianten.

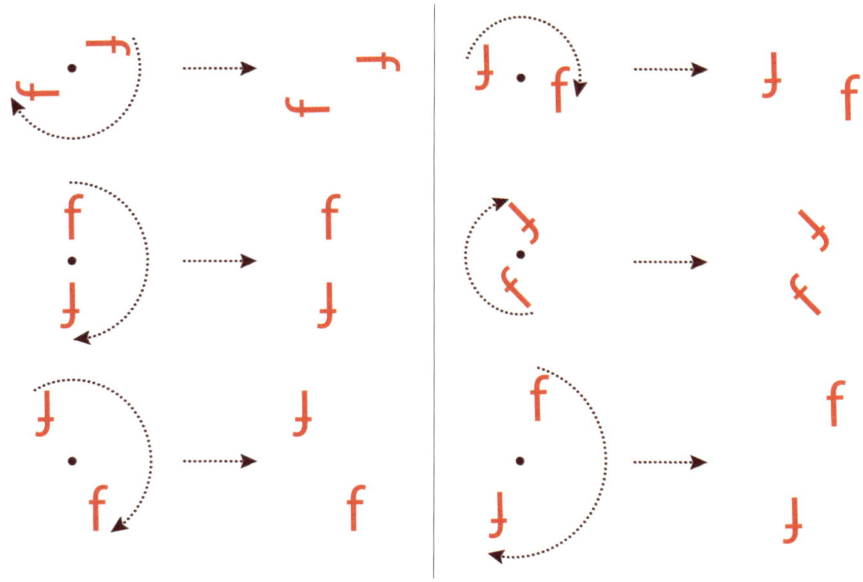

Drehsymmetrien der Ordnungen 3, 4 und 5
Die oben abgebildeten Beispiele sind Drehsymmetrien der Ordnung 2. Aber natürlich lassen sich die 360° eines Kreises beliebig weiter unterteilen, in 3, 4, 5, 6, 7, 8 oder mehr Segmente. Auch in diesen Fällen kann der Drehpunkt beliebig zu den Einzelelementen gesetzt werden.

Rechts sind einige Beispiele für Drehsymmetrien der Ordnungen 3, 4 und 5 dargestellt. Hierbei werden die 360° eines Kreises in 3, 4 oder 5 gleich große Segmente unterteilt. Eine Drehsymmetrie der Ordnung 3 zum Beispiel bedeutet, dass man durch Teilung der 360° drei gleich große Segmente von je 120° erhält.

Die Vielfalt von Mustern, die in den verschiedenen Ordnungen zu erzielen sind, ist beeindruckend. Das wird deutlich, wenn Sie bedenken, dass all die hier abgebildeten Muster allein durch Drehung des Kleinbuchstabens f entstanden sind.

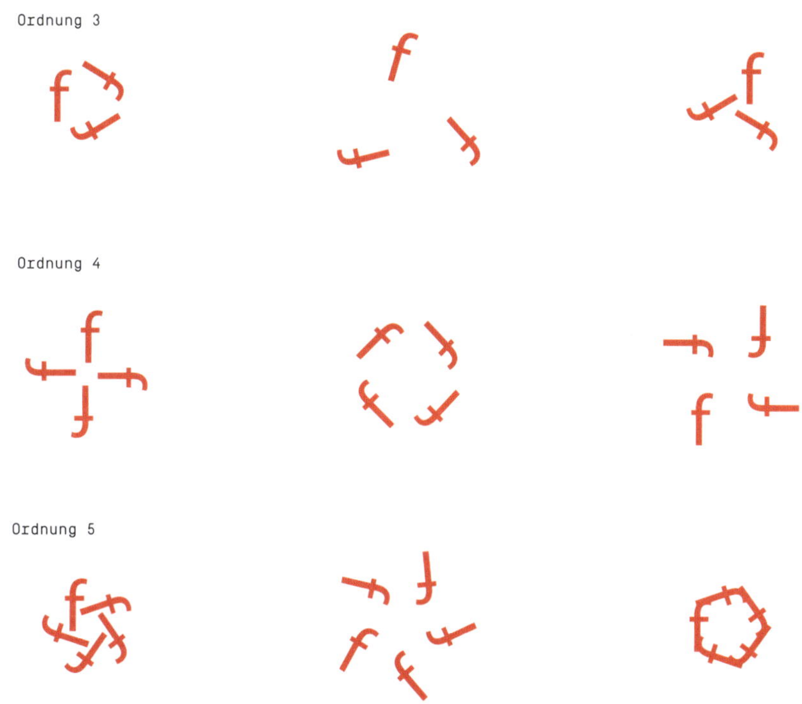

1.1 Drehsymmetrie

Drehsymmetrien mit höheren Ordnungszahlen
Die Abbildungen zeigen Drehsymmetrien der Ordnungen 6 bis 12 und darüber, bei denen die 360° eines Kreises in 6, 8, 10 12 oder mehr gleich große Segmente geteilt wird. Die Anzahl der Segmente, in die sich ein Kreis unterteilen lässt, ist unendlich.

Ordnung 6

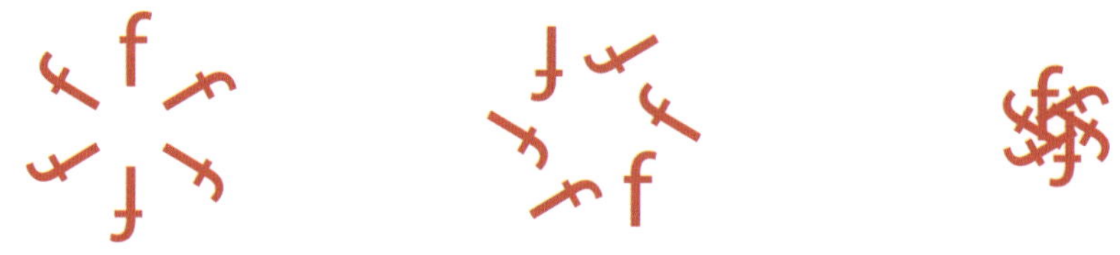

Ordnung 8

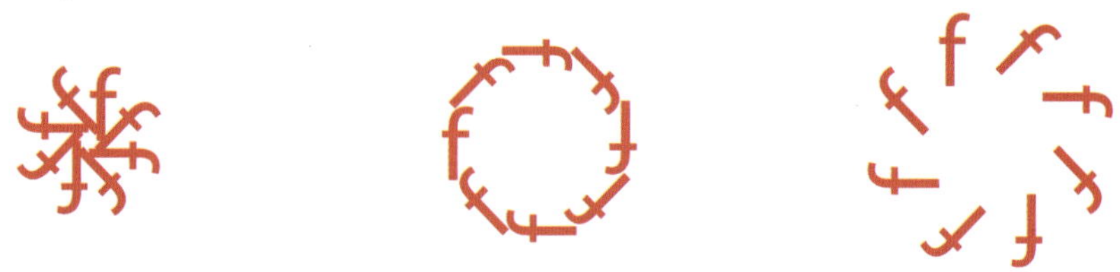

Ordnung 10

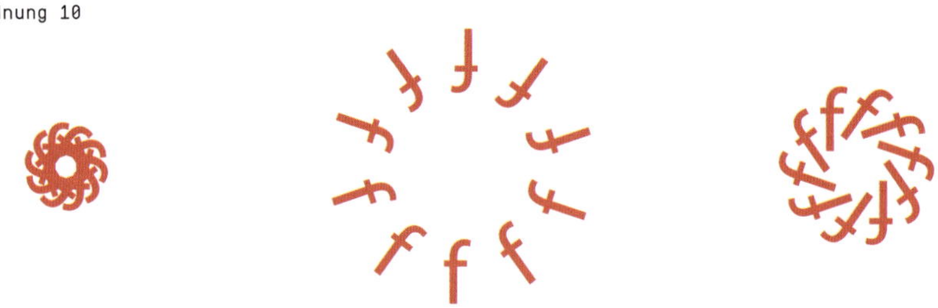

Ordnung 12

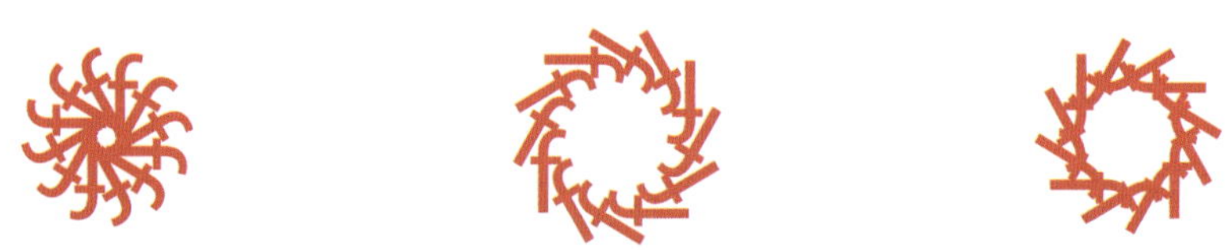

Höhere Ordnungen

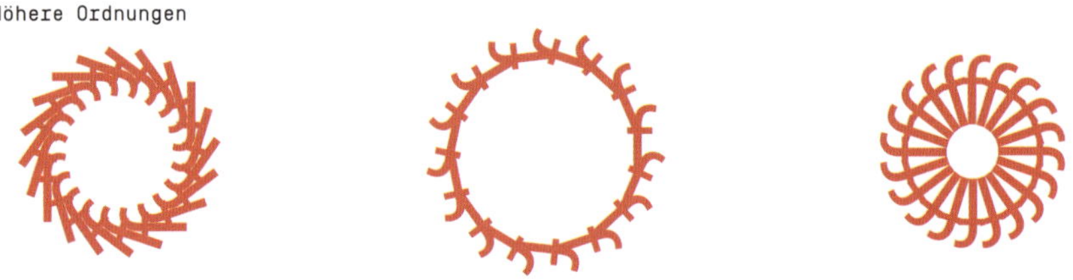

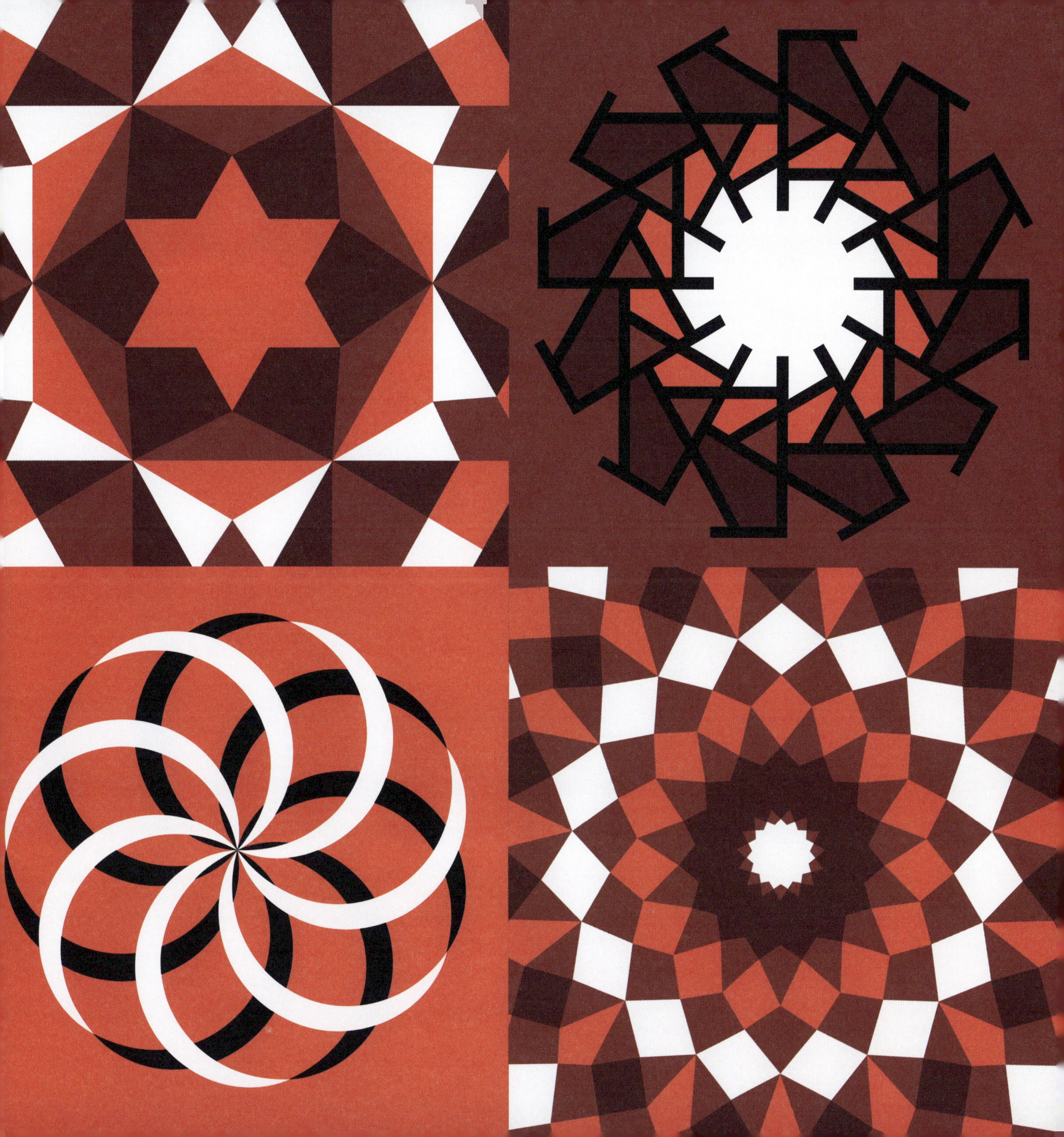

1.2 Parallelverschiebung

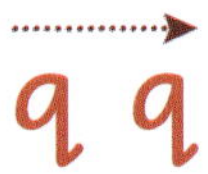

Definition
Bei der Symmetrie mittels Parallelverschiebung wird eine Figur (bzw. ein Einzelelement, Motiv oder Metamotiv) in einem vorgegebenen Abstand in eine vorgegebene Richtung verschoben. Abstand und Winkel der verschobenen Figuren zueinander bleiben konstant, die Figuren werden weder gedreht noch gespiegelt.

Der Begriff Parallelverschiebung oder Translation entstammt der Euklidischen Geometrie und bezeichnet das Verschieben einer Figur entlang einer eindimensionalen Linie, über eine zweidimensionale Ebene oder durch einen dreidimensionalen Raum. In mancher Hinsicht ist die Parallelverschiebung die elementarste aller Symmetrieoperationen, da sie die schlichte Wiederholung einer Figur entlang einer Linie darstellt, wobei alle Figuren identisch sind. Für die, die sich noch gut an die Geometriestunden aus der Schulzeit zurückerinnern, kann das etwas irritierend sein, da sich die Definition von Symmetrie damals oft nur auf die Achsenspiegelung (in dem Sinne, wie unsere beiden Hände sich spiegeln), und die Drehspiegelung (in dem Sinne, wie die Arme eines Seesterns sich rund um einen zentralen Punkt drehen) beschränkte. Sie werden sich vielleicht fragen, wo denn eigentlich die Symmetrie in der Parallelverschiebung liegt? Die Antwort ist einfach: Symmetrie entsteht natürlich durch Drehung und Spiegelung, sie kann aber eben auch durch Verschiebung entstehen.

Das Einzelelement, der Kleinbuchstabe q, wird durch Verschieben nach rechts wiederholt. Symmetrie durch Parallelverschiebung ist einfach das Bewegen (Verschieben) eines Elements auf eine andere Position. Um dieses Muster fortlaufen zu lassen, muss man nur das Einzelelement beliebig oft entlang derselben Linie verschieben, und zwar so, dass der Abstand zwischen den Elementen derselbe bleibt.

Unsere Alltagswelt bietet zahlreiche Beispiele für Parallelverschiebungen, wie Soldaten in Paradeformation oder ein Block Heftklammern.

Variationen

Die Parallelverschiebung bzw. Translation mag simpel erscheinen, aber ideenreiche Designer können aus diesem Grundprinzip eine riesige Anzahl subtiler und kreativer Muster erschaffen. Im Folgenden werden einige Grundvarianten erläutert.

Modifikation der Abstände

Der Abstand zwischen den Elementen kann von unter Null bis unendlich groß sein. Hält man die Abstände bewusst klein, können sehr attraktive Kettenmuster entstehen.

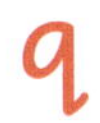

Einzel-element

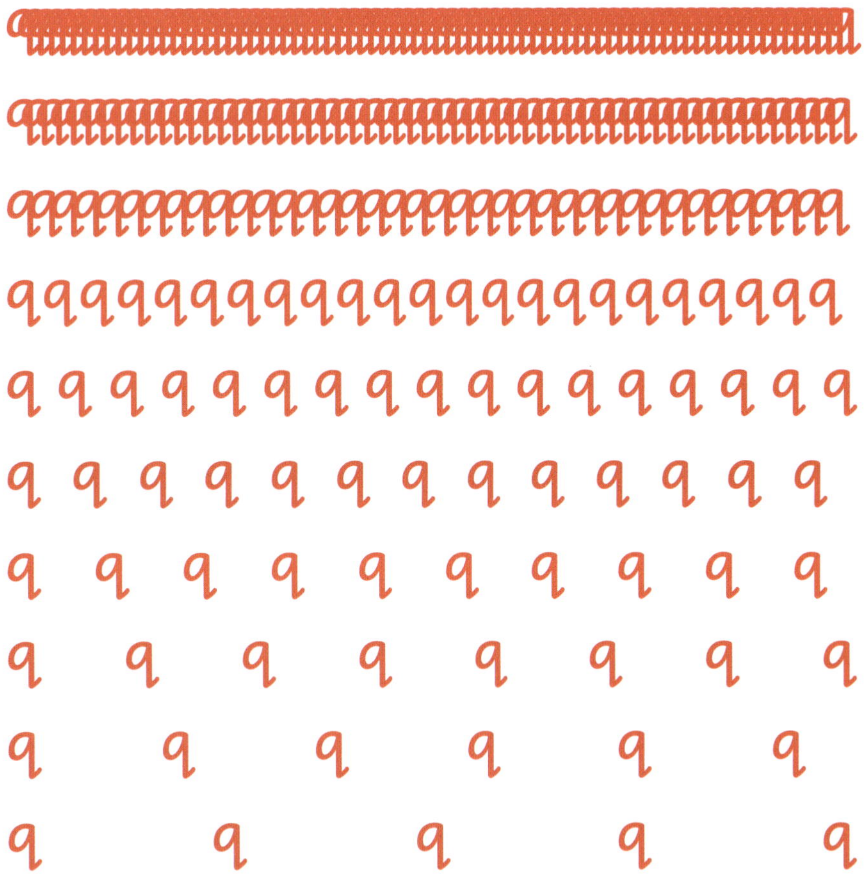

1.2 Parallelverschiebung

Drehung des Einzelelements

Bei diesem Beispiel wird das Einzelelement jedes Mal um 45° gedreht. Das Element sieht in jedem der unterschiedlichen Winkel anders aus und bietet damit weitere Möglichkeiten zur Mustererstellung. Unten rechts sind einige Beispiele von Mustern, die mittels Drehung und Parallelverschiebung erstellt wurden.

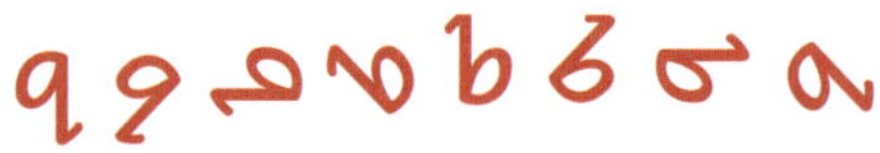

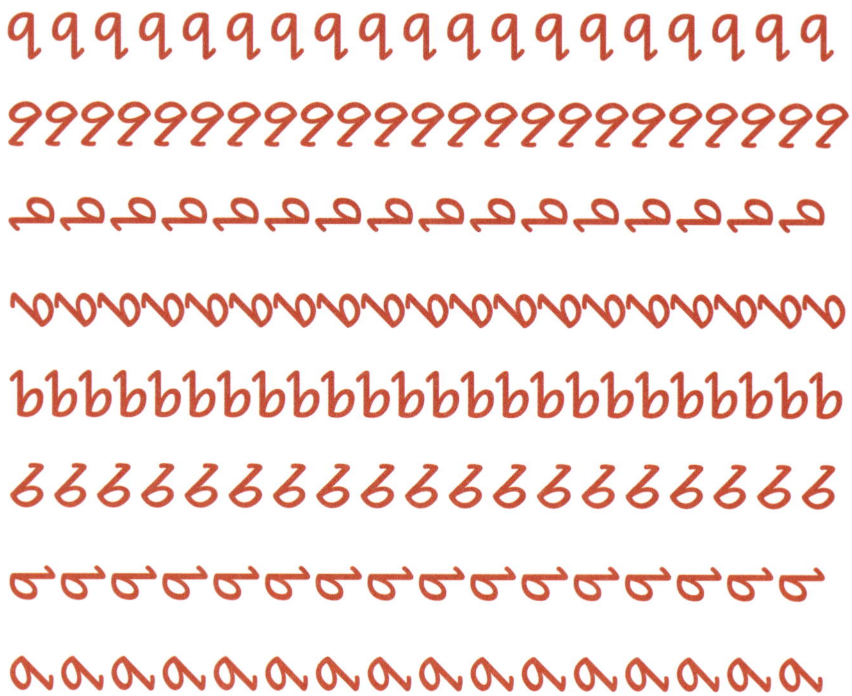

Stufenversatz der Elemente

Anstatt die Einzelelemente zu drehen, wie auf der gegenüberliegenden Seite, kann man sie auch stufig versetzen. Das heißt, das Duplikat eines Elements wird in einem bestimmten Winkel ober- oder unterhalb des Ausgangselements versetzt wiederholt. Auch hierbei handelt es sich um eine Parallelverschiebung, nur dass die Verschiebungsrichtung nicht wie zuvor horizontal verläuft.

Ein interessantes Phänomen lässt sich bei jeder Variante der Parallelverschiebung einschließlich des Stufenversatzes beobachten: wird ein aus einem asymmetrischen Element bestehendes Wiederholungsmuster um 180° gedreht und auf den Kopf gestellt, verändert sich seine Wirkung radikal im Vergleich zum Ausgangsmuster. Bei jedem der drei abgebildeten Beispiele kamen je zwei Variationsarten zur Anwendung, nämlich Stufung und Drehung um 180°. Die Abbildungen belegen sehr schön, dass gilt: je größer die Asymmetrie, desto größer der empfundene Unterschied.

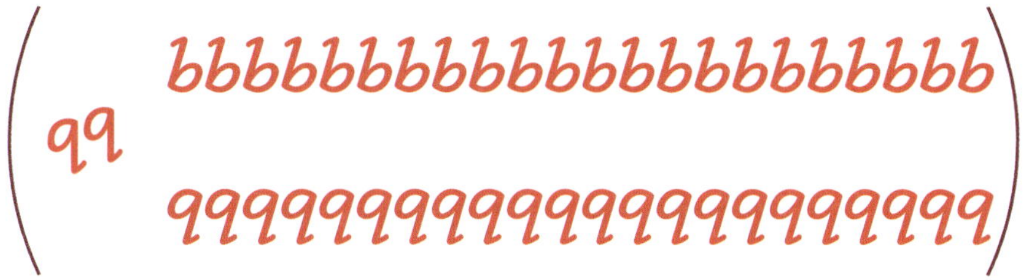

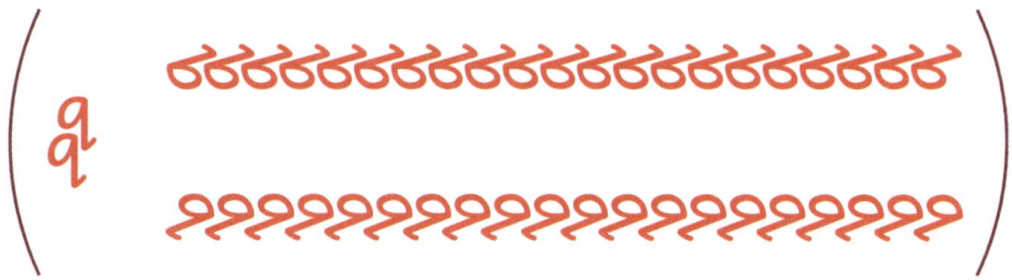

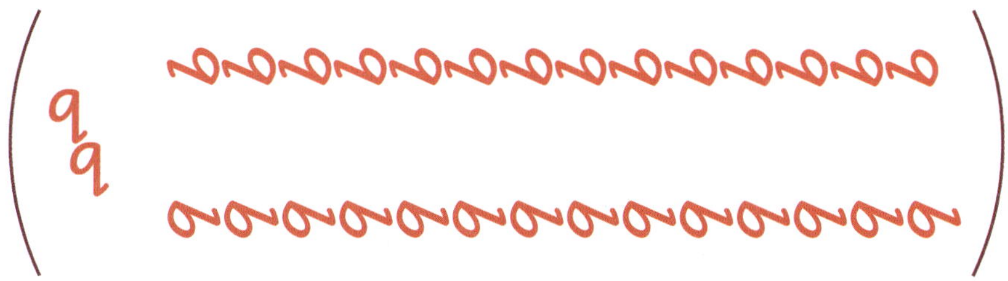

1.3 Achsenspiegelung

Definition
Bei der Achsenspiegelung erscheint die eine Hälfte einer Figur (bzw. eines Einzelelements, Motivs oder Metamotivs) als identisches Spiegelbild der anderen Hälfte.

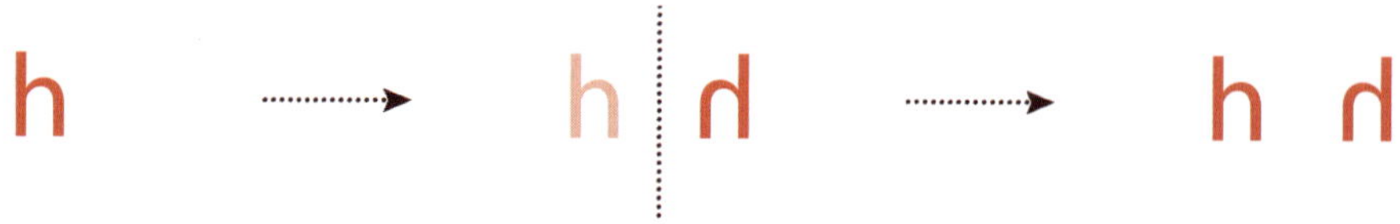

Die Achsensymmetrie ist die geläufigste und am einfachsten zu erkennende Symmetrieform. Unsere Fähigkeit, eine Spiegelung zu erkennen, ist fast schon instinktiv, was auch daran liegen mag, dass es so viele Vorbilder in der Natur gibt. Beispiele für Achsensymmetrie im Alltag finden sich in Gesichtern und Körpern der meisten Lebewesen. Aber auch in der Welt der Produktion ist sie überall anzutreffen, von der Flasche bis zum Flugzeug. Neben diesen altbekannten Aspekten der Achsensymmetrie gibt es aber noch zahlreiche schöne und kaum bekannte Seiten, die sich zu entdecken lohnen.

Die Achsensymmetrie ist die deckungsgleiche Spiegelung eines Einzelelements. Zwischen beiden Elementen liegt die Spiegelachse, an der die Spiegelung erfolgt.

In diesem Grundbeispiel wird das Einzelelement, der Kleinbuchstabe h, an der Achse gespiegelt, um das achsensymmetrische Motiv zu erzeugen. Zur Verdeutlichung ist das Originalelement im zweiten Schritt heller abgebildet, während das gespiegelte Element in einem dunkleren Rotton dargestellt ist.

Variationen
Die Achsensymmetrie bietet weniger außergewöhnliche Variationen als die anderen Symmetriearten. Dadurch ist sie einerseits leichter zu beherrschen, da der Kreativspielraum begrenzt ist, auf der anderen Seite aber auch herausfordernder, da innovatives Design schwieriger zu erzielen ist. Dennoch ist und bleibt sie die meistgenutzte Symmetrieform.

Modifikation der Abstände
In der obersten Zeile der Illustration ist in der Mitte der Kleinbuchstabe h und sein Spiegelbild dargestellt. Die beiden Buchstaben überlappen sich dabei in der engstmöglichen Variante. Je weiter die Elementpaare sich den äußeren Rändern nähern, desto größer wird ihr jeweiliger Abstand zueinander. Die interessantesten Motive entstehen dabei vor allem dann, wenn sich die beiden Elemente überlappen. In den Zeilen darunter vergrößern sich die Abstände der beiden Motivhälften zwar weiter, die Beziehungen der Elemente zueinander bleiben jedoch dieselben.

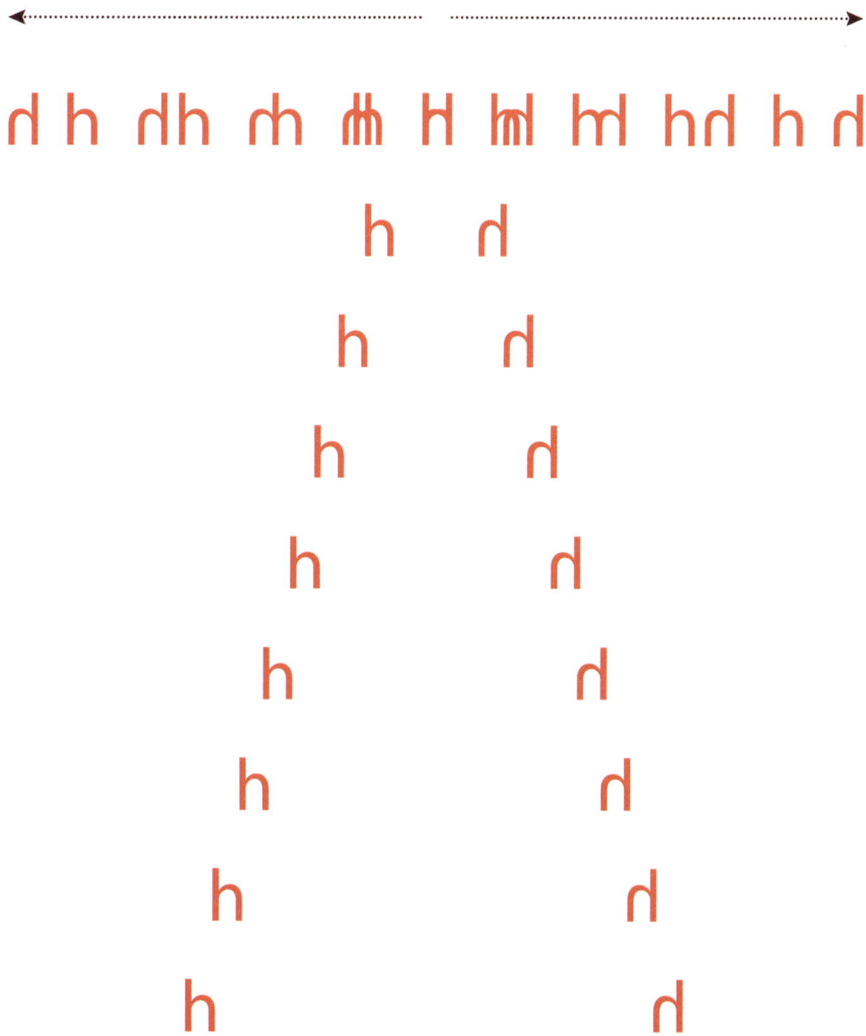

1.3 Achsenspiegelung

Drehung des Einzelelements
Das oberste Motiv zeigt den Kleinbuchstaben h und sein Spiegelbild in vertikaler Standardposition. Bei den Beispielen darunter wird das h um jeweils 45° gedreht, wodurch eine Reihe interessanter visueller Beziehungen zwischen den beiden Motivhälften entstehen. Achsenspiegelungen funktionieren bei jedem Winkel.

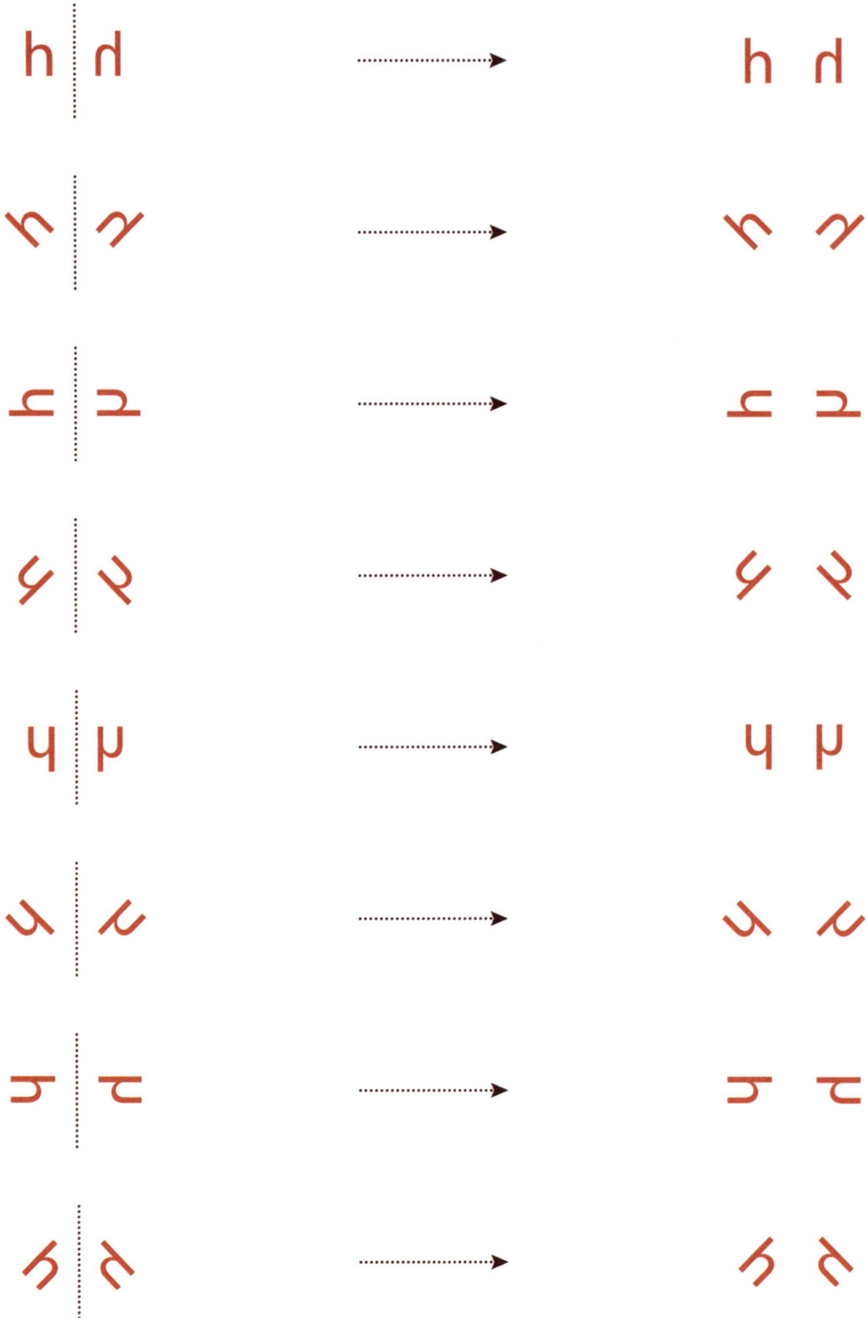

Modifikation der Abstände + Drehung
Eine weitere wirkungsvolle Vorgehensweise bei der Motivgestaltung sind Kombinationen aus variierenden Abständen (vgl. Seite 27) und Drehungen (vgl. Seite 22). Auf diese Weise lassen sich viele neue und einfallsreiche Motive entwickeln.

Die oberste Zeile der Illustration ist ein exaktes Abbild der ersten Zeile des Beispiels auf Seite 31. Wie diese zeigen auch die sieben darunter liegenden Zeilen das Einzelelement und sein Spiegelbild, jedoch jeweils um 45° gedreht und mit progressiv zunehmenden Abständen, je weiter sie sich den äußeren Enden der Zeilen nähern. Es gäbe noch viele weitere Varianten, die nur auf Grund von Platzmangel nicht abgebildet werden konnten. Durch diese schlichte Kombination zweier Variationsarten konnte eine geradezu überwältigende Zahl von Motiven erzeugt werden.

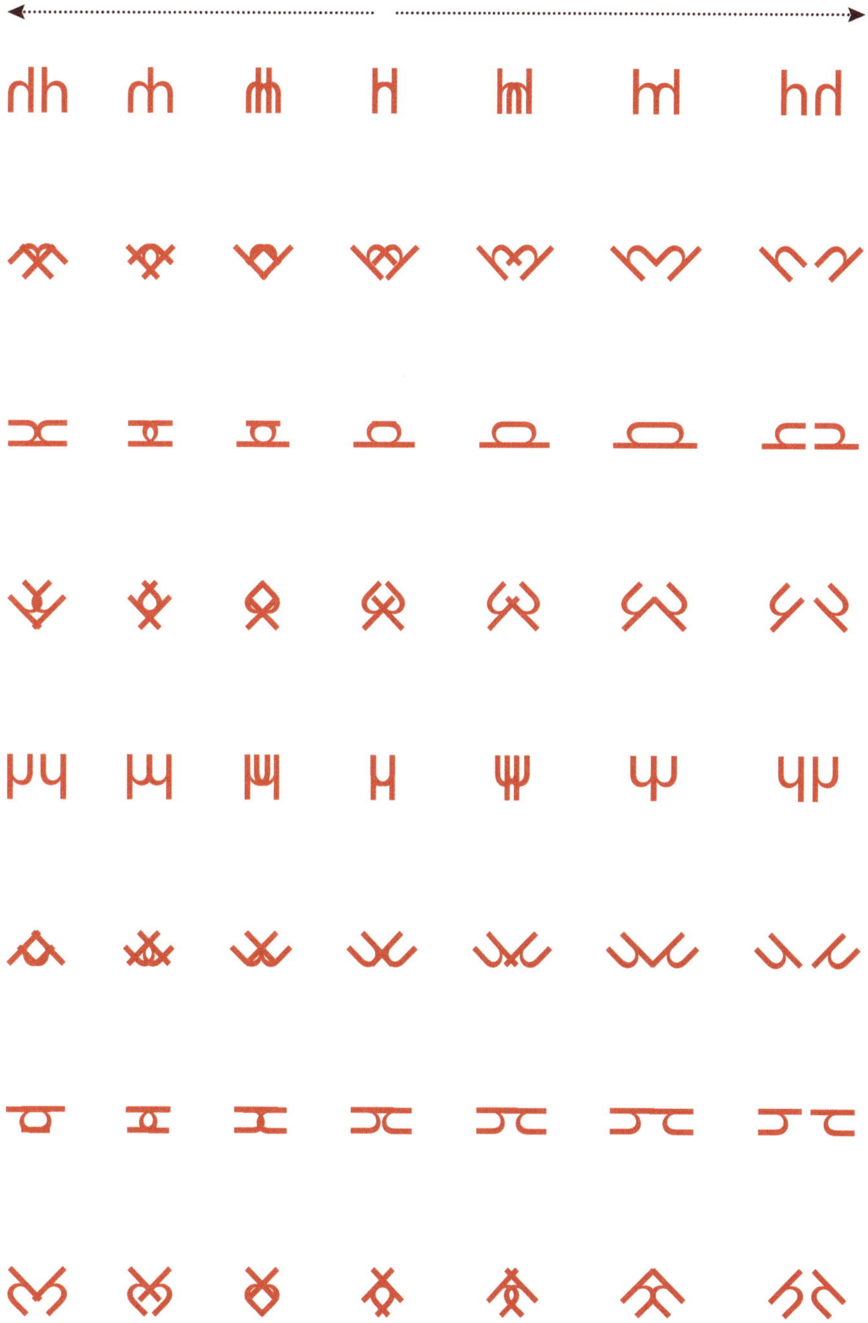

1.4 Gleitspiegelung

Definition

Bei der Gleitspiegelung werden zwei Symmetrieoperationen miteinander verknüpft. Zuerst wird eine Parallelverschiebung durchgeführt, danach folgt eine Achsenspiegelung an der Verschiebungslinie in derselben Richtung.

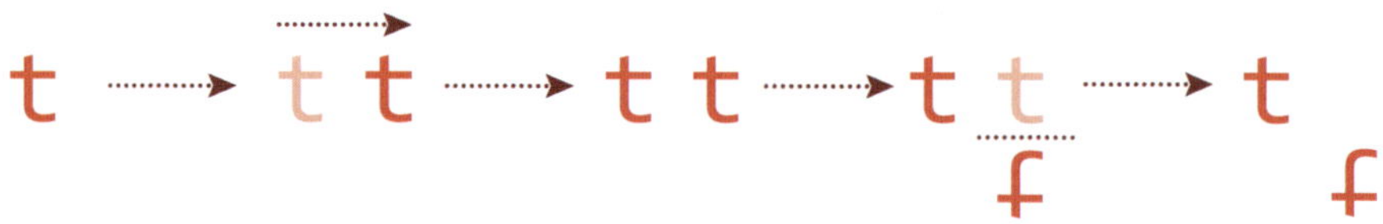

Durch Gleitspiegelung erzeugte Symmetrien sind ein Spezialfall unter den vier in diesem Kapitel beschriebenen Symmetrieoperationen, da hierbei zwei Operationsarten miteinander verknüpft werden. Tatsächlich wird die Gleitspieglung seltener angewandt, da sie komplexer und schwerer zu visualisieren ist und sich nicht so intuitiv handhaben lässt wie die anderen Operationen. Doch hat man das Prinzip erst einmal durchschaut, ist sie auch nicht komplizierter in der Handhabung, überdies lassen sich mit der Gleitspiegelung sehr elegante Wiederholungsmuster erzeugen.

Im Prinzip ist es egal, in welcher Reihenfolge man die beiden Operationen anwendet, das Endresultat bleibt jeweils das gleiche. Gerade in Bezug auf gewünschte Endresultate gilt jedoch zu beachten, dass sich mit der Gleitspiegelung nicht dieselben Motive erzielen lassen wie mit der Drehspiegelung, auch wenn aufgrund der Ähnlichkeit der Resultate die Gleitspiegelung hin und wieder fälschlicherweise als Drehspiegelung bezeichnet wird. Eine hilfreiche visuelle Eselsbrücke ist das Bild einer Fußspur im Sand mit ihren wechselnden linken und rechten Fußabdrücken. Die so entstandene Linie von Fußabdrücken ist ein typisches Beispiel für eine Gleitspiegelung.

Bei dem abgebildeten Grundbeispiel wird das Einzelelement, der Kleinbuchstabe t, zuerst verschoben und dann das neue Element über eine Achse parallel zur Verschiebungsrichtung gespiegelt. Wird nun das zweite Element entfernt, erhält man das aus dem ersten und dritten Element zusammengesetzte Motiv.

Variationen
Die Gleitspiegelung bietet weniger Möglichkeiten, ganze Serien unterschiedlicher Motive zu erstellen als die anderen drei Symmetrieoperationen, da die vorgegebene Verknüpfung von zwei Elementen eine recht beschränkte Anzahl von Kombinationsmöglichkeiten bietet. Dafür sind die Wiederholungsmuster, die mithilfe dieser Symmetrieoperation entstehen, oft erstaunlich verschachtelt.

Relatives Verhältnis von Verschiebung und Spiegelung
Die Gleitspiegelung besteht aus zwei Symmetrieoperationen, der Verschiebung und der Achsenspiegelung. Abstand bzw. Länge der beiden Operationen sind Variable und bedingen sich gegenseitig in ihrer Wirkung. So kann der Abstand der einen Operation umso geringer sein, je größer der Abstand der anderen Operation ausfällt.

Im oberen Beispiel bleibt der Abstand der Achsenspiegelung immer derselbe, während der Abstand der Verschiebung progressiv zunimmt.

Im mittleren Beispiel dagegen ist der Abstand der Verschiebung immer derselbe, während der Abstand der Achsenspiegelung progressiv zunimmt.

Im unteren Beispiel nehmen die Abstände sowohl der Achsenspiegelung als auch der Verschiebung progressiv zu.

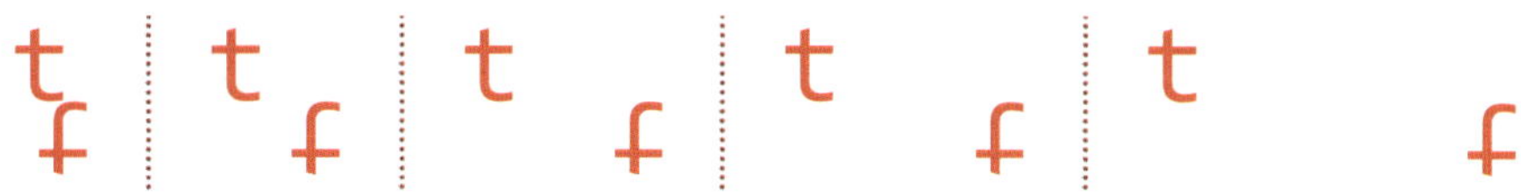

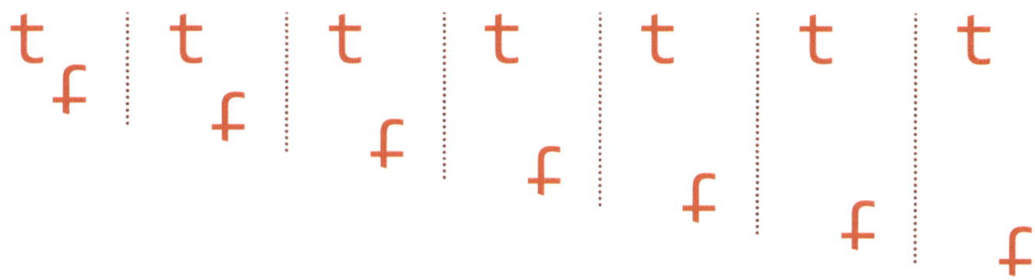

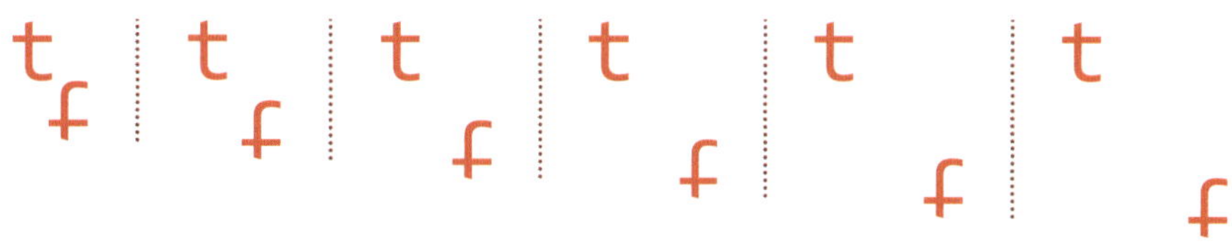

1.4 Gleitspiegelung

Drehung des Einzelelements
Wie bei den anderen drei in diesem Kapitel vorgestellten Symmetrieoperationen lassen sich auch bei der Gleitsymmetrie erstaunliche Beziehungen zwischen den beiden Motivelementen erzeugen, wenn man die Einzelelemente dreht. Tatsächlich können die Beziehungen der Elemente zueinander so extrem ausfallen, dass die dem Motiv zugrunde liegende Symmetrie kaum noch zu erkennen ist.

Die Abbildungen rechts zeigen vier Beispiele mit gedrehten Einzelelementen mit nach rechts progressiv zunehmenden Verschiebungsabständen.

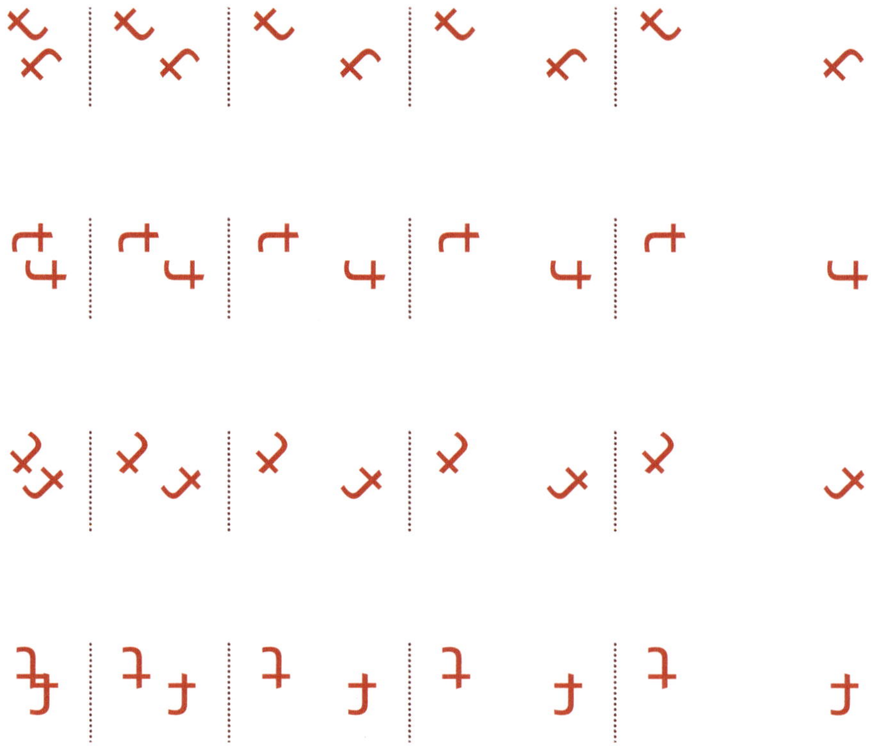

Bei diesen beiden Beispielen mit gedrehten Einzelelementen werden die Abstände zur Spiegelachse progressiv vergrößert.

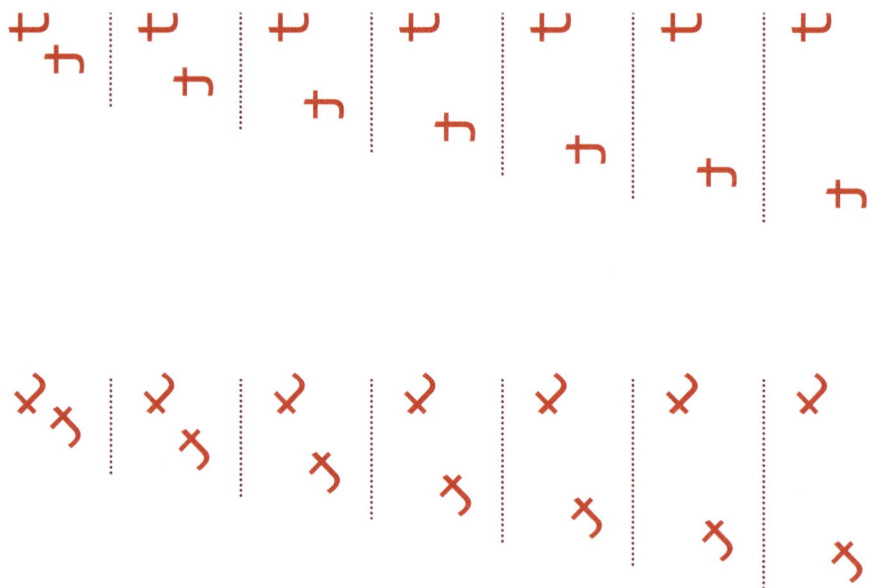

Bei diesen drei Beispielen mit gedrehten Einzelelementen nehmen die Abstände sowohl der Verschiebung als auch der Achsenspiegelung progressiv zu.

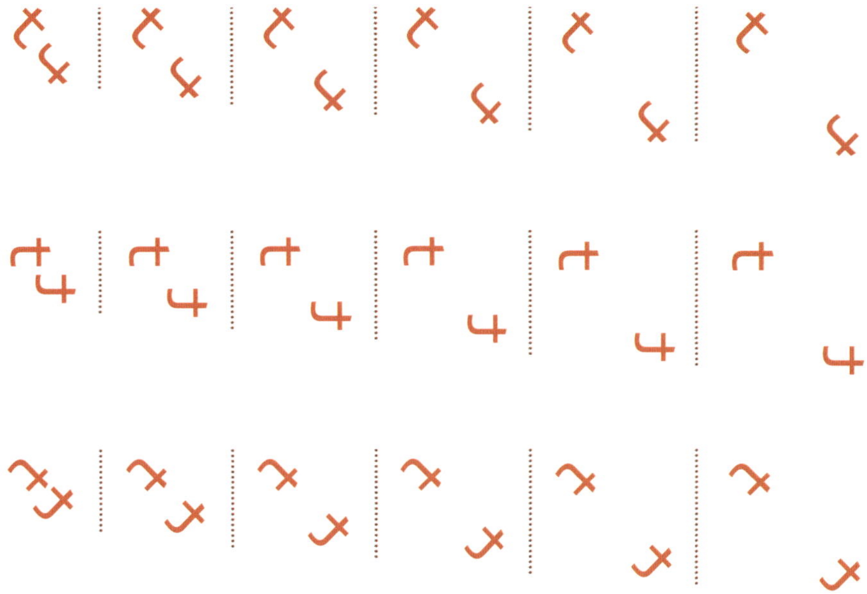

2

2. Lineare Symmetrie

Unter linearer Symmetrie versteht man eindimensionale Symmetrieoperationen entlang einer geraden Linie. Anwendungsbeispiele finden sich in den Friesen klassischer Architektur, bei dekorativen Bordüren auf Printmedien oder bei Vogelspuren im Schnee. Der Begriff „Linie" ist klar zu unterscheiden von dem der Spiegelachse. Letztere stellt zwar ebenfalls eine Linie dar, aber sie teilt ein symmetrisches Motiv in seine beiden deckungsgleichen Hälften.

Es gibt sieben lineare Symmetrieoperationen, die sich alle einer oder mehrerer der vier in Kapitel 1 vorgestellten elementaren Symmetrieoperationen bedienen, das heißt der Drehung (Rotation), Verschiebung (Translation), Achsenspiegelung (Reflexion) und Gleitspiegelung. Da es sich bei der Drehsymmetrie um eine nulldimensionale, um einen Punkt verlaufende Symmetrieoperation handelt und nicht um eine eindimensionale Symmetrieoperation entlang einer Linie, muss diese Operationsart aus diesem Kapitel ausgeklammert werden. Dennoch werde ich zeigen, dass sich mit der Drehsymmetrie allein zwar keine lineare Symmetrie erzeugen lässt, aber dass sie sich in Kombination mit anderen Symmetrieoperationen sehr wohl dazu eignet, linearsymmetrische Muster zu erstellen.

2.1 Verschiebung (Translation)

Die linearsymmetrische Verschiebung ist die elementarste der sieben linearen Symmetrieoperationen. Dabei handelt es sich einfach um die Wiederholung eines Einzelelements, Motivs oder Metamotivs entlang einer geraden Linie. Die Abstände müssen dabei konstant sein und das Element darf nicht gedreht oder gespiegelt werden.

Bei diesem Grundbeispiel wird der Großbuchstabe F entlang einer geraden Linie mittels symmetrischer Verschiebungsoperation wiederholt.

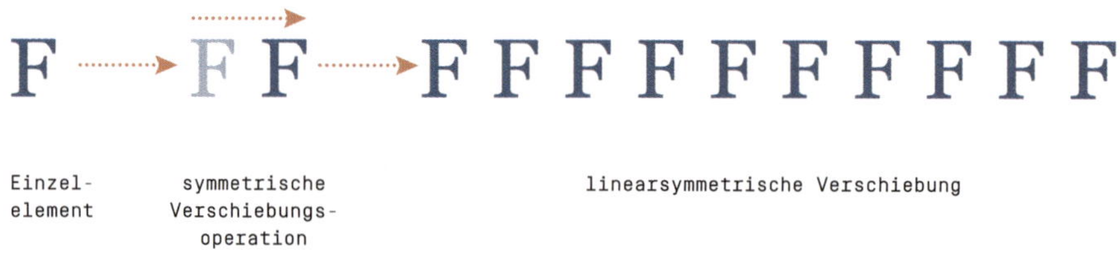

Modifikation der Abstände

Das Einzelelement kann mit jedem beliebigen Abstand entlang der Linie wiederholt werden. Um ein symmetrisches Wiederholungsmuster zu erstellen, müssen die Abstände jedoch konstant sein.

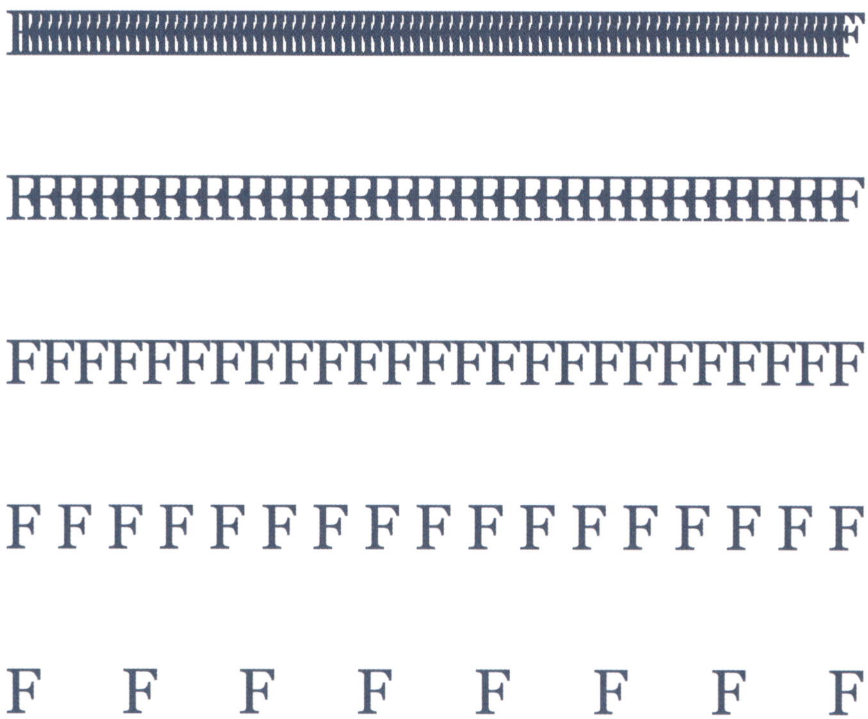

Ausrichtung des Einzelelements

Das Einzelelement kann beliebig gedreht und dann fortlaufend und in beliebigem Abstand entlang einer Linie wiederholt werden.

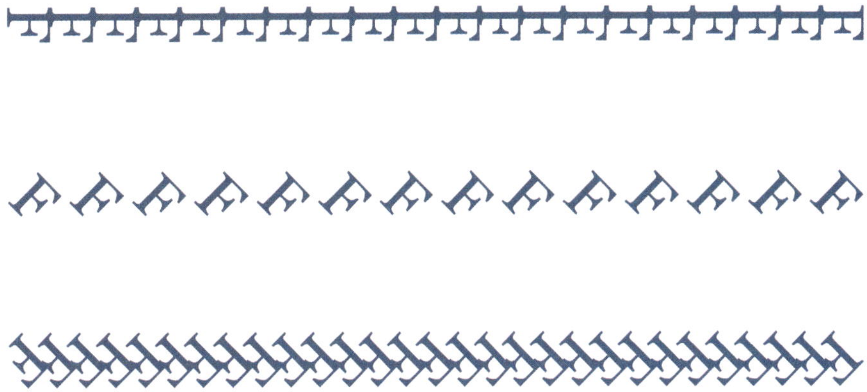

Verknüpfung mehrerer Elemente

Elemente können auch in beliebiger Anzahl zu einem Motiv oder Metamotiv zusammengesetzt und dann fortlaufend und mit beliebigem Abstand entlang einer Linie wiederholt werden. Selbst mit den einfachsten Elementen bieten sich so unzählige Variationsmöglichkeiten.

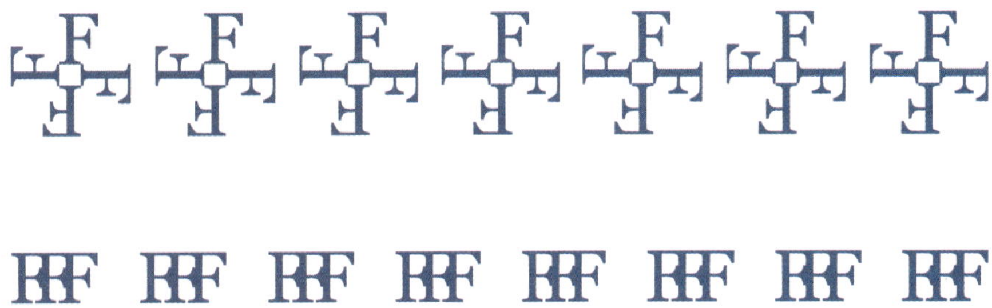

2.2 Verschiebung (Translation) + vertikale Achsenspiegelung

Das augenfälligste Beispiel für die Kombination aus Verschiebung und vertikaler Achsenspiegelung sind unsere Hände. Wenn wir sie mit den Innenflächen zueinander hoch halten, ist jede Hand das Spiegelbild der anderen. Um daraus ein Wiederholungsmuster zu erstellen, müssen wir uns jedoch eine unendliche Anzahl von Handpaaren entlang einer Linie vorstellen und nicht nur ein Paar.

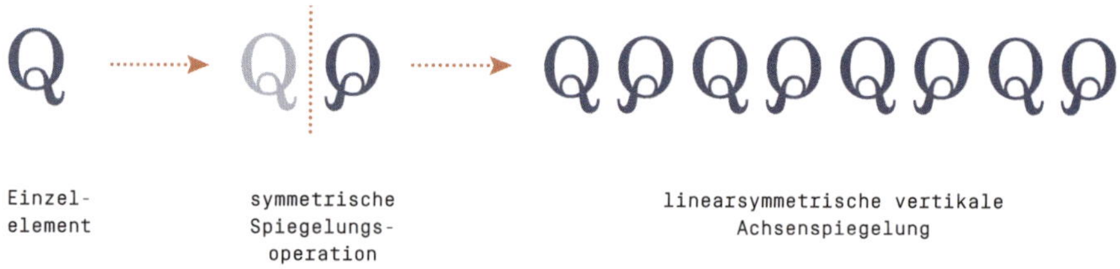

Bei dem hier abgebildeten Grundbeispiel wird der Großbuchstabe Q an einer vertikal verlaufenden Symmetrieachse gespiegelt, um ein Spiegelbild zu erzeugen. Dieses Spiegelpaar wird wiederum gespiegelt, sodass entlang der Linie eine Reihe aus Einzelelementen entsteht, von denen jedes das Spiegelbild seines jeweiligen Nachbarn ist.

Modifikation der Abstände

Bei dieser in der oberen Zeile dargestellten Operation können die das Motiv bildende Einzelelemente in jedem beliebigen Abstand zueinander abgebildet werden, von fast Null bis unendlich. Die daraus entstehenden Motive können wiederum entlang der Linie in jedem beliebigen Abstand, von fast Null bis unendlich, wiederholt werden. Es gibt also zwei Arten, durch Modifikation des Abstands das lineare Wiederholungsmuster zu verändern. Die Abbildungen rechts zeigen eine kleine Auswahl der Modulationsmöglichkeiten.

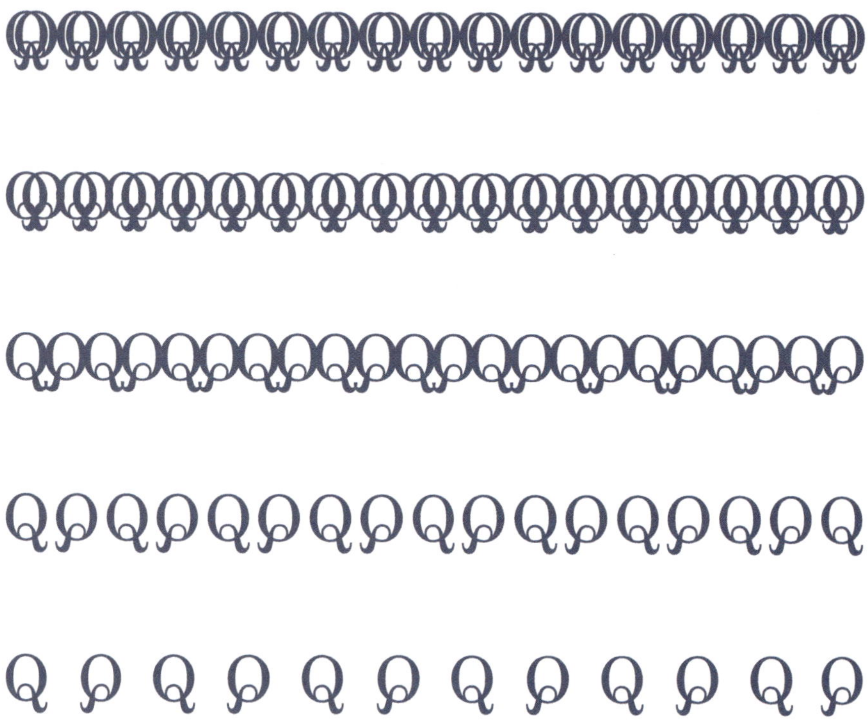

Ausrichtung des Einzelelements

Das Einzelelement Q kann in jedem beliebigen Winkel zwischen 0° und 360° abgebildet werden, wobei die Achsenspiegelung jedoch immer an der vertikalen Symmetrieachse erfolgen muss. Die zweite Regelgröße ist der Abstand der jeweiligen Motive.

Verknüpfung mehrerer Elemente

Das Einzelelement kann beliebig oft vervielfältigt und verknüpft und das daraus entstandene Motiv wiederholt werden. Das Beispiel in der oberen Zeile zeigt zwei miteinander verbundene Qs, die als Doppelelement gespiegelt wurden, in der unteren Zeile wurden drei verknüpfte Qs gespiegelt. Beim Experimentieren mit Abständen und Ausrichtung sowie der Verknüpfung von Elementen wird schnell deutlich, welche riesige Anzahl an Wiederholungsmustern sich so kreieren lässt.

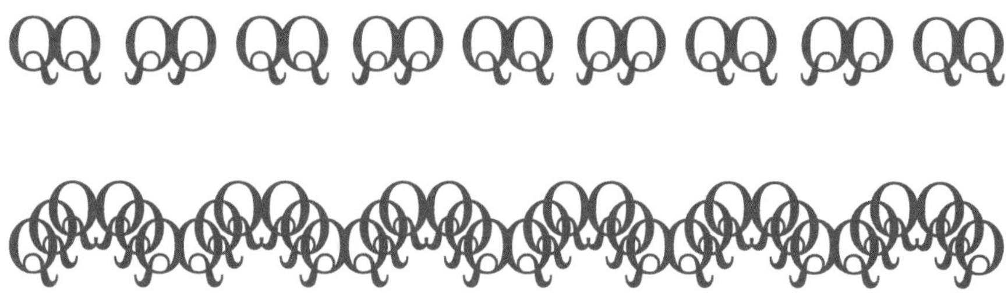

2.3 Verschiebung (Translation) + 180°-Drehung

Auch hierbei werden zwei Symmetrieoperationen verknüpft, um ein Motiv zu erstellen. Zuerst wird das Einzelelement verschoben und dann um 180° gedreht. Das so entstandene Motiv wird entlang einer Linie wiederholt. Dadurch entstehen Wiederholungsmuster, bei denen jedes Element entlang der Linie in 180° zu seinen beiden Nachbarn steht. Auf den ersten Blick scheint es sich hierbei um eine einfache Drehung ohne Verschiebung zu handeln, aber es bedarf der Kombination beider Operationen, um lineare Symmetrie zu erzeugen, die Punktsymmetrie alleine ist nicht ausreichend.

Der Großbuchstabe P wird zuerst verschoben und dann um 180° gedreht. Das aus beiden Symmetrieoperationen hervorgegangene Motiv wird dann entlang einer Linie wiederholt.

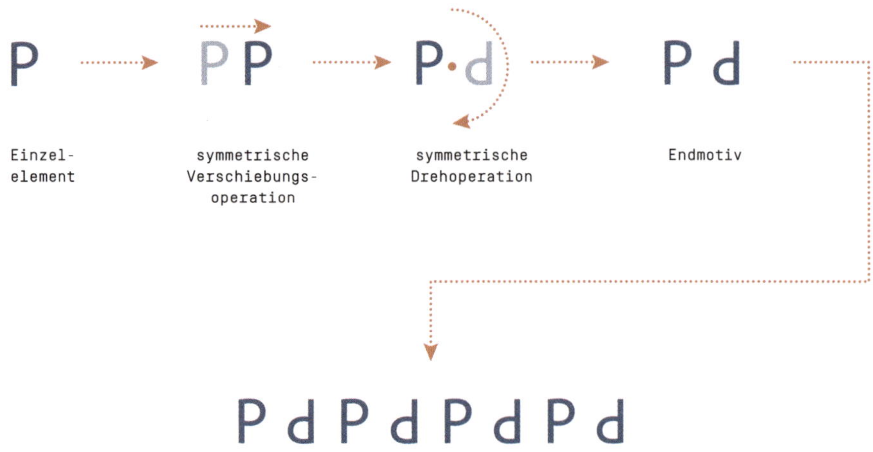

linearsymmetrische Verschiebung + Drehung

Modifikation der Abstände

Während sich symmetrische Verschiebungsoperationen in jedem beliebigen Abstand von fast Null bis unendlich durchführen lassen, sind punktsymmetrische Operationen nicht veränderbar. Allerdings lassen sich die Motive selbst in beliebige Abstände zueinander setzen, wodurch man eine zweite Regelgröße erhält. Durch Spielen mit diesen beiden Modulationsmöglichkeiten lassen sich eine Unmenge unterschiedlicher Wiederholungsmuster erzeugen.

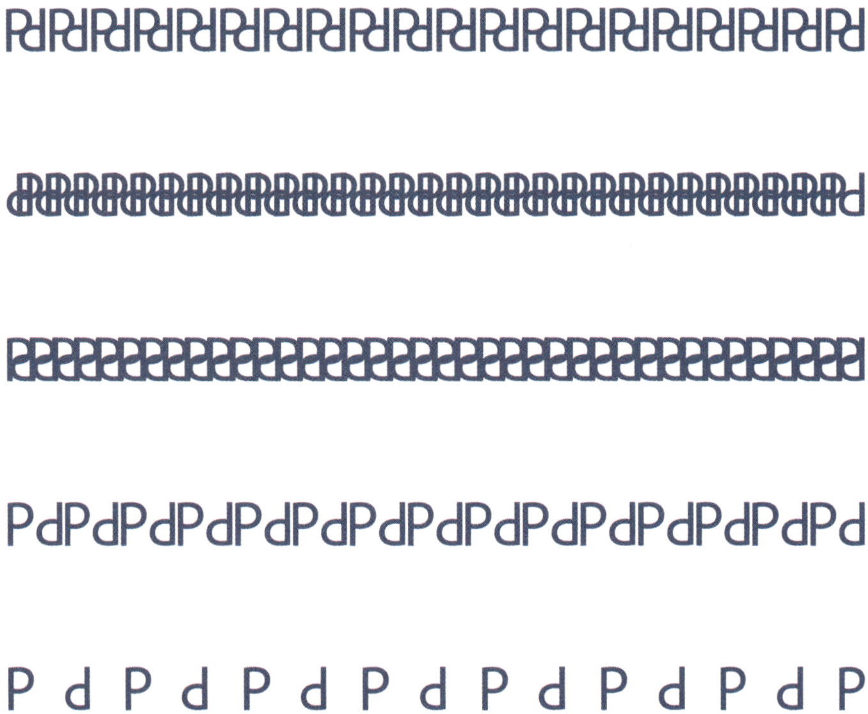

Ausrichtung des Einzelelements

Das Einzelelement P kann in jedem beliebigen Winkel zwischen 0° und 360° abgebildet werden, wobei die Verschiebung immer in derselben Richtung erfolgen muss. Durch Modifikation der Abstände der so erhaltenen Motive erhält man eine zweite Regelgröße.

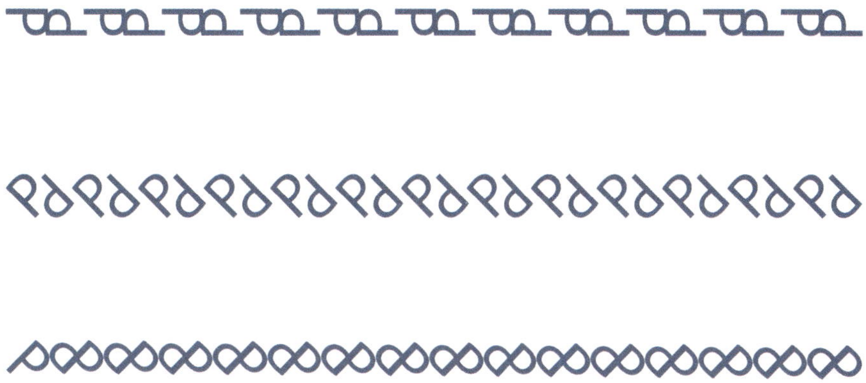

Verknüpfung mehrerer Elemente

Das Einzelelement P kann beliebig oft vervielfältigt und verknüpft und das daraus entstandene Motiv verschoben und gedreht werden. Die Beispiele der beiden oberen Zeilen zeigen Motive, bei denen jeweils zwei Ps miteinander verknüpft wurden, für das untere Beispiel wurden vier Ps stapelartig verbunden. Beim Experimentieren mit Abständen und Ausrichtung sowie der Verknüpfung von Elementen wird schnell deutlich, welche riesige Anzahl an Wiederholungsmustern sich so kreieren lässt.

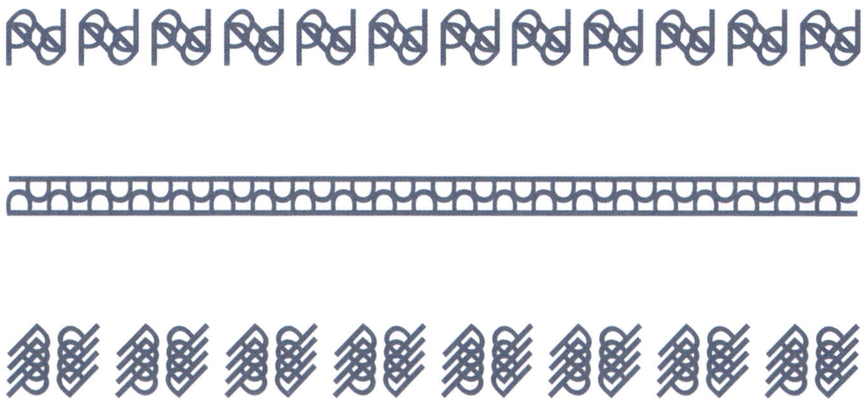

2.1 Verschiebung
[Translation]

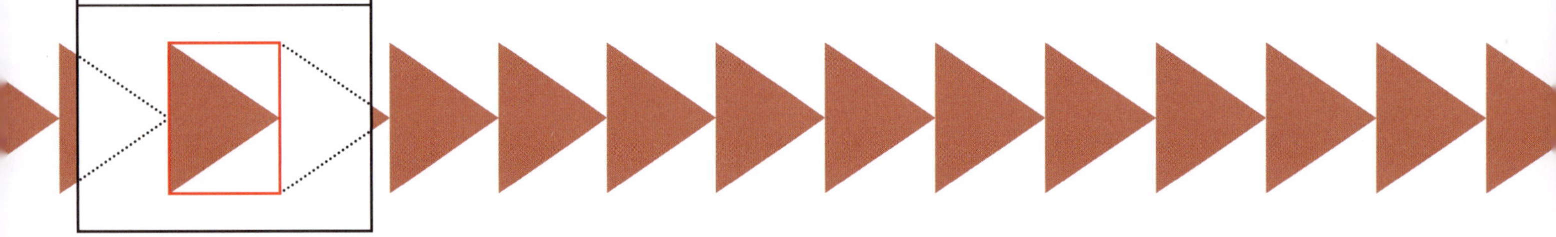

2.2 Verschiebung
+ vertikale Achsenspiegelung

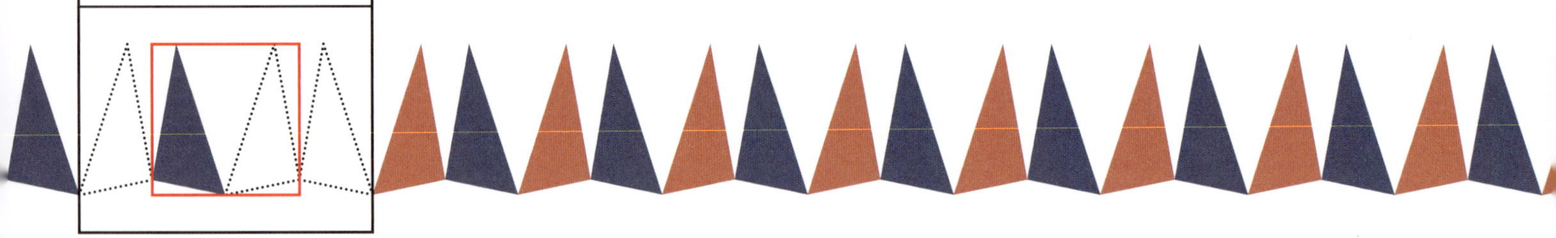

2.3 Verschiebung
+ 180°-Drehung

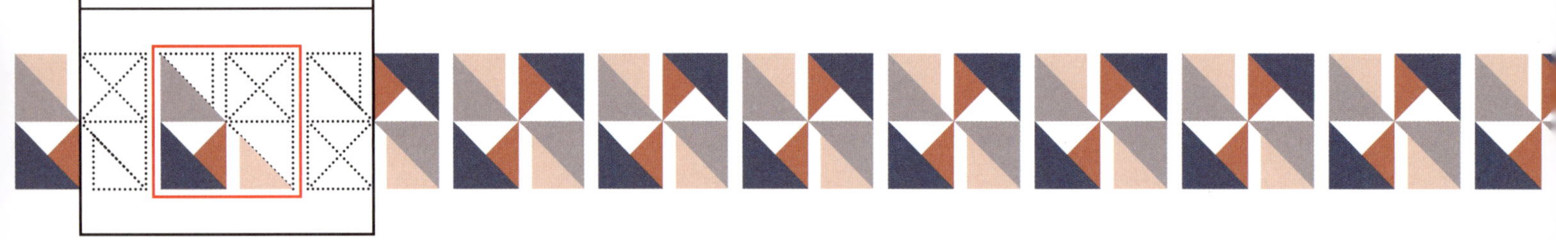

2.4 Verschiebung
+ Gleitspiegelung

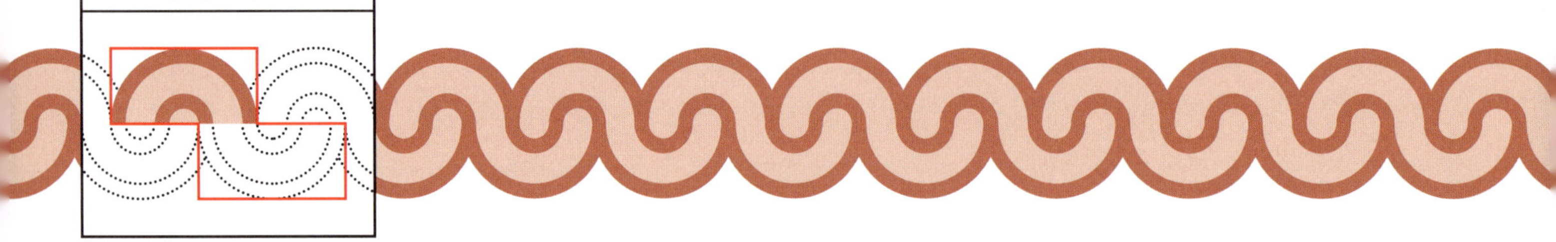

2.5 horizontale Achsenspiegelung

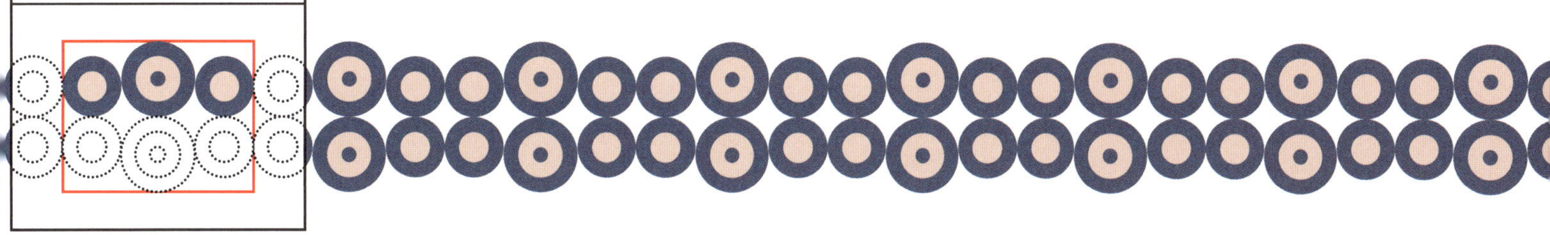

2.6 vertikale Achsenspiegelung + Verschiebung + horizontale Achsenspiegelung + 180°-Drehung

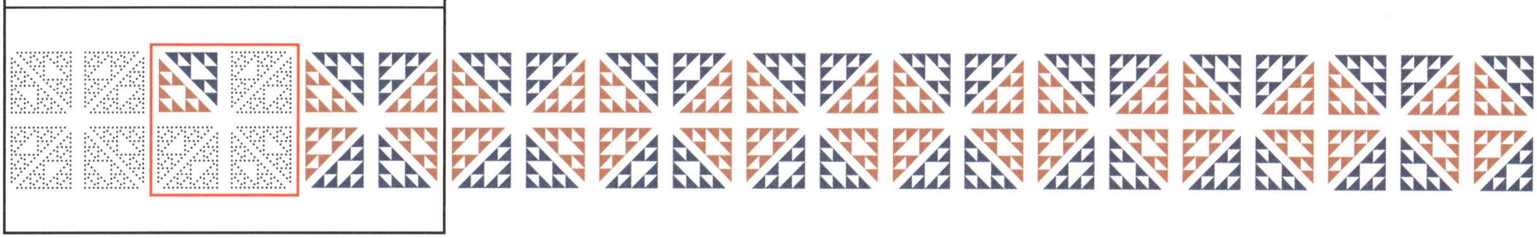

2.7 Verschiebung + vertikale Achsenspiegelung + 180°-Drehung + vertikale Achsenspiegelung

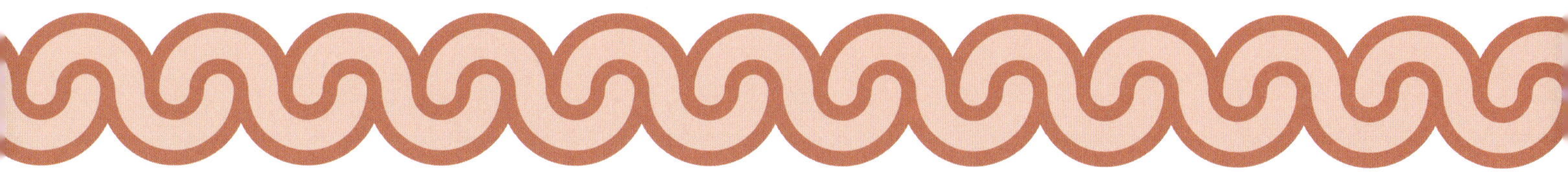

2.4 Verschiebung + Gleitspiegelung

Bei dieser Variante lässt sich die Motiverstellung leicht erfassen, wenn man sich eine Fußspur im Sand vorstellt. In Kapitel 1 wurde sie bereits zur Verdeutlichung der Gleitspiegelung herangezogen. Handelt es sich aber um linearsymmetrische Operationen, muss diese Operation als Kombination aus Verschiebung und Gleitspieglung verstanden werden. Auffällig ist hierbei, dass durch die Anwendung der beiden Symmetrieoperationen ein aus hoch- und tiefgestellten Elementen zusammengesetztes Endmotiv entsteht, das kombiniert weit komplexere linearsymmetrische Muster bilden kann als mithilfe der bislang vorgestellten Operationen.

Bei diesem Grundbeispiel wird der Großbuchstabe G zuerst verschoben und dann das verschobene Duplikat an der horizontalen Achse gespiegelt. Hierbei befindet sich die horizontale Achse unterhalb des Buchstaben G, sie könnte aber auch oberhalb liegen. Schließlich wird das im ersten Schritt erhaltene Element entfernt, sodass man als Endmotiv eine aus zwei Elementen bestehende Figur erhält.

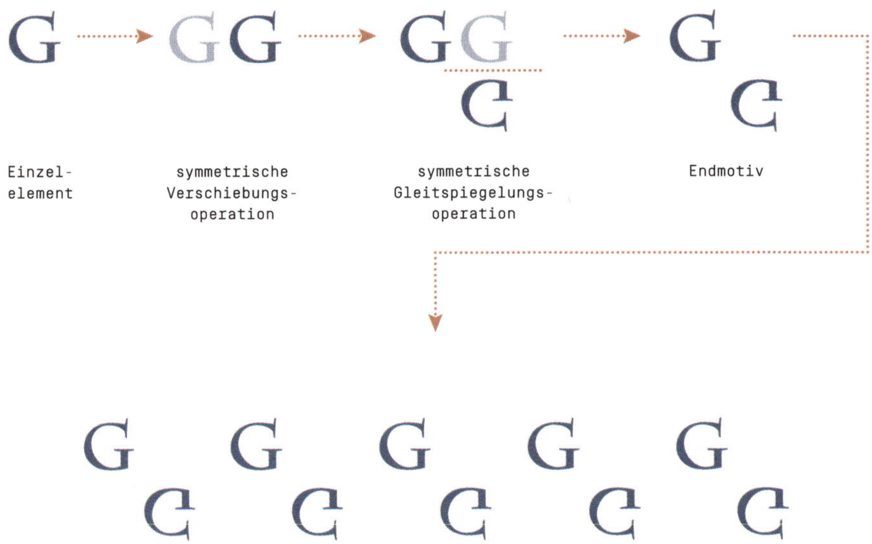

linearsymmetrische Gleitspiegelung

Modifikation der Abstände

Sowohl der Abstand der verschobenen Elemente zueinander als auch der Abstand der horizontalen Spiegelachse zum Einzelelement lassen sich variieren. Der Abstand kann bei beiden Vorgängen zwischen fast null und unendlich liegen. Die abgebildeten Beispiele zeigen eine Auswahl der Möglichkeiten.

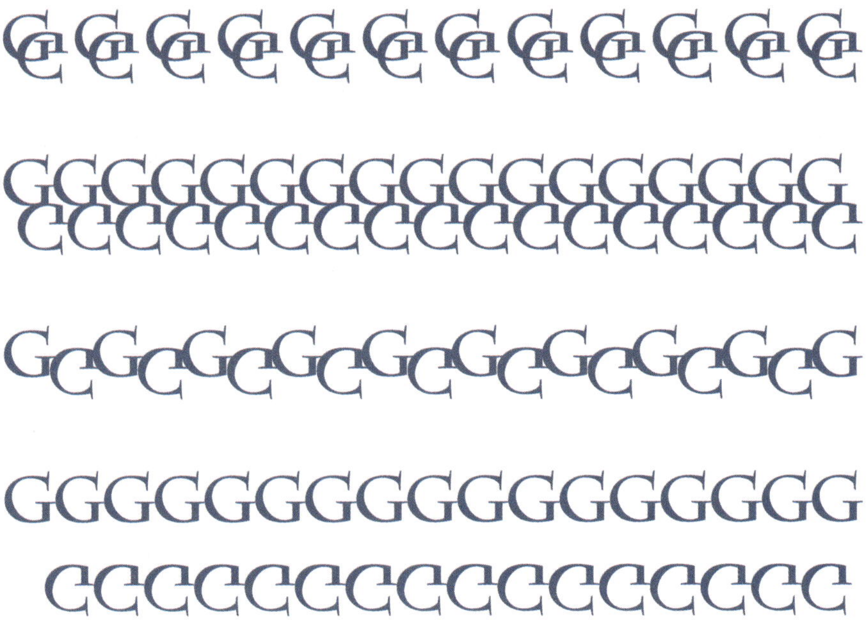

Ausrichtung des Einzelelements

Das Einzelelement G kann in jedem beliebigen Winkel zwischen 0° und 360° abgebildet werden, wobei die Verschiebung immer in derselben Richtung erfolgen und die Spiegelachse parallel zur Verschiebungsrichtung liegen muss. Die Abstände der Motive zueinander können beliebig zwischen fast null und unendlich liegen.

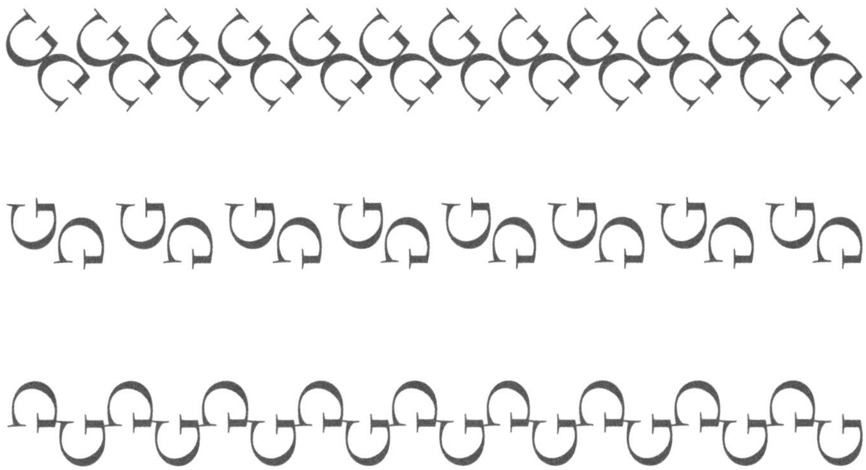

Verknüpfung mehrerer Elemente

Das Einzelelement G kann beliebig oft vervielfältigt und verknüpft und das daraus entstandene Motiv verschoben und gespiegelt werden. Bei dem abgebildeten Beispiel wurde das Grundelement aus zwei miteinander verknüpften Gs gebildet. Werden sehr viele Einzelelemente zu einem Grundelement verknüpft, besteht die Gefahr, dass das Endmotiv zu komplex und unübersichtlich wird, deshalb sollte man bei dieser Operationsart gut auf die Stimmigkeit und Überschaubarkeit des Endmotivs achten. Beim Experimentieren mit Abständen und Ausrichtung sowie der Verknüpfung von Elementen wird schnell deutlich, welche riesige Anzahl an Wiederholungsmustern sich so kreieren lässt.

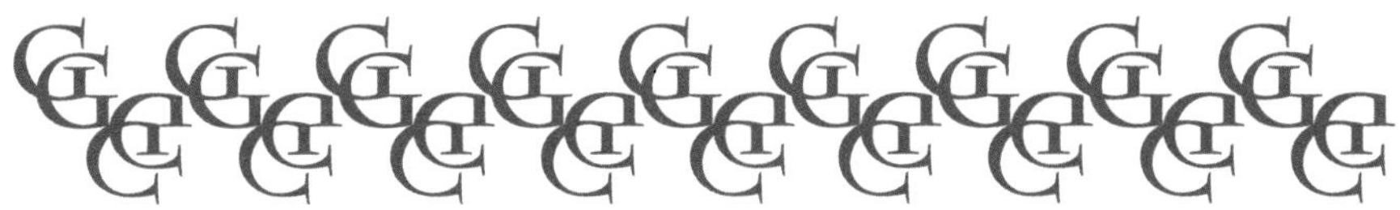

2.5 Horizontale Achsenspiegelung

Die horizontale Achsenspiegelung ist eine der einfachsten und am intuitivsten zu erfassenden Symmetrieoperationen. Mit dieser Operation entstehen klare, schnörkellose Wiederholungsmuster, die eingängig und gefällig sind. Bei der Mustererstellung muss man sich jedoch immer darüber im Klaren sein, dass die Achsenspiegelung zwar in vertikaler Richtung erfolgt, die Spiegelachse aber horizontal verläuft. Letzteres hat der Operation auch ihren Namen gegeben.

Bei diesem Grundbeispiel wird der Großbuchstabe J an einer horizontal verlaufenden Symmetrieachse gespiegelt. Die beiden deckungsgleichen Elemente bilden zusammen das Motiv. Die horizontale Achse kann wie hier unterhalb des Einzelelements liegen, kann aber auch oberhalb oder sogar innerhalb platziert werden. Linearsymmetrie entsteht, wenn das Motiv in konstanten Abständen und parallel zur Richtung der horizontalen Symmetrieachse wiederholt wird.

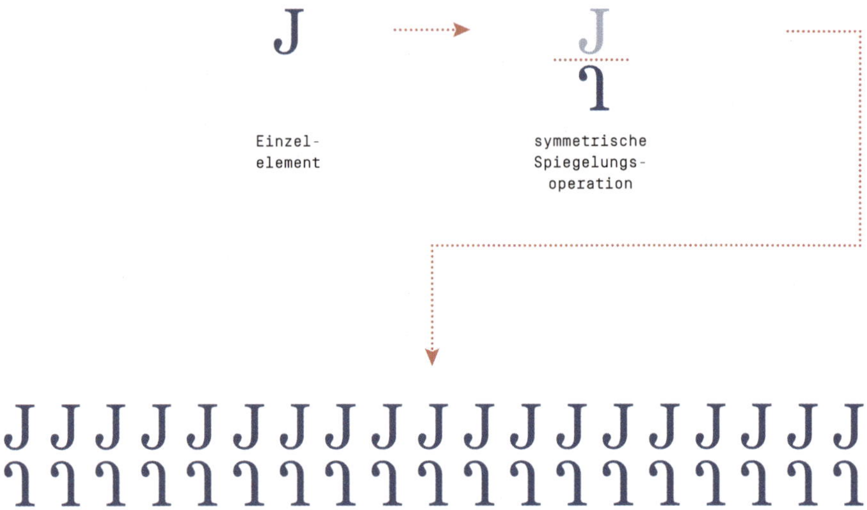

linearsymmetrische horizontale Achsenspiegelung

Modifikation der Abstände

Die horizontale Symmetrieachse, an der das Einzelelement gespiegelt wird, kann überall platziert werden, sowohl innerhalb als auch ober- oder unterhalb des Elements. Das führt zu einer ganzen Serie relativ einfacher, aber überraschend abwechslungsreicher Motive. Der horizontale Abstand der Motive zueinander kann sich beliebig zwischen fast null und unendlich bewegen.

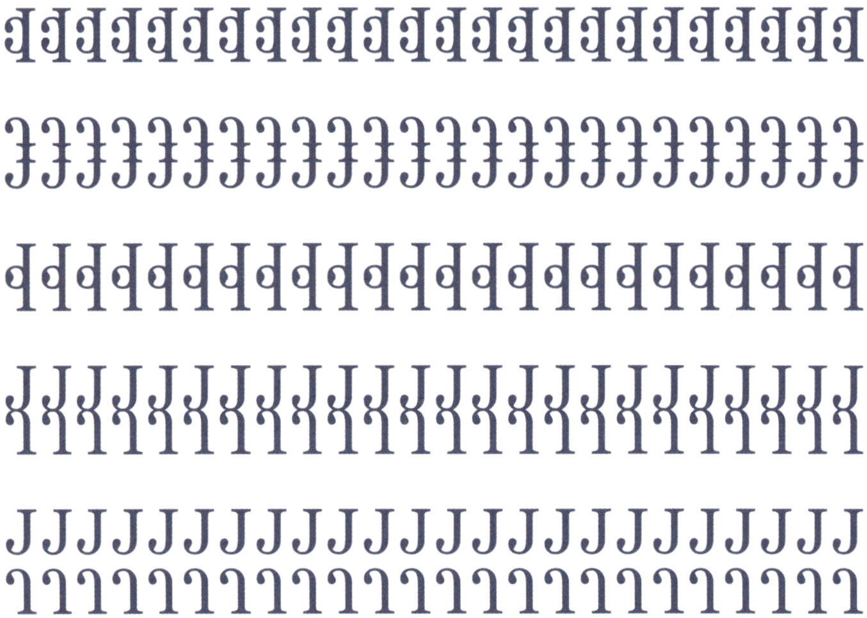

Ausrichtung des Einzelelements

Das Einzelelement J kann in jedem beliebigen Winkel zwischen 0° und 360° abgebildet werden, wobei die Symmetrieachse immer horizontal und die Richtung, in der die Verschiebung der Motive stattfindet, parallel zur Symmetrieachse verlaufen muss.

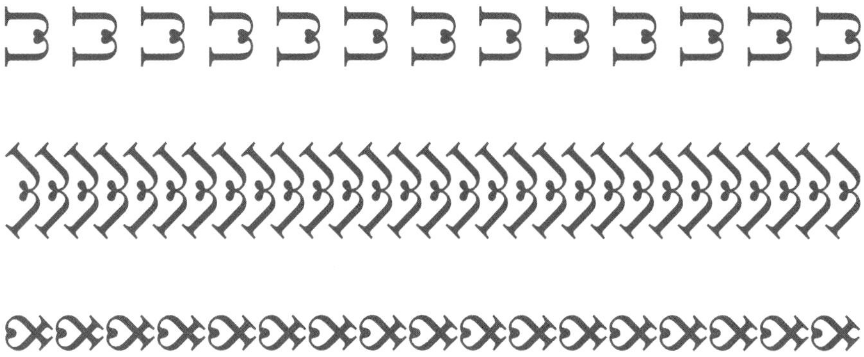

Verknüpfung mehrerer Elemente

Das Grundmotiv kann aus einer beliebigen Anzahl von Elementen zusammengesetzt werden. Das hier abgebildete Beispiel zeigt drei miteinander verknüpfte Js, die zu dem aus sechs Js bestehenden Grundmotiv gespiegelt werden. Das untere Beispiel ist komplexer, da hier zuerst zwei Js horizontal zu einem aus vier Js bestehenden Element gespiegelt werden, das wiederum zu dem aus acht Js bestehenden Grundmotiv gespiegelt wird. Im Falle des abgebildeten Beispiels kann man zwar noch von linearer Symmetrie sprechen, aber schon hier wird deutlich, wie sich durch wiederholte horizontale Spiegelung und Stapelung des Motivs ein lineares Muster zu einem plansymmetrischen Wiederholungsmuster ausbauen lässt. Ein interessanter Aspekt wäre die Frage, ab wann aus linearer Symmetrie Plansymmetrie wird, aber ich bezweifle, dass sich diese Frage sinnvoll, geschweige denn verbindlich beantworten lässt.

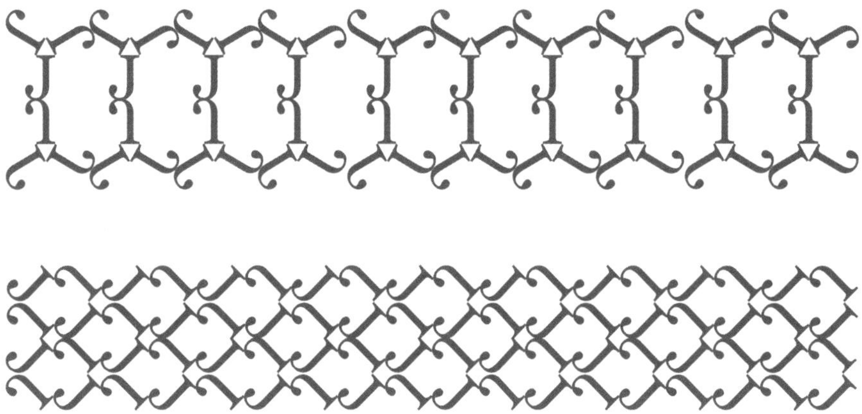

2.6 Vertikale Achsenspiegelung + Verschiebung + horizontale Achsenspiegelung + 180°-Drehung

Die Benennung dieser Form der linearen Symmetrie lässt sich schwer merken. Leichter wird es, wenn man sich Folgendes merkt: Bei dieser Art linearer Symmetrie besteht das Motiv immer aus einem Block von vier Einzelelementen, wobei jedes jeweils das Spiegelbild seiner Nachbarn zur Linken und Rechten sowie nach oben und unten ist. Bedingt durch diese schablonenhafte Art der Motivbildung entstehen meist auch recht schablonenhafte Wiederholungsmuster.

Bei diesem Grundbeispiel werden am Großbuchstaben L drei verschiedene Symmetrieoperationen durchgeführt. Zuerst wird er vertikal gespiegelt, dann wird das erste Element horizontal gespiegelt und zum Schluss noch um 180° gedreht, wobei der Drehpunkt im Schnittpunkt der drei Elemente liegt. Als Resultat erhält man ein rasterartiges Motiv, bestehend aus vier Elementen, wobei jedes jeweils das Spiegelbild seiner Nachbarn ist. Wird dieses Grundmotiv entlang einer Linie wiederholt, entsteht ein Wiederholungsmuster. Die Beschreibung dieser Symmetrieoperationen ist zwar relativ komplex, das visuelle Ergebnis dagegen ist leicht zu erfassen.

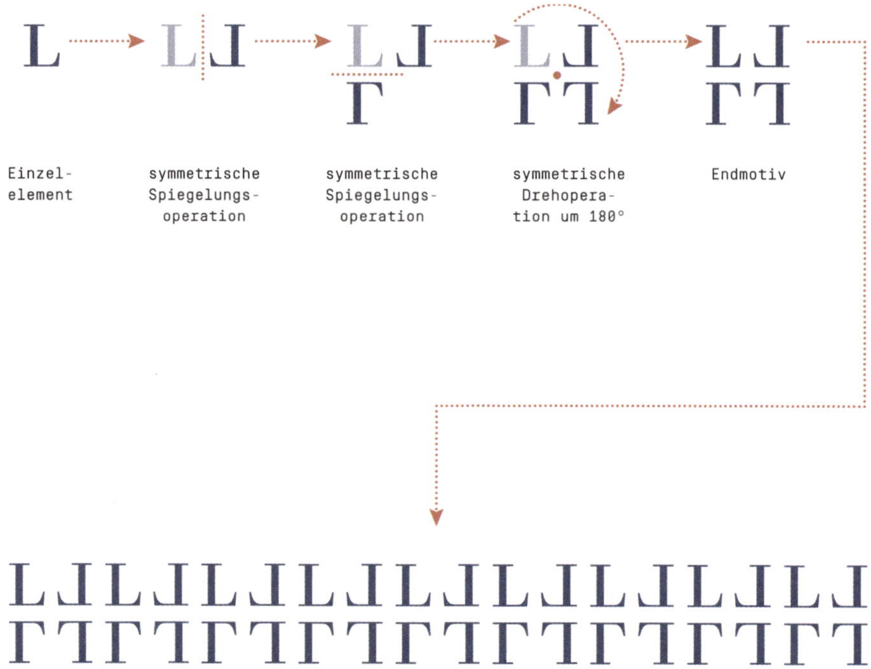

linearsymmetrische Achsenspiegelung + Achsenspiegelung + Drehung

Modifikation der Abstände

Die drei separaten Symmetrieoperationen bieten vielfältige Möglichkeiten, die verschiedenartigsten Motive aus ein und demselben Einzelelement zu erzeugen. Allen Varianten gemeinsam ist der durch die beiden Achsenspiegelungen bedingte Charakter von Ordnung und Ausgewogenheit. Die Beispiele rechts zeigen eine kleine Auswahl der Modulationsmöglichkeiten, die sich durch Bewegen der vertikalen bzw. horizontalen Spiegelachsen nach oben oder unten bzw. nach rechts oder links sowie durch Modifikation der Abstände der Elemente zueinander erzeugen lassen.

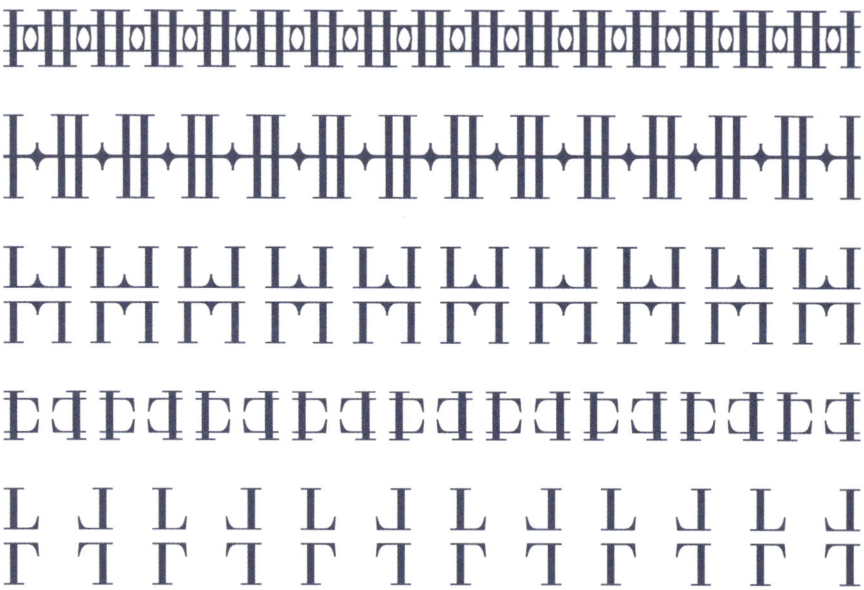

Ausrichtung des Einzelelements

Selbst wenn das Einzelelement in einem ungewohnten Winkel abgebildet wird, entstehen nach Durchlaufen der drei Symmetrieoperationen überraschend stimmige, übersichtliche Wiederholungsmuster. Es wäre eine echte Herausforderung für Kreative, aus diesen rasterartigen Grundmotiven wilde und expressive Wiederholungsmuster zu erzeugen.

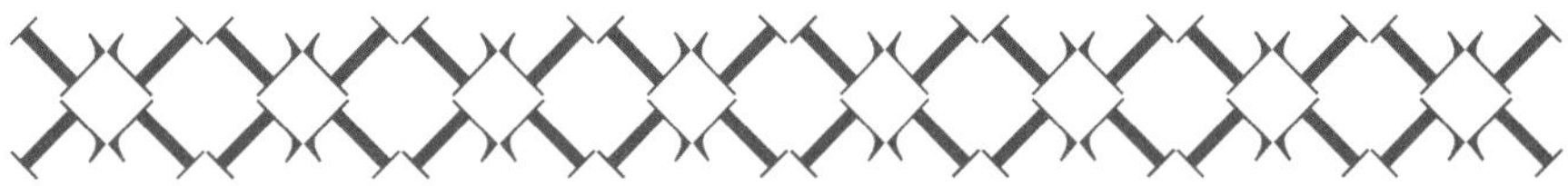

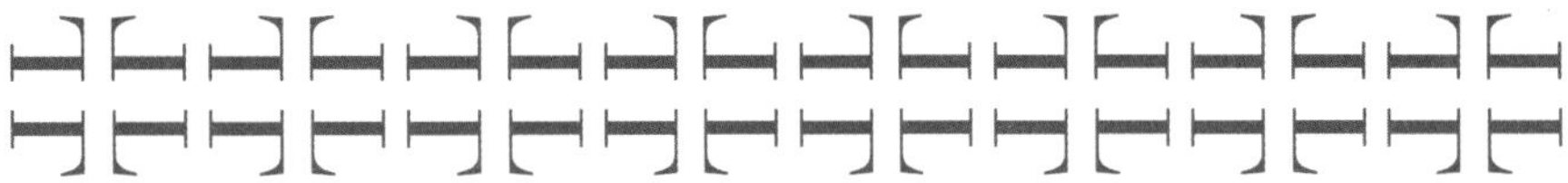

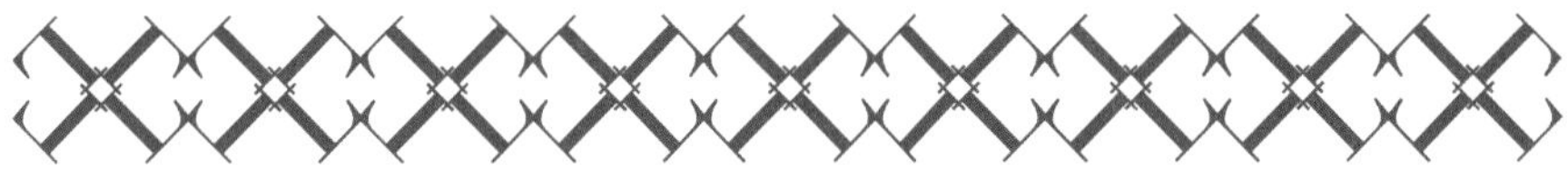

Verknüpfung mehrerer Elemente

Der stabile Grundcharakter dieser Form der linearen Symmetrie wird auch bei der Verknüpfung mehrerer Einzelelemente deutlich. Die beiden Beispiele bilden die beiden Extreme dieser Operationsart ab. Beim oberen Beispiel wurden zwei Einzelelemente präzise ausgerichtet und zu einem sehr formelhaft wirkenden Wiederholungsmuster aufgebaut. Bei der zweiten Variante wurden vier Elemente relativ wild zusammengewürfelt. Aber selbst bei dieser Chaosvariante entsteht nach dem Durchlaufen der drei Symmetrieoperationen ein gefälliges und übersichtliches Mustergefüge.

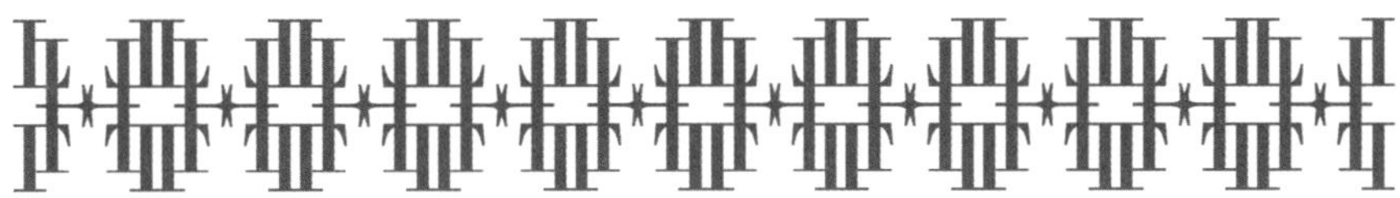

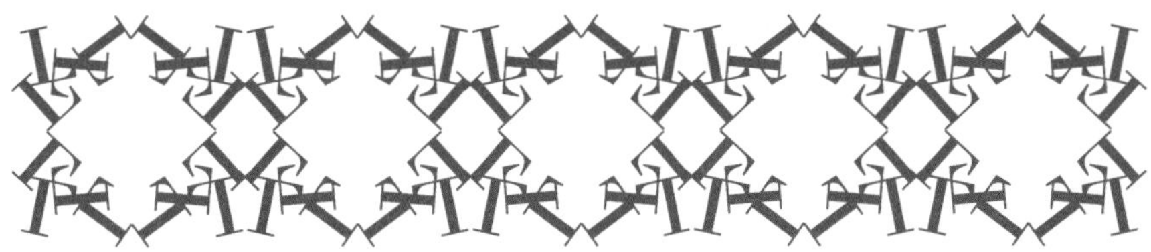

2.7 Verschiebung + vertikale Achsenspiegelung + 180°-Drehung + vertikale Achsenspiegelung

Dies ist die einzige Variante der linearen Symmetrie, bei der das Motiv nur aus einer Reihung von vier Elementen entlang einer Linie besteht. Das Grundmotiv selbst lässt sich noch detailliert beschreiben, doch wenn es als lange Reihe von Wiederholungen auftritt, sind plötzlich recht viele Beschreibungsoptionen möglich, je nachdem, welches Einzelelement man als Ausgangspunkt der Beschreibung wählt. So gebildete Wiederholungsmuster sind komplex und subtil.

Bei diesem Grundbeispiel wird der Großbuchstabe R durch drei Symmetrieoperationen geführt, die alle entlang derselben horizontalen Linie erfolgen. Zuerst wird das Einzelelement an der vertikal verlaufenden, senkrecht zur Verschiebungslinie stehenden Symmetrieachse gespiegelt. Nun wird das neue Element um 180° gedreht. Danach wird das neue Element wieder an einer vertikal verlaufenden, senkrecht zur Verschiebungslinie stehenden Symmetrieachse gespiegelt. Die vier auf einer Linie stehenden Elemente fügen sich zu einem komplexen Motiv zusammen, das dann zu einem Wiederholungsmuster vervielfältigt wird.

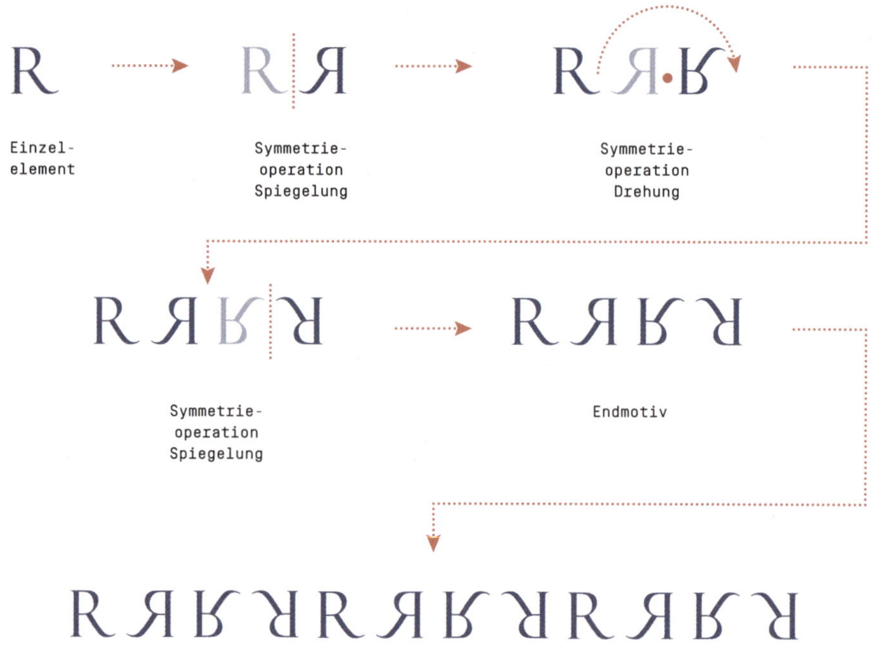

linearsymmetrische Achsenspiegelung + Drehung + Achsenspiegelung

Modifikation der Abstände

Die komplexe Konstruktion des Motivs erlaubt vielfältige Variationsmöglichkeiten, was die Abstände anbelangt. Dadurch lassen sich sowohl sehr außergewöhnliche als auch recht konventionelle Wiederholungsmuster erzeugen.

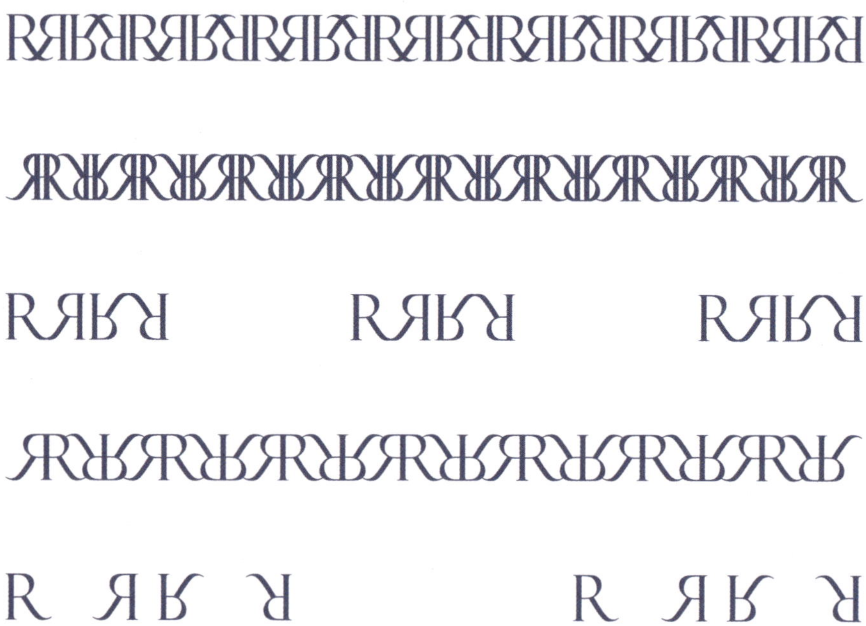

Ausrichtung des Einzelelements
Das Einzelelement R kann in jedem beliebigen Winkel zwischen 0° und 360° abgebildet werden. Nach Durchlaufen der drei Symmetrieoperationen entstehen meist gefällige, abwechslungsreiche Wiederholungsmuster. Die einzige Schwierigkeit bei dieser linearen Symmetrieoperation besteht darin, bei der Mustererstellung darauf zu achten, dass tatsächlich alle vier Elemente wiederholt werden. Mit welchem Element man die Reihung beginnt, ist dabei völlig unerheblich.

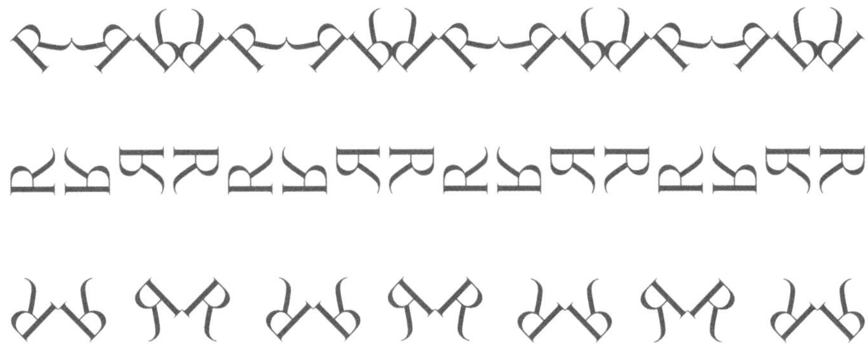

Verknüpfung mehrerer Elemente
Durch die komplexe Abfolge von Symmetrieoperationen kann es leicht passieren, dass die so erzeugten Wiederholungsmuster uninteressant und verwirrend wirken. Beim Entwicklungsprozess sollte daher viel Sorgfalt auf die Anordnung der vielen Elemente gelegt werden, damit an dessem Ende schöne, visuell attraktive Musterdessins stehen. Schon kleine Korrekturen der Positionen der Symmetrieachsen oder der Stellung der Elemente zueinander können erheblichen Einfluss auf die Wirkung des Wiederholungsmusters haben. Daher sollten Sie gerade an diese Art der Mustererstellung ohne Eile herangehen und experimentieren, solange es Ihre Zeit erlaubt.

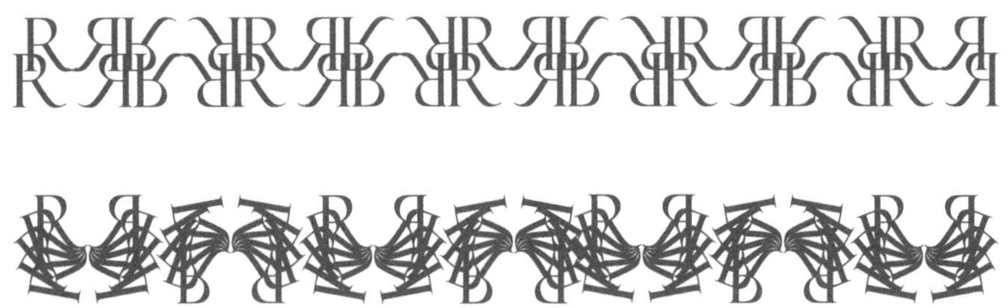

3

3. Plansymmetrie

Plansymmetrie bezeichnet die Symmetriemöglichkeiten der Ebene. Konkret sind damit periodische Abbildungen gemeint, die eine zweidimensionale, also plane Oberfläche sowohl horizontal als auch vertikal mit einem Muster überziehen. Derartige Flächenmuster sind die häufigste Musterform überhaupt und in unserem täglichen Leben so allgegenwärtig, dass wir sie kaum noch als solche wahrnehmen. Sie treten in allen Größenordnungen auf, vom Hin und Her der Fäden in einem gewebten oder gestrickten Stoff über die Anordnung der Felder auf dem Schachbrett oder der Sitze in einem Theater bis hin zum Straßengeflecht unserer Städte.

Die meisten plansymmetrischen Wiederholungsmuster lassen sich auf quadratische oder rechtwinklige Gitterstrukturen zurückführen. Auch rechtwinklige Anordnungen sind wir dermaßen gewohnt, dass wir als Designer, oft ohne einen Gedanken an mögliche Alternativen, wieder und wieder auf sie zurückgreifen, weshalb man sie mit Fug und Recht als Designklischee bezeichnen könnte. Neben dem rechten Winkel, der in der Praxis viele Vorteile bietet, sollten wir daher andere Winkel, etwa 60° und 120°, die dreieckige und sechseckige Symmetriemuster zulassen, nicht ohne eine genauere Betrachtung abtun. Kapitel 3 befasst sich mit diesen alternativen Geometriefiguren. Sofern sie Ihnen nicht geläufig sind, lassen Sie sich gesagt sein, dass sie sehr wohl besonderer Aufmerksamkeit wert sind. Der Umgang mit ihnen ist nicht schwieriger als der mit rechten Winkeln. Weil uns jedoch andere Winkel so wenig vertraut sind, empfinden wir sie als merkwürdig fremd, während sie doch schlicht und einfach nur anders sind.

Viele der Zellen, die bei der Konstruktion der plansymmetrischen Abbildungen entstehen, können als Ausgangselemente für Parkettierungen dienen, die Sie im nächsten Kapitel erwarten. Grundlegende Erläuterungen zu Zellen und Kacheln finden Sie auf den Seiten 14 und 15.

3.1. Parallelverschiebung

In der Ebene ist die Parallelverschiebung die direkteste Form der Symmetrieabbildung. Als Konstruktionshilfsmittel umgibt man eine Figur mit einer Zelle und vervielfältigt diese nun auf einfache Weise sowohl in horizontaler als auch vertikaler Richtung über die gesamte Fläche, wobei ein gleichmäßiges Gittermuster entsteht. Dabei ist diese Art der Symmetrieabbildung keineswegs so schlicht, wie es den Anschein hat, und die Wiederholungsmuster, die auf diese Art erzeugt werden, können von großer Raffinesse sein.

Im nebenstehenden Grundmuster wird der Kleinbuchstabe a in eine quadratförmige Zelle gestellt, deren Grenze wir durch einen roten Rahmen verdeutlicht haben. Durch Wiederholung der Zelle lässt sich das Ausgangselement problemlos in horizontaler und vertikaler Richtung zu einem lückenlosen Flächenmuster erweitern. Nach dem Entfernen der roten Zellgrenzen zeigt sich das Wiederholungsmuster als ein gleichmäßiges Raster aus Einzelelementen.

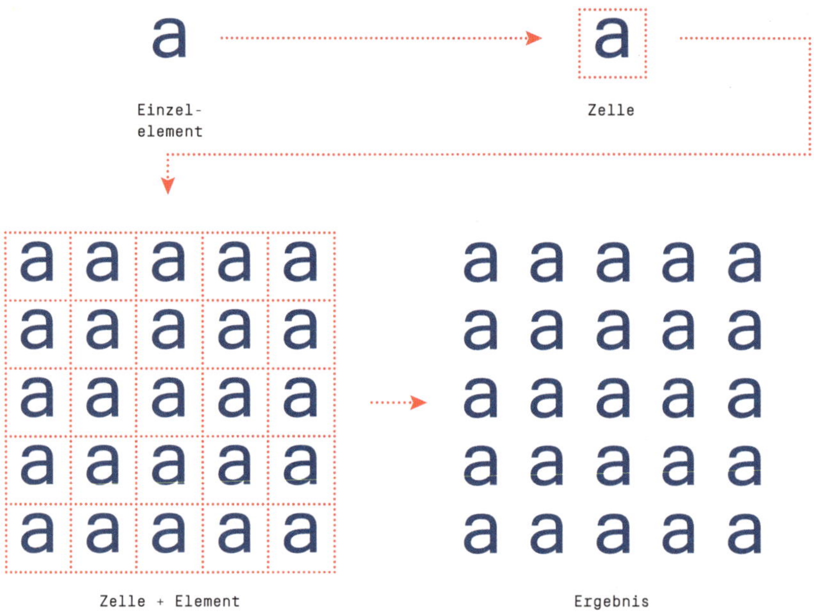

Zellformat

In den beiden hier dargestellten Beispielen bleibt die Größe des Einzelelements a unverändert, während die Zellen unterschiedliche Abmessungen aufweisen. Dies bewirkt ein Aneinander- beziehungsweise Auseinanderrücken der Einzelelemente. Es folgt daraus, dass sich durch Veränderung der Zellgröße im Bezug zur Elementgröße der Abstand zwischen den Elementen steuern lässt und die Verhältnismäßigkeiten des Wiederholungsmusters exakt bestimmen lassen.

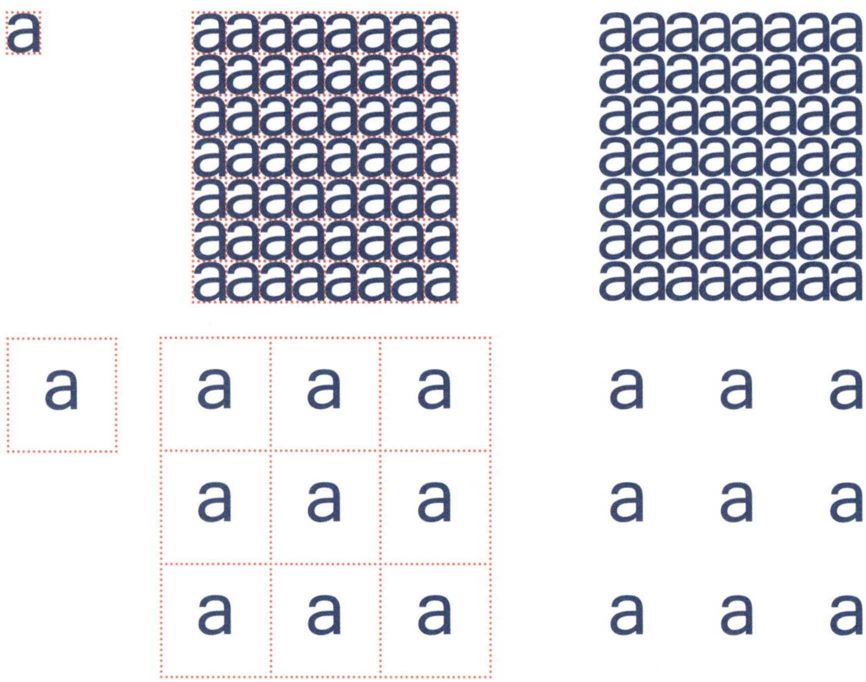

Zellform

Zellen in Quadratform lassen sich, genau wie Rechtecke, ohne Weiteres lückenlos aneinanderfügen. Die beiden nebenstehend gezeigten Beispiele bilden das Einzelelement einmal in einem senkrecht gestellten Rechteck und anschließend in einem quer liegenden Rechteck ab. Auf diese Weise entstehen das eine Mal Reihen von Elementen, das andere Mal Säulen. Durch veränderte Seitenverhältnisse einer Rechteckzelle lassen sich die Abstände zwischen den Musterreihen und -säulen steuern. Bei Vergrößerung der Zellen im Verhältnis zum Musterelement verändern sich auch die Abstände zwischen den Elementen (siehe gegenüberliegende Seite).

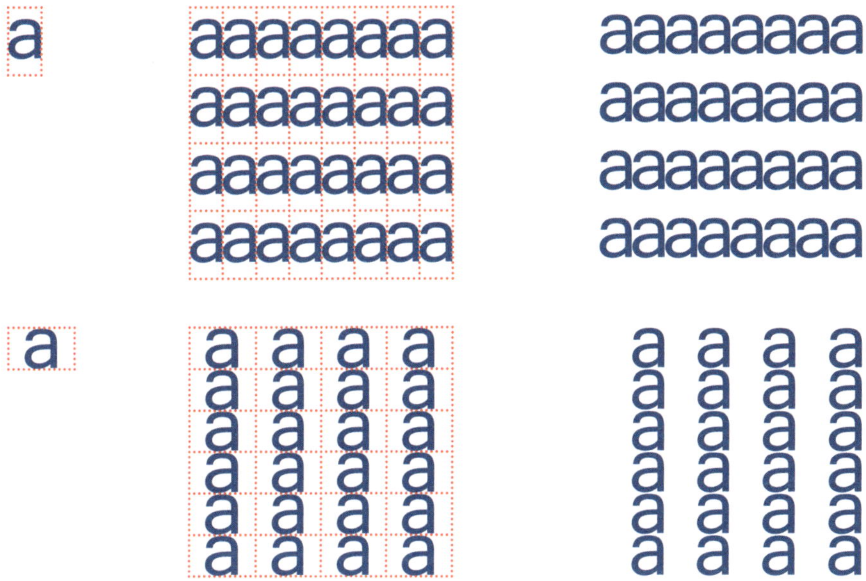

Versatzrichtung

Wir haben zuvor gesehen, wie die Parallelverschiebung Wiederholungsmuster mit geordneten Reihen und Säulen rechtwinklig zueinander stehender Musterelemente ergibt. Ebenso besteht die Möglichkeit, die Fläche aus versetzt zueinander stehenden Zellen zu kacheln, was gemeinhin als Versatz bezeichnet wird. Das erste Beispiel zeigt einen Halbversatz der jeweils zweiten Zellreihe und das zweite Beispiel einen Halbversatz der jeweils zweiten Säule. Dabei zeigt sich, dass die Richtungen der beiden Parallelverschiebungen nicht im 90°-Winkel zueinander verlaufen. Durch Änderung der Zellgröße und -form (wie oben erklärt) ändert sich auch der Winkel zwischen den beiden Verschieberichtungen.

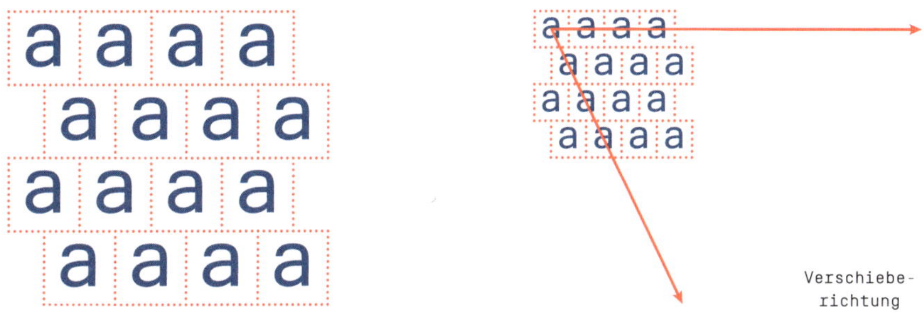

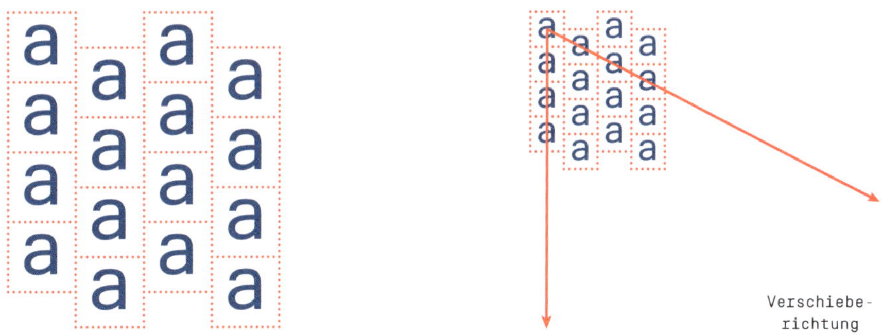

3.2 Gleitspiegelung

Die Gleitspiegelung ist die schillernde Persönlichkeit unter den vier in Kapitel 1 beschriebenen Symmetrieoperationen. Dies rührt daher, dass es sich um eine zweistufige Operation handelt, bei der, nach Entfernung des überleitenden Zwischenschritts, ein Gefüge zweier scheinbar beziehungsloser Einzelelemente übrig bleibt. Das Ergebnis dieser zweistufigen Operation ist ein Wiederholungsmuster von größerer Dynamik als bei einfachen Dreh- oder Spiegelmustern.

In unserem Anschauungsmodell werden beide Symmetrieoperationen am Kleinbuchstaben b durchgeführt. Zunächst erfährt der Buchstabe eine Parallelverschiebung nach unten, anschließend wird er an einer senkrechten Achse seitwärts gespiegelt. Nach Entfernung des mittleren Hilfsschritts erhalten wir mit dem ersten und letzten Einzelelement das Motiv, das in eine Zelle übernommen wird. Die Zellen werden flächendeckend wiederholt und ergeben nach Auflösung der Zellwände das dargestellte Wiederholungsmuster.

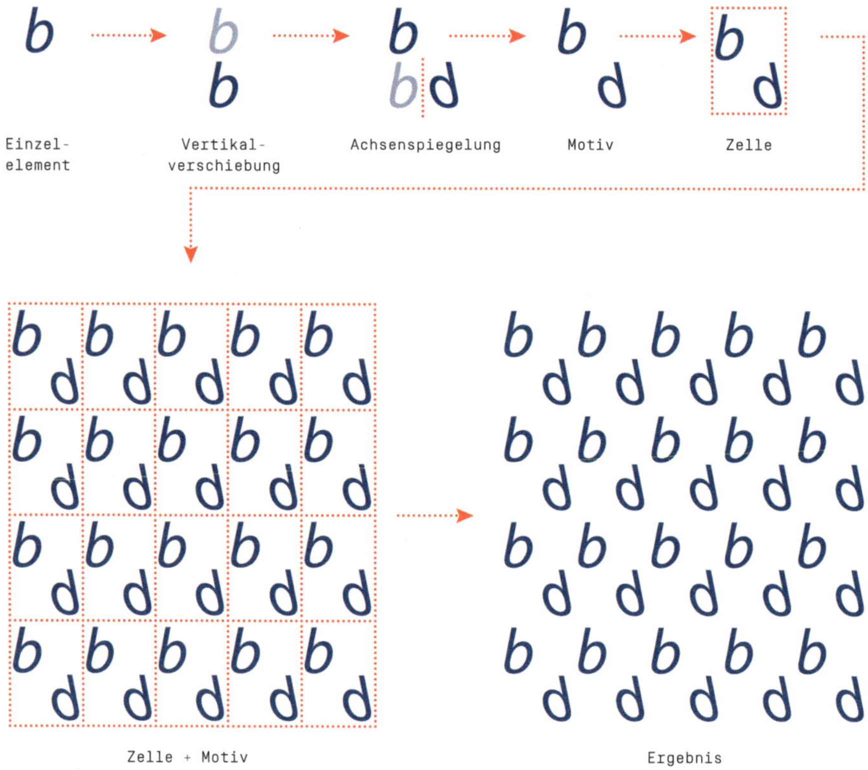

Abstände

Die fünf Beispiele mit dem Einzelelement b zeigen Varianten, wie die beiden Symmetrieoperationen gestreckt oder gestaucht werden können, wodurch die beiden Einzelelemente des Motivs eine andere räumliche Beziehung zueinander einnehmen. Entsprechend ändern sich die Abmessungen der umgebenden Rechteckzellen. Die Motive können dabei relativ konventionell wirken, mitunter aber auch ganz im Gegenteil, denn teilweise stellen sich ungewöhnliche sekundäre Beziehungen zwischen den Elementen verschiedener Zellen ein.

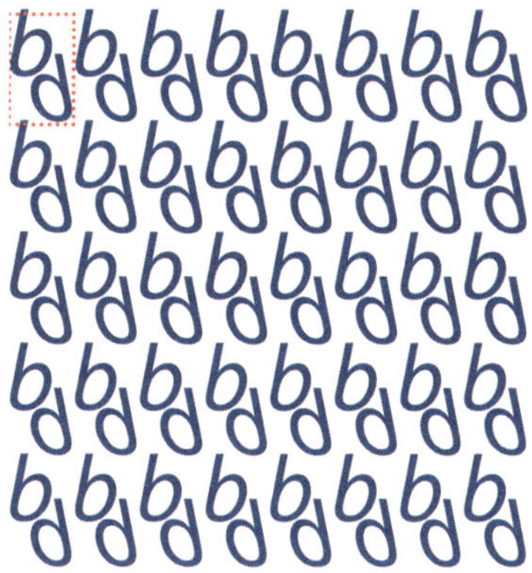

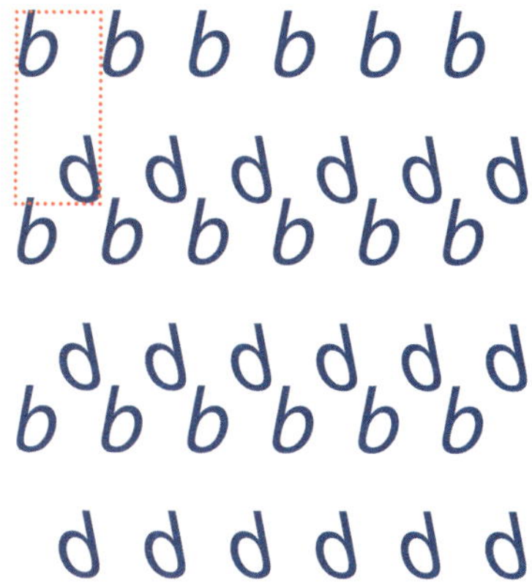

Zellform

Die naheliegendste Form der Zelle ist das Quadrat oder das Rechteck, dabei gewähren aber alle Vierecke mit gegenüberliegenden parallelen Seiten – also auch Rauten beziehungsweise Parallelogramme – die lückenlose Flächenfüllung. Die Verwendung schräg gestellter Zellen kann hilfreich sein, um extreme Konstellationen der Einzelelemente zu schaffen, wie sie mit Quadraten und Rechtecken nicht erreichbar sind.

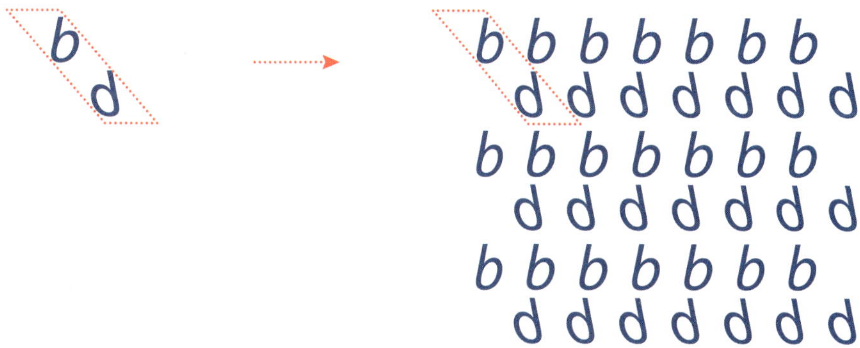

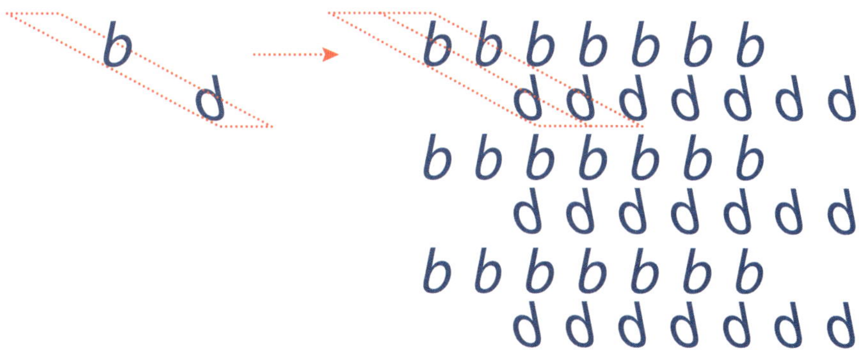

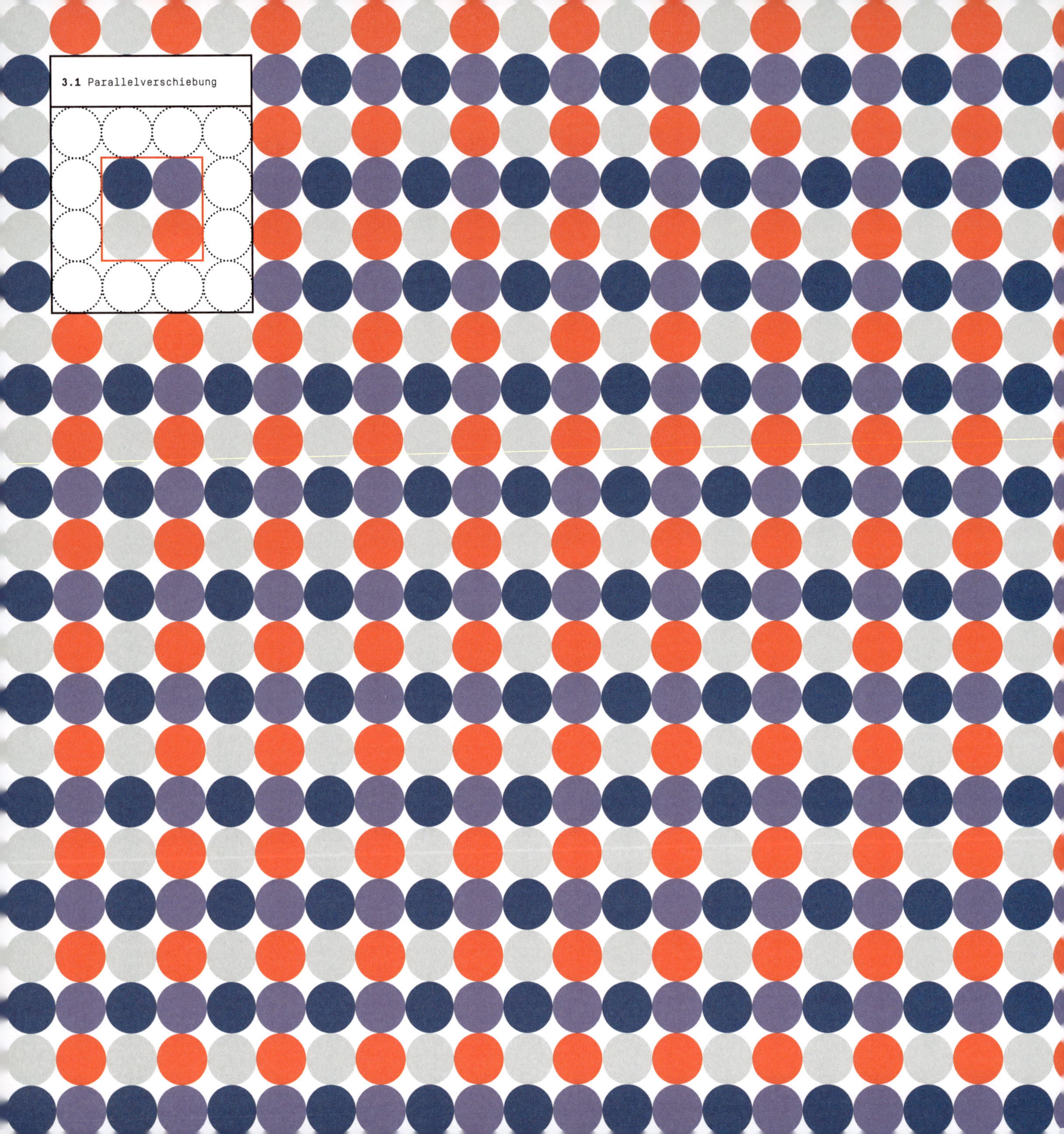

3.1 Parallelverschiebung

3.2 Gleitspiegelung

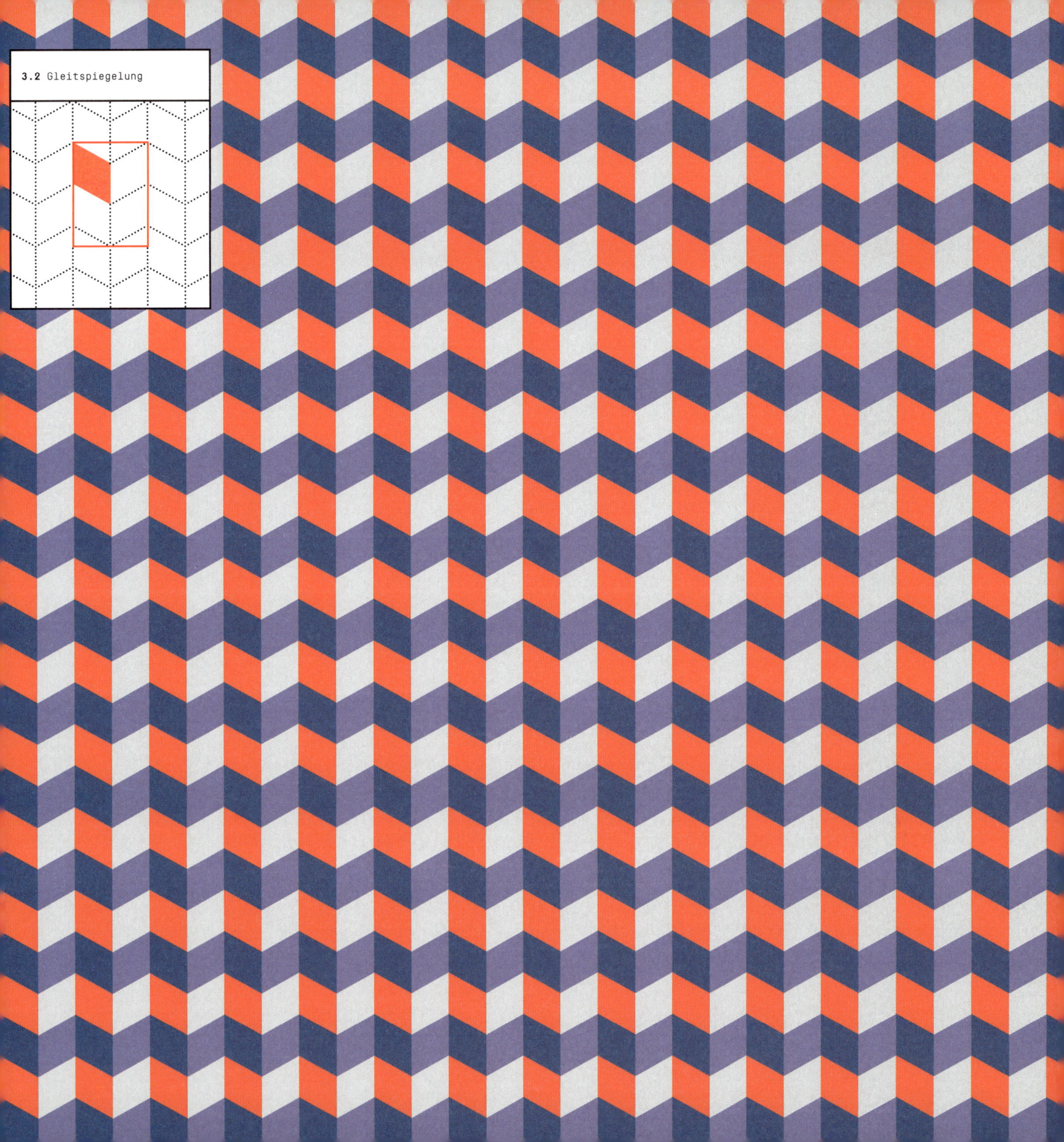

3.3 Doppelte Spiegelung

Auf den ersten Blick erscheint die Erläuterung einer zweifachen Spiegelsymmetrie überflüssig. Jedoch offenbart sich erst mit fortschreitendem Verständnis das verborgene Prinzip hinter dem so einfach erscheinenden Vorgang, und erst das Verstehen des Prinzips macht die Anwendung der Symmetrieoperation einfach.

In diesem Grundbeispiel verwenden wir erstmalig ein symmetrisches Ausgangselement, nämlich den Kleinbuchstaben v. Andere Buchstaben der gleichen Schrifttype wie i, l, o, w oder x könnten ebenso verwendet werden. Um unser Ausgangselement zu erhalten, das nur aus einer schrägen geraden Linie besteht, wird das v in der Mitte halbiert. Das Einzelelement wird dann zuerst nach links und wieder nach rechts zum eigentlichen Motiv gespiegelt. Diese doppelte Spiegelung kann anschließend entlang einer Geraden wiederholt und in mehreren Reihen zu einem plansymmetrischen Flächenmuster angeordnet werden.

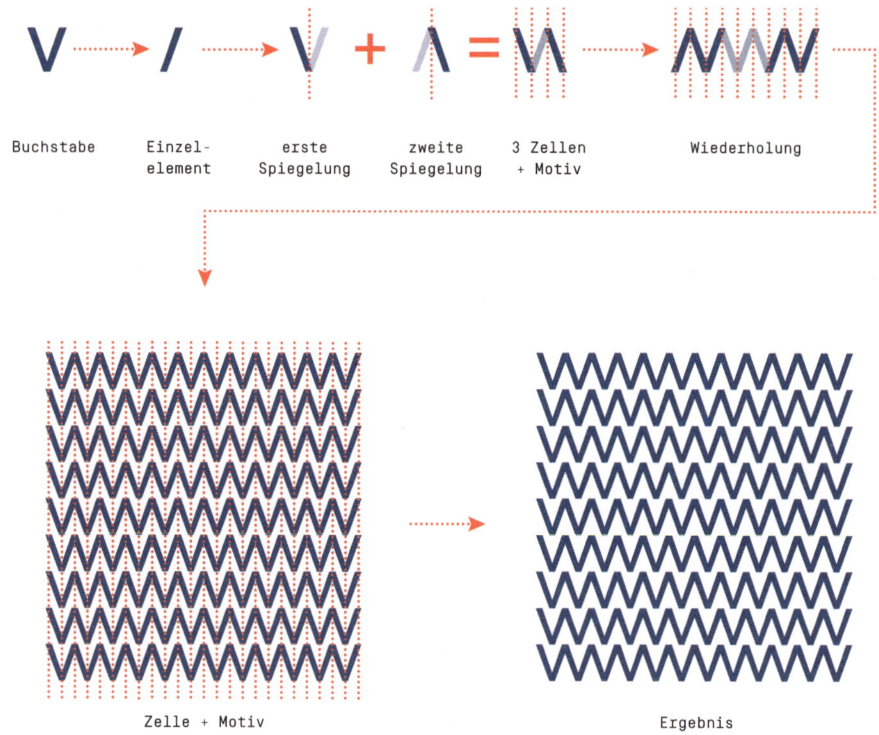

Zellgröße

Eine Zelle kann sich auch hier eng um das Einzelelement schmiegen, sodass sich ein Bandornament aus dichtgefügter Elementfolge ergibt, oder die Zelle kann Raum zwischen den Elementen schaffen. Die nebenstehenden Beispiele zeigen ein zunehmendes Auseinanderrücken der Einzelelemente.

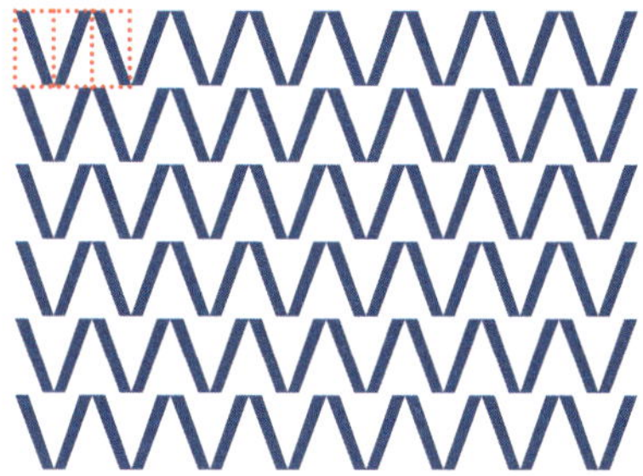

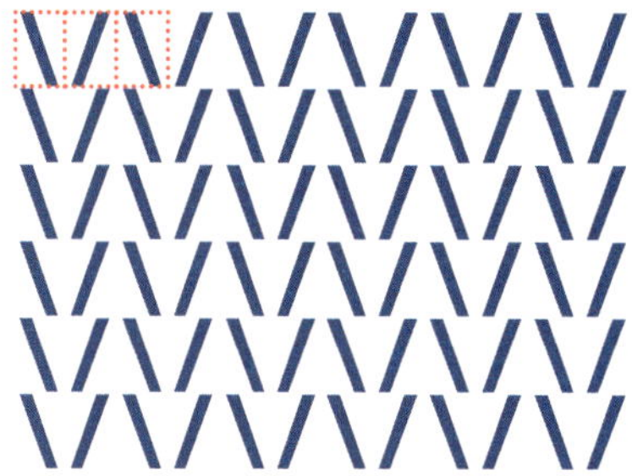

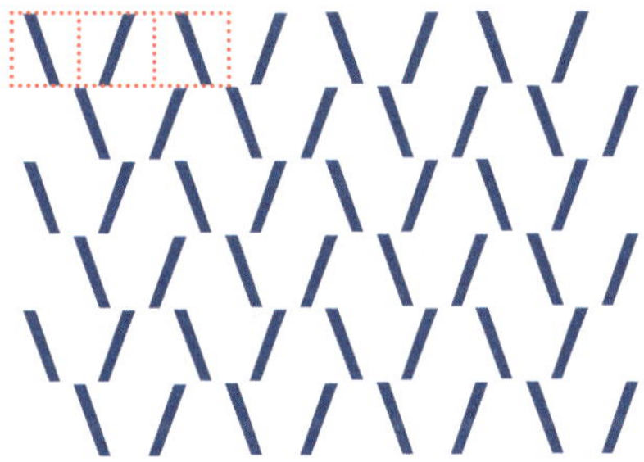

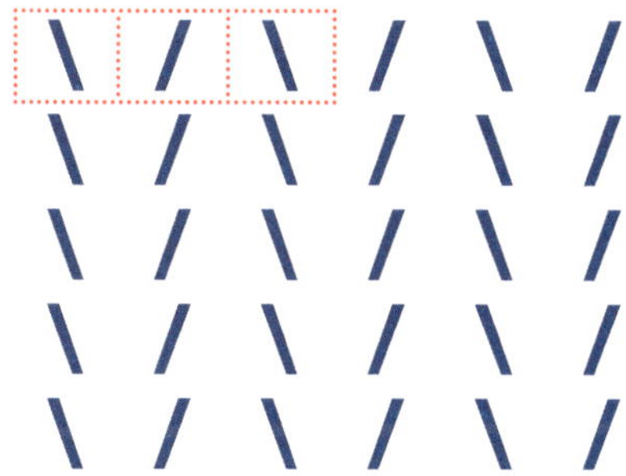

Asymmetrische Einzelelemente

Für die doppelte Spiegelung müssen die Ausgangselemente keineswegs von einfacher symmetrischer Form sein, wie der Buchstabe v auf der gegenüberliegenden Seite mit seiner senkrechten Symmetrieachse. Die Einzelelemente können auch eine horizontale Symmetrieachse besitzen, wie das hier abgebildete große C, oder asymmetrisch sein, wie der Buchstabe R. Die Musterreihen können jeweils dicht gepackt sein oder Zwischenräume aufweisen. Beachten Sie, dass beim Musterrapport des R die einzelnen Reihen gegeneinander verschoben wurden, um die Komplexität des Musters zu erhöhen.

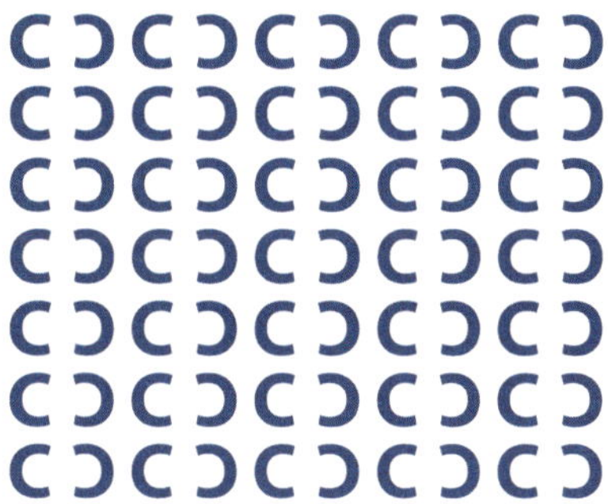

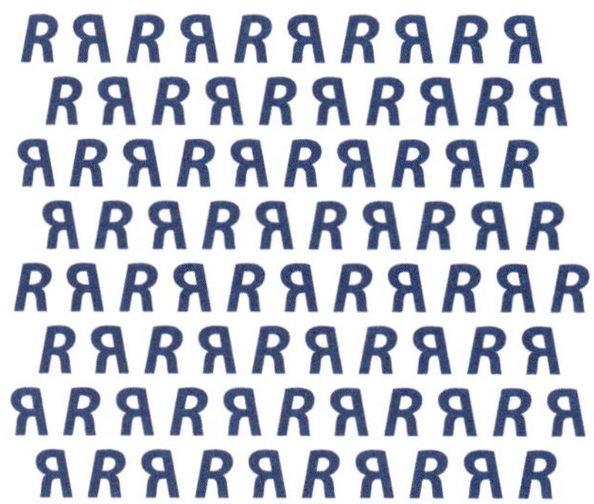

3.4 Spiegelung + parallele Gleitspiegelung

Dies ist eine der plansymmetrischen Operationen, die unbesetzte Stellen und damit auf natürliche Weise Leerräume in den Zellen erzeugt, womit sie wie geschaffen ist für aufgelockerte Musterrapporte. Denkbar wäre, ein zweites, anderes Muster in die Lücken zu fügen, das sich zusammen mit dem ersten Motiv auf der Fläche fortsetzt.

Im nebenstehenden Musterbeispiel wird der Kleinbuchstabe y zunächst gespiegelt. Danach wird das neu erschaffene zweite Einzelelement nach unten verschoben und dabei gleichzeitig in Richtung der ersten Spiegelung erneut gespiegelt (Gleitspiegelung), woraus das dritte Einzelelement entsteht. Das vierte Einzelelement ist wiederum die Spiegelung des dritten. Das resultierende Motiv besteht also aus vier Einzelelementen in stufenweise versetzter Anordnung, wobei das untere Elementepaar mit dem oberen identisch ist. Diese Abfolge von Manövern ist am Bild am besten zu verdeutlichen.

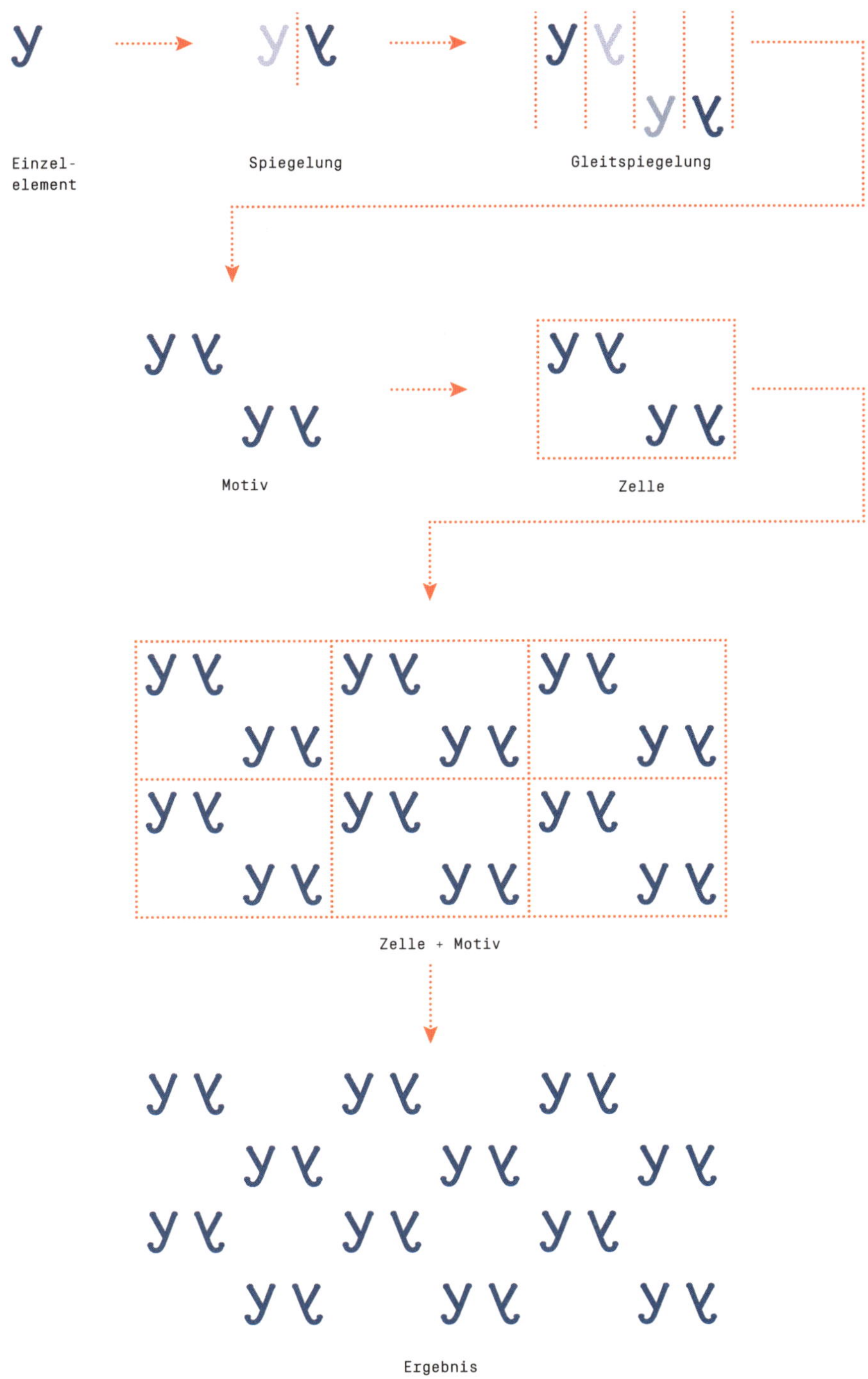

Veränderung der Abstände

Sowohl jede der drei Spiegelungen, als auch die Verschiebung können eng- oder weitgestellt werden, sodass die endgültige Zelle je nach Bedarf kleiner oder größer ausfällt. Um das Wiederholungsmuster noch weiter zusammenzuschieben, besteht auch die Möglichkeit, die Zellen zu überlappen.

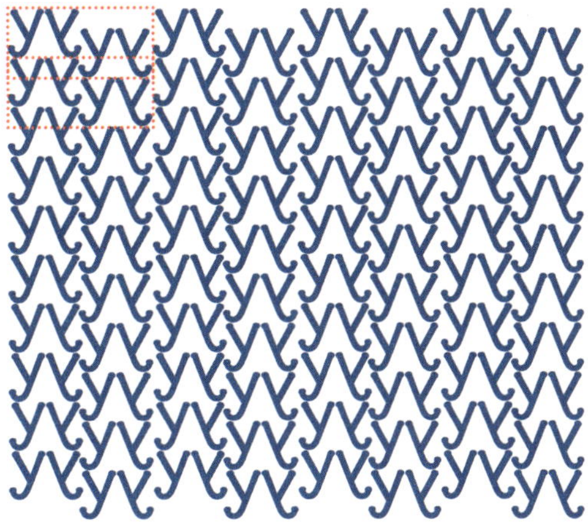

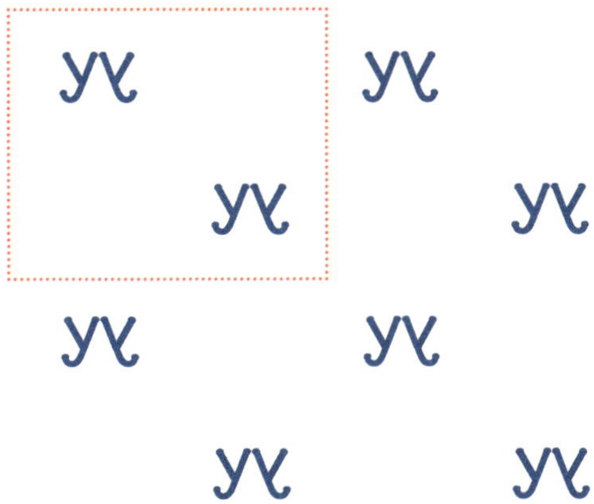

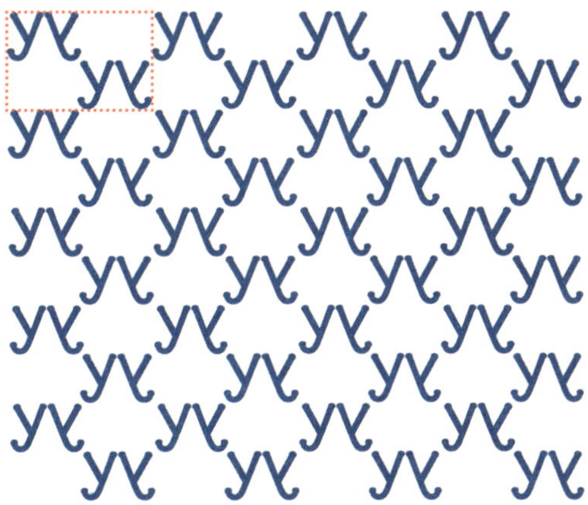

3.3 Doppelte Spiegelung

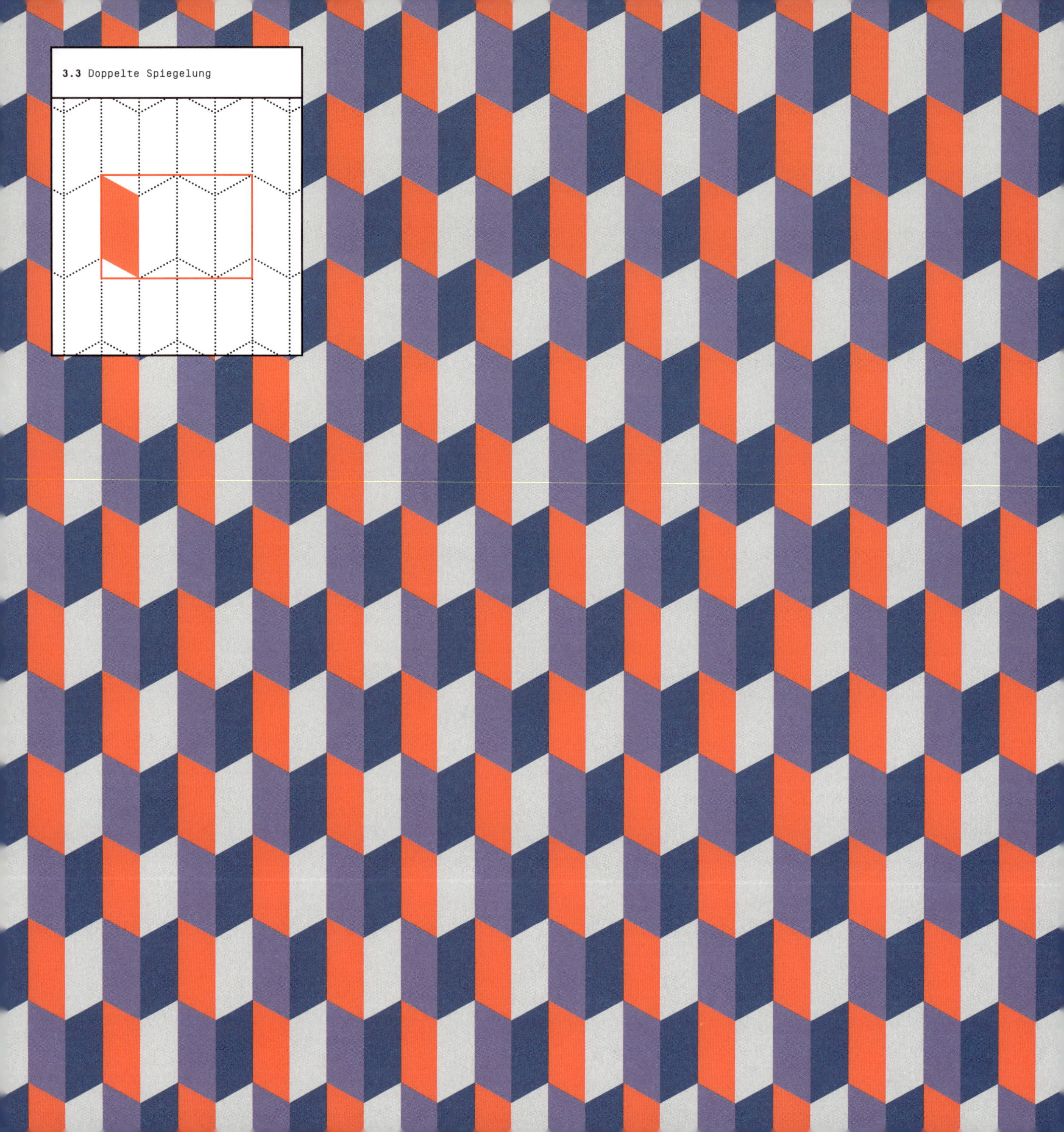

3.4 Spiegelung
+ parallele Gleitspiegelung

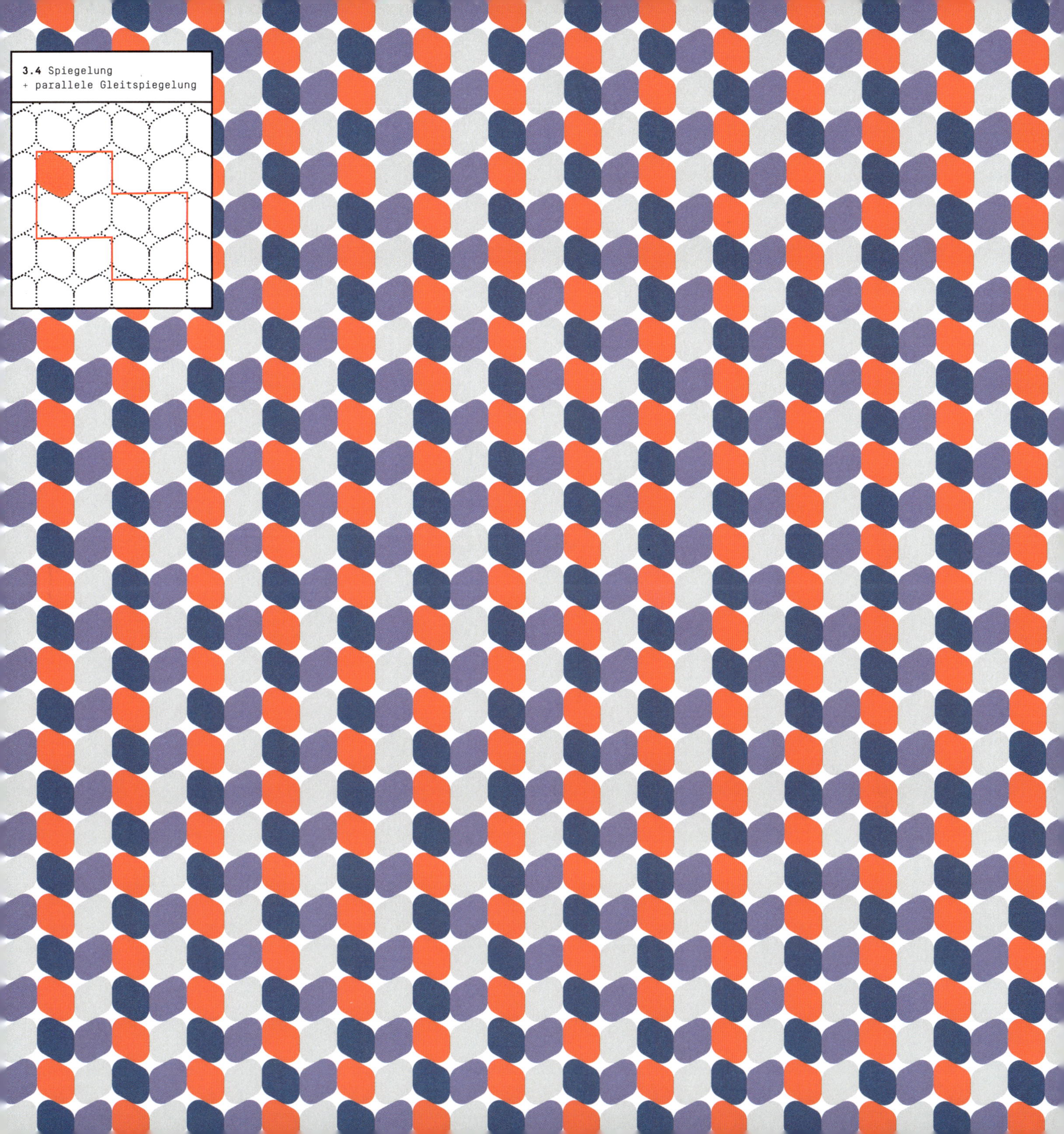

3.5 Drehung um 180°

Die Drehsymmetrie um 180° ist eine der einfachsten und intuitivsten aller plansymmetrischen Abbildungen. So einfach sie jedoch ist, lassen sich die Zellen in faszinierenden Kachelzusammenstellungen anordnen und können unterschiedlichste, spannende Wiederholungsmuster erzeugen. Vergleichen Sie, wie sich diese Symmetrieoperation von der ähnlich aussehenden doppelten Spiegelung auf den Seiten 64 und 65 unterscheidet.

Um ein zweites Element zu erhalten, wird im nebenstehenden Beispiel der Kleinbuchstabe r um 180° gedreht. Aus diesen beiden Einzelelementen besteht das Motiv. Die Grenzen der Zellwand können eng an das Motiv angelegt sein oder weit von ihm entfernt liegen. Was für ein erfrischend einfacher Vorgang!

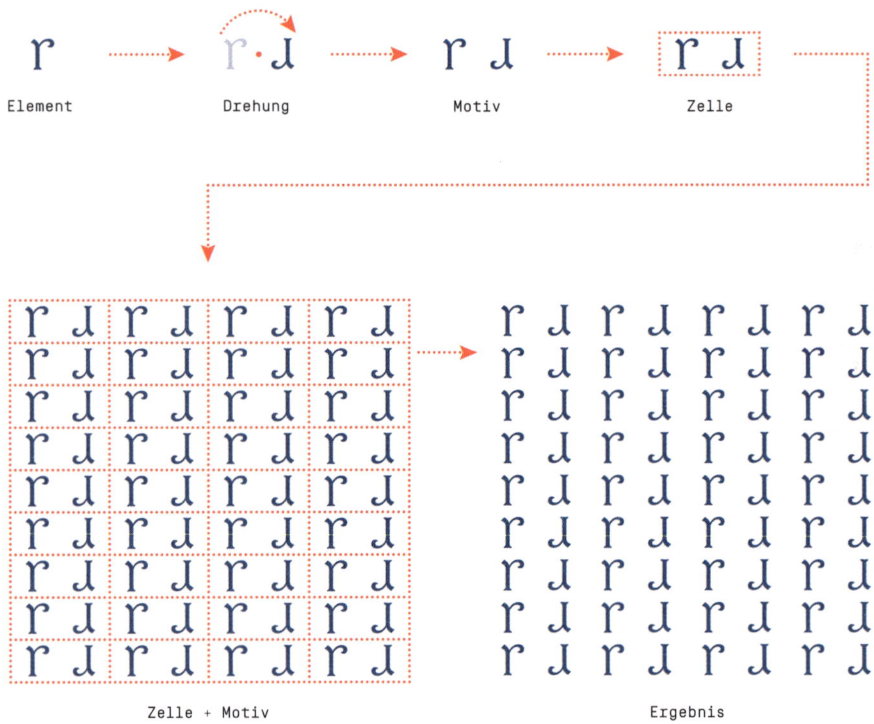

Drehrichtung
Im Normalfall neigt man dazu, ein Element nach rechts zu drehen, es besteht aber auch die Möglichkeit, es nach unten zu drehen, wodurch sich die Wiederholung als abwärts gerichtetes Säulenmuster darstellt und nicht als seitwärts gerichtete Reihung. Natürlich lässt sich das Einzelelement auch nach oben oder zur Linken drehen, diese Richtungen bieten jedoch keine neuen Optionen, sondern nichts anderes als Spiegelungen der zuvor genannten.

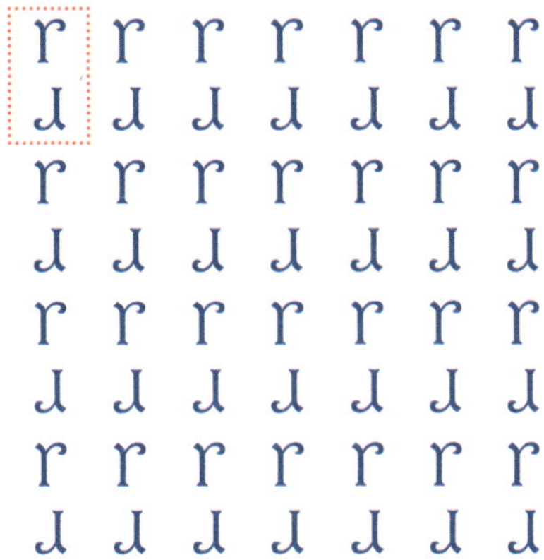

Kachelung der Zellen
Betrachten Sie diese vier Beispiele etwas ausführlicher. Die ersten beiden sind sich relativ ähnlich, dennoch bewirken die verschiedenen Arten, in denen die Zellen gestapelt sind, auch einen Unterschied in der Form, wie die Zellreihen miteinander in Beziehung stehen. Der feine Unterschied ist sowohl faszinierend, als auch aufschlussreich. Im unteren Beispiel sind die Zellreihen, wie an einer Ziegelmauer, um eine halbe Zelle nach rechts verschoben, wodurch eine andere, säulenartige Ausrichtung der Elemente entsteht.

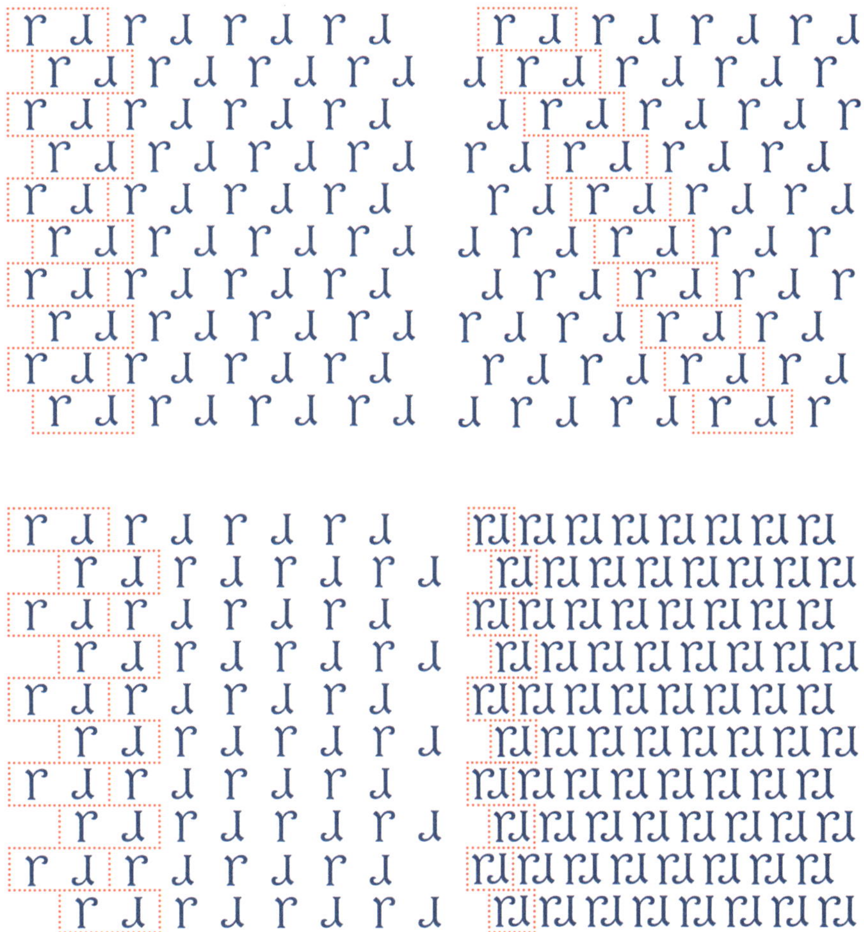

3.6 Spiegelung + rechtwinklige Gleitspiegelung

Dies ist, wie „Spiegelung + parallele Gleitspiegelung" (siehe Seite 66), eine weitere plansymmetrische Operation, die das Potenzial in sich birgt, Raum innerhalb des Rapports zu schaffen. Die Abfolge der Operationen erstellt ein Motiv aus vier Einzelelementen, das mit dem aus dem Kapitel „Spiegelung + parallele Gleitspiegelung" verglichen werden sollte. Die Unterschiede sind aufschlussreich und ermöglichen zusammen viele verschiedene Wiederholungsmuster.

Im Grundbeispiel wird der Kleinbuchstabe t zunächst gespiegelt. Im zweiten Schritt wird im rechten Winkel zur Spiegelachse eine Gleitspiegelung am ersten Element durchgeführt. Schließlich wird das neue dritte Element an der gleichen Achse wie die erste Spiegelung gespiegelt. Unser Motiv enthält alle vier Elemente. Die Zelle, sofern die Leerplätze oben rechts und unten links des Motivs nicht mit einbezogen werden, nimmt die Form zweier in ungewöhnlicher Konfiguration verbundener Rechtecke an, die sich dennoch lückenlos aneinanderfügen lassen.

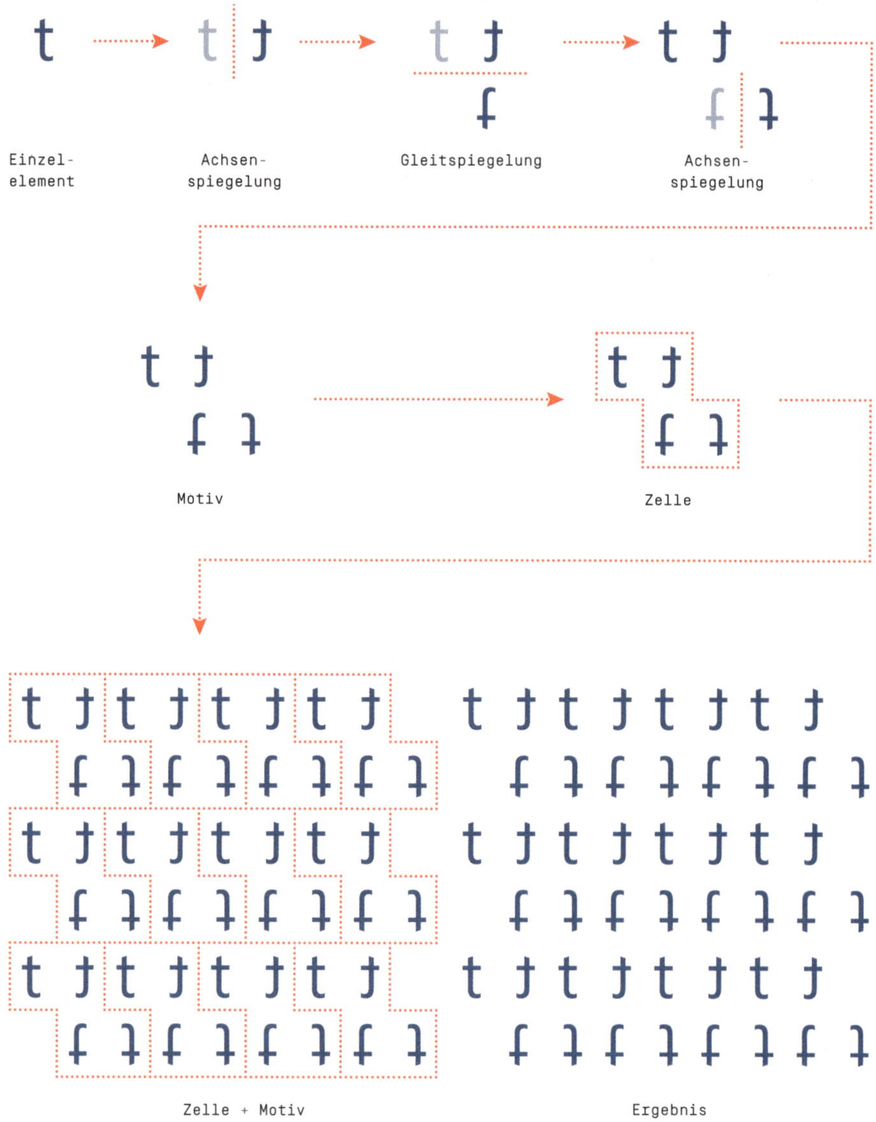

Zellform

Die das Motiv umgebende Zelle, ob nun so wie hier einfach aus einem einzelnen Rechteck oder aus verbundenen Rechtecken bestehend, wie auf der gegenüberliegenden Seite, kann weit- oder enggestellt werden, um das Wiederholungsmuster aufzulockern oder zu verdichten. Anhand dieser Methode lassen sich die Leerräume innerhalb des Motivs betonen beziehungsweise beinahe tilgen. Die beiden Beispiele zeigen, was bei einem Schrumpfen der Zelle mit dem Muster passiert.

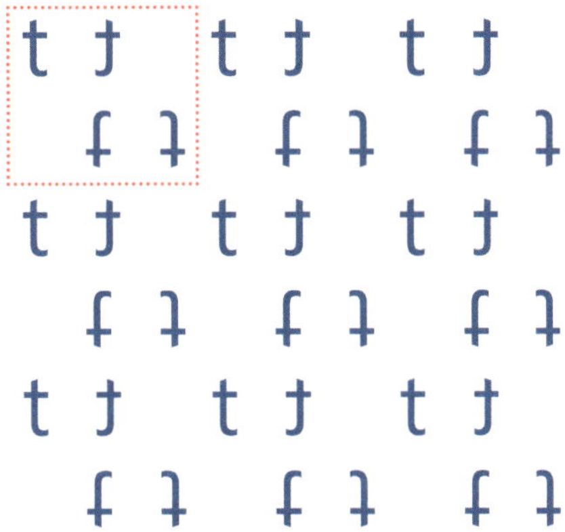

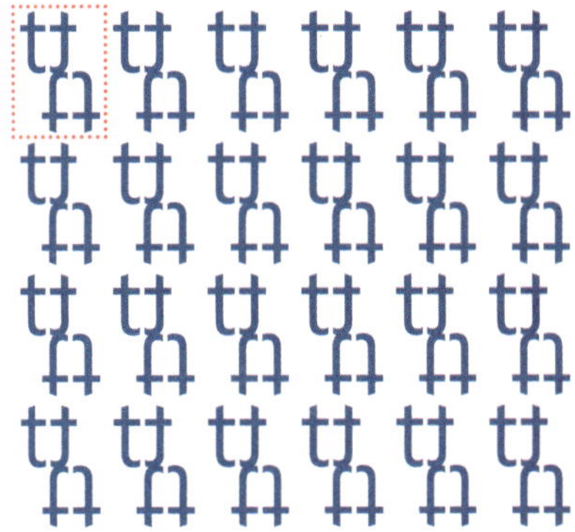

Eine einzigartige Zelle oder viele verschiedene Zellen?

An dieser Stelle bietet sich Gelegenheit zu der Überlegung, wie eine Zelle überhaupt definiert ist. In einem Motiv aus vier Einzelelementen, wie dem nebenstehenden, wird die Zelle zunächst wie im obigen Beispiel konstruiert. Am Wiederholungsmuster aus den in Gitterform kombinierten Zellen zeigen sich jedoch durchaus noch andere mögliche Ausgangszellen.

Die vier Beispiele zeigen alle das gleiche Wiederholungsmuster, jedes beruht jedoch auf einer unterschiedlichen Ausgangszelle. Manche Wiederholungsmuster können aus einer großen Anzahl von Ausgangszellen zusammengesetzt werden, die alle ihre eigenen Vorzüge haben. Ein Wiederholungsmuster kann gleichzeitig rechteckige und L-förmige Zellen oder Parallelogramme enthalten und, wenn Winkel von 120°, 60° oder 30° eingesetzt wurden, können die Zellen auch dreieckig oder sechseckig sein und so weiter. Können Sie in den Wiederholungsmustern hier Motivzellen entdecken, die nicht rechteckig sind? Es gibt viele!

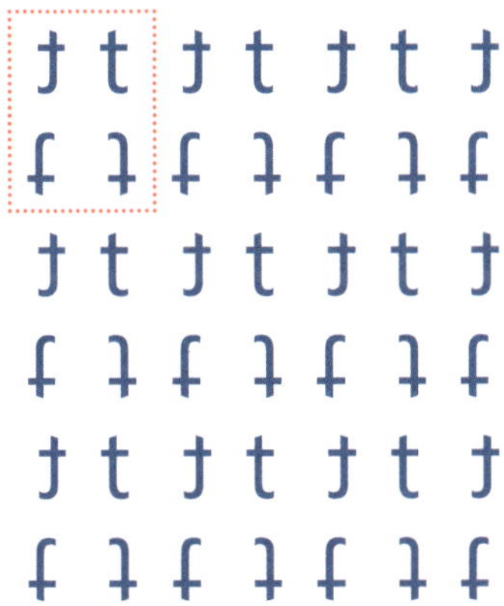

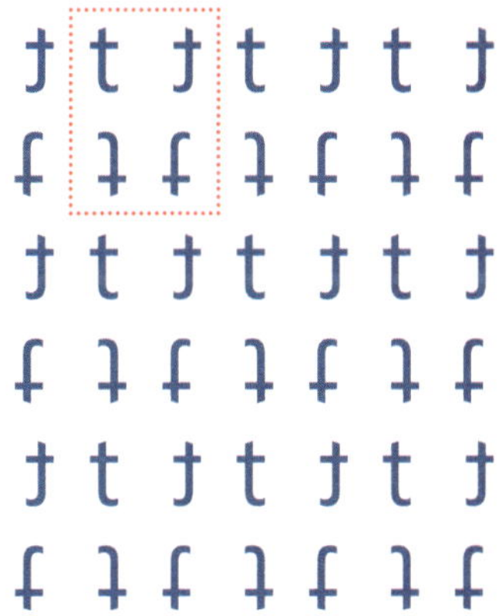

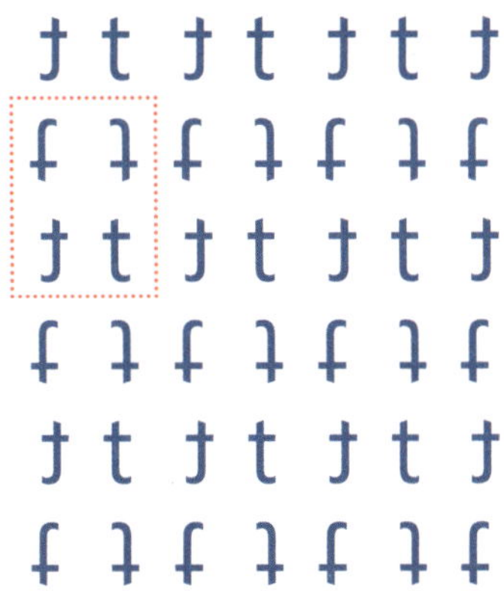

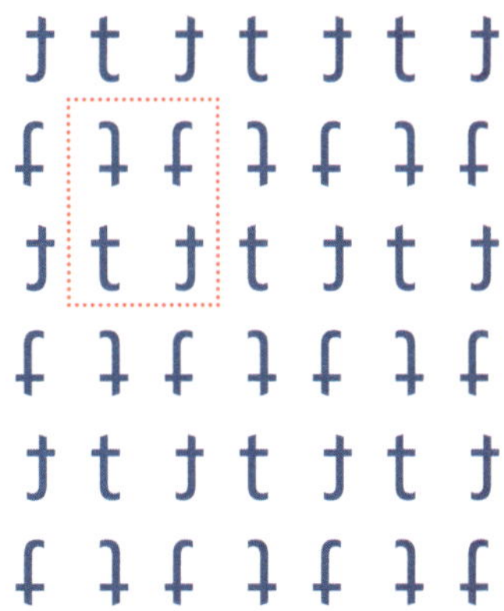

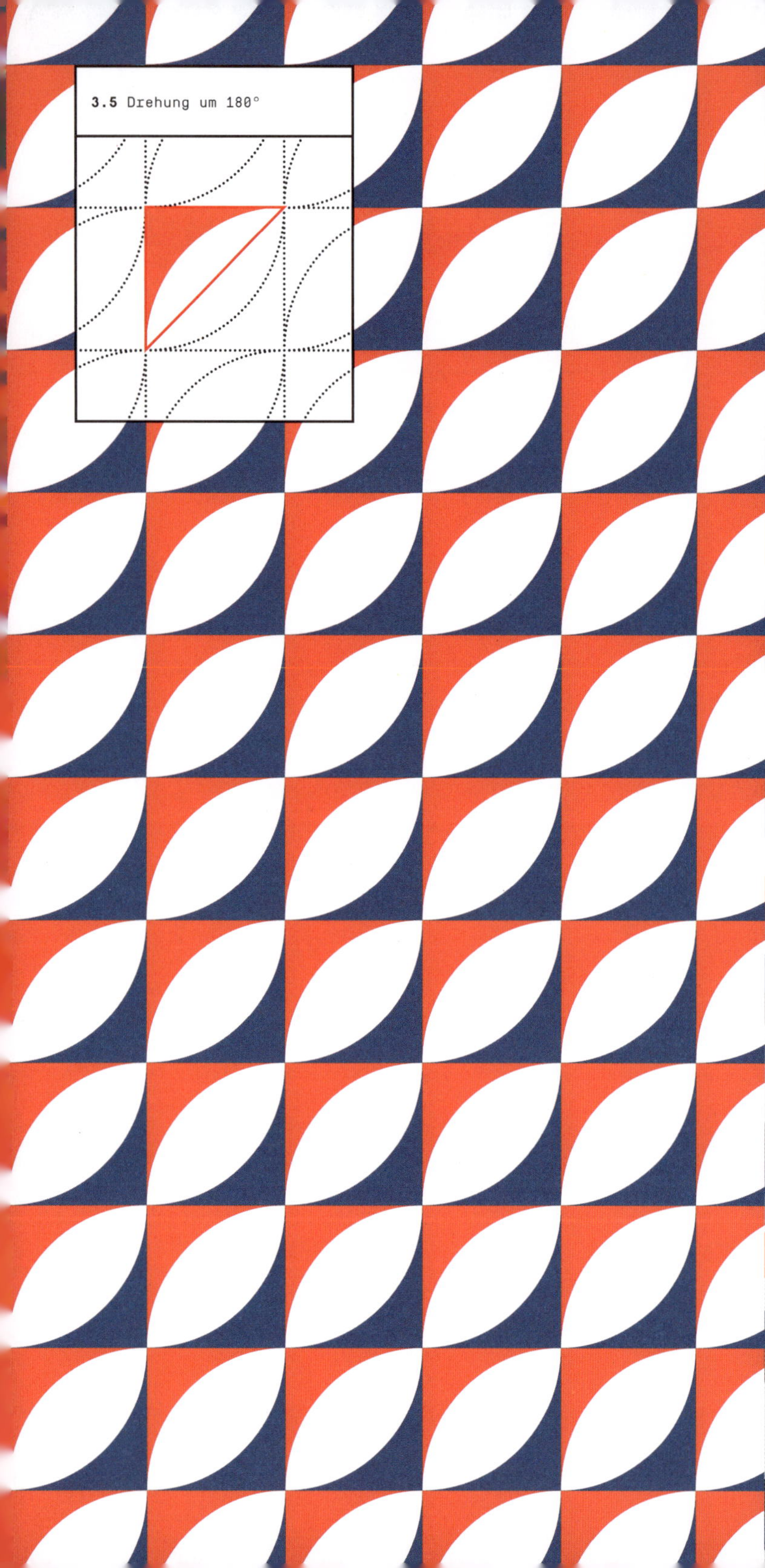

3.5 Drehung um 180°

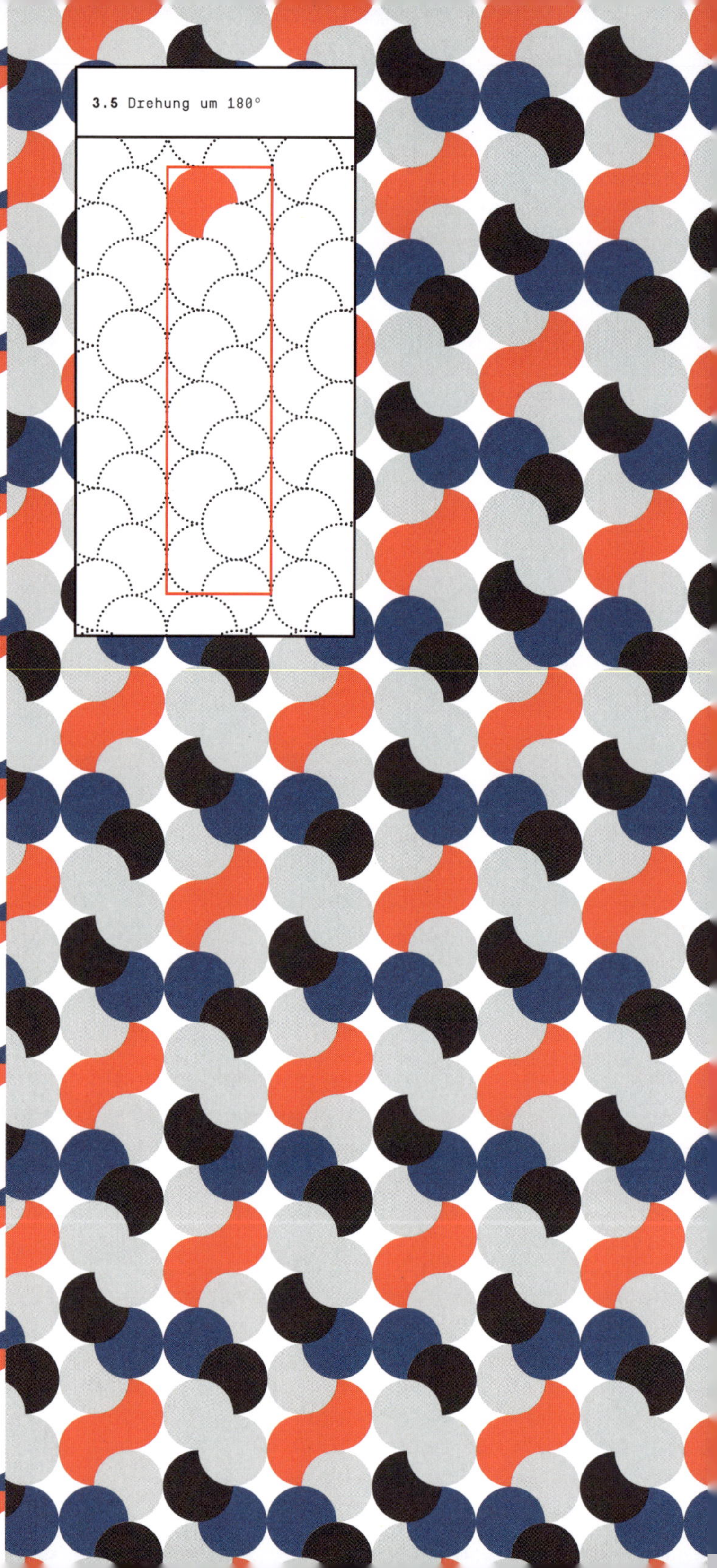

3.5 Drehung um 180°

3.5 Drehung um 180°

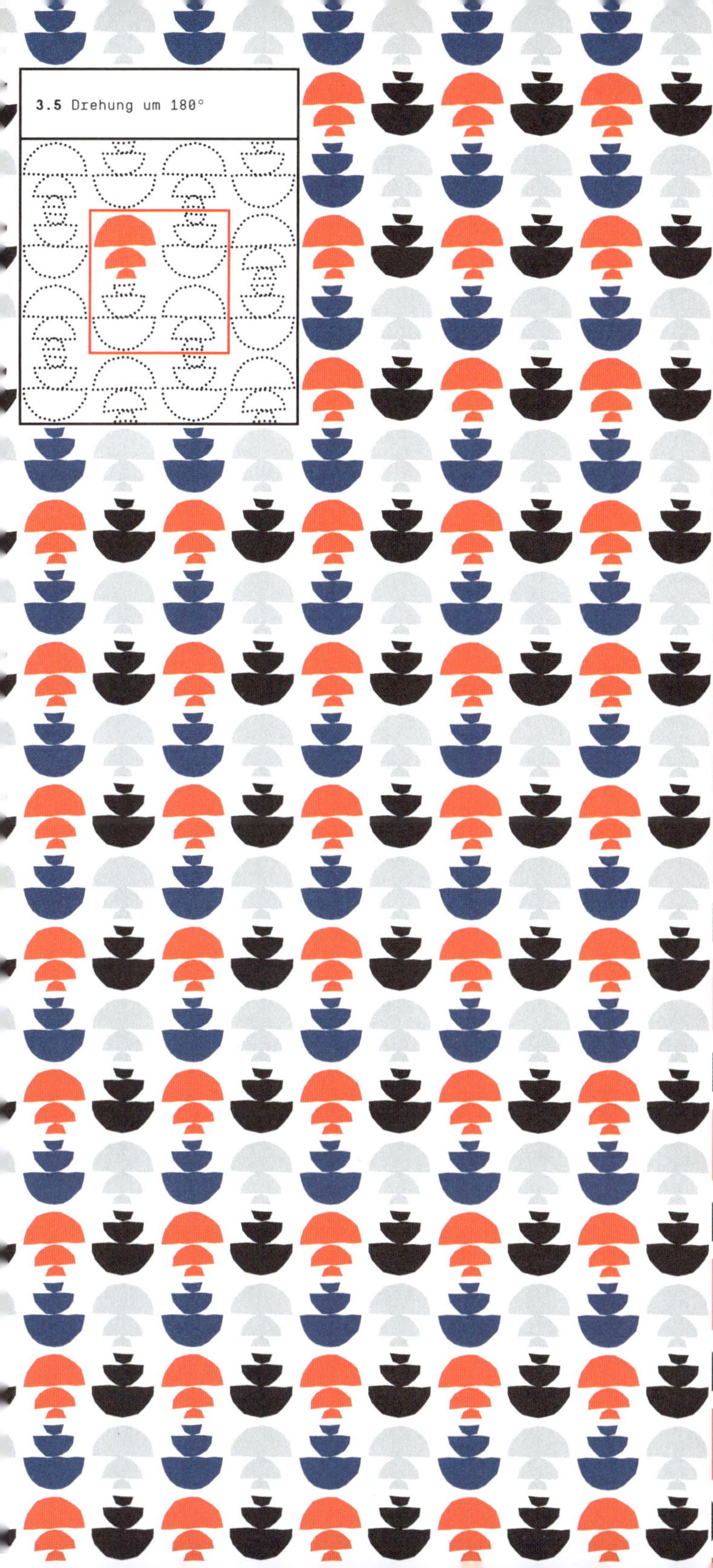

3.6 Spiegelung + rechtwinklige Gleitspiegelung

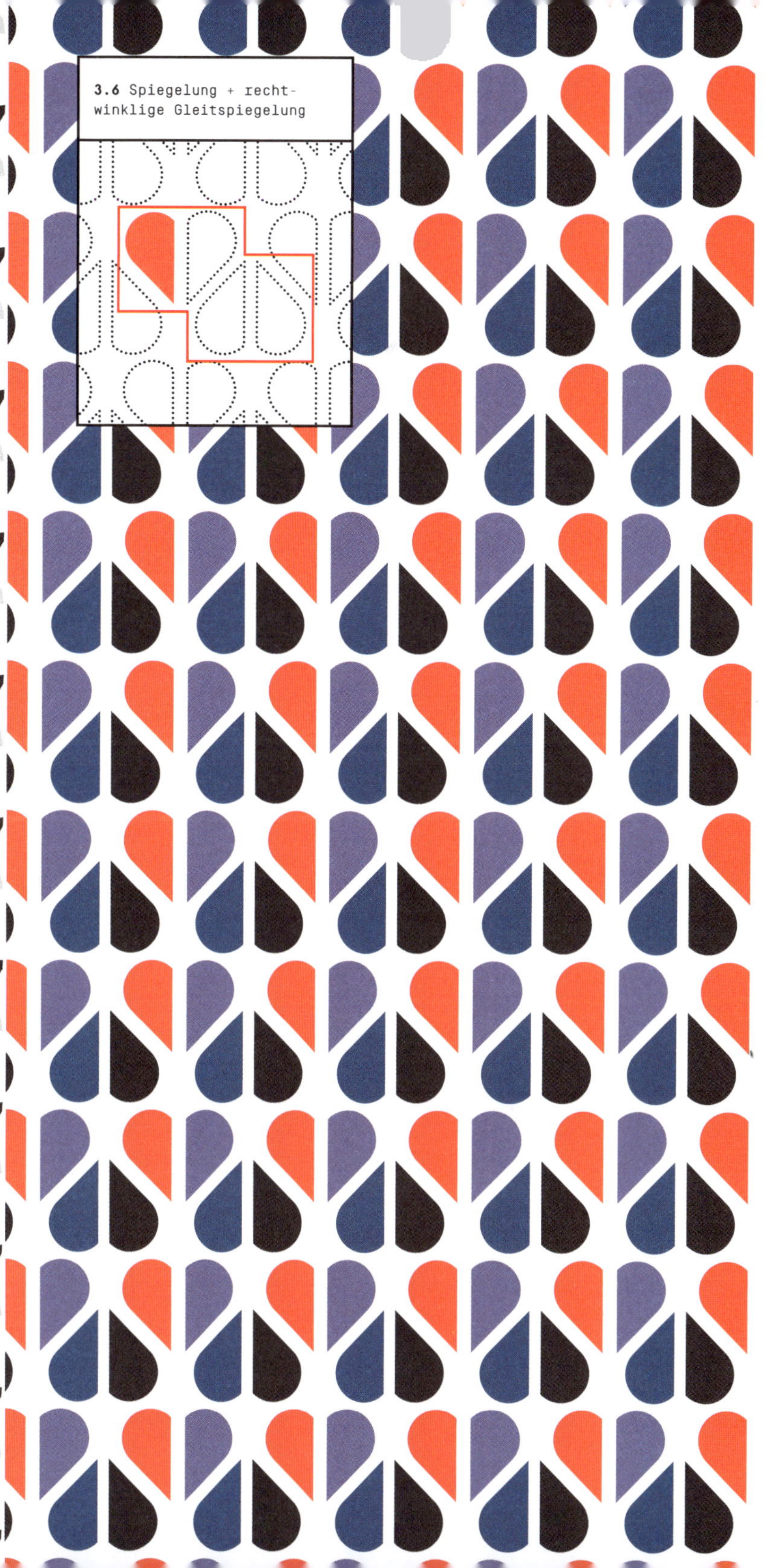

3.7 Zwei Gleitspiegelungen im rechten Winkel

Wie „Spiegelung + parallele Gleitspiegelung" (Seite 66) besteht diese plansymmetrische Operation aus zwei Gleitspiegelungen, die sich diesmal jedoch in senkrechter Richtung und nicht seitwärts fortsetzen. Die Absicht dahinter liegt in der Verlagerung der vier Motivelemente von der Horizontalen in die Vertikale, was neue Möglichkeiten für Wiederholungsmuster eröffnet. Wie schon zuvor, erzeugt die Symmetrieoperation unbesetzte Stellen innerhalb des Motivs und der Rechteckzelle.

In diesem Grundbeispiel wird zunächst aus dem Kleinbuchstaben q mittels Gleitspiegelung ein zweites Element erzeugt. Das neue Element erzeugt durch Drehung um 180° nach unten ein drittes. Das vierte Element entsteht durch Gleitspiegelung des dritten Elements, diesmal jedoch in entgegengesetzter Richtung zur ersten Gleitspiegelung. Das resultierende ungewöhnliche Motiv hat eine deutlich senkrechte Ausrichtung, könnte jedoch mit einer einzigen Drehung auch in die Horizontale verlagert werden. Die Zelle enthält vier Elemente und vier Leerplätze, woraus sich ein locker gestreutes Wiederholungsmuster ergibt.

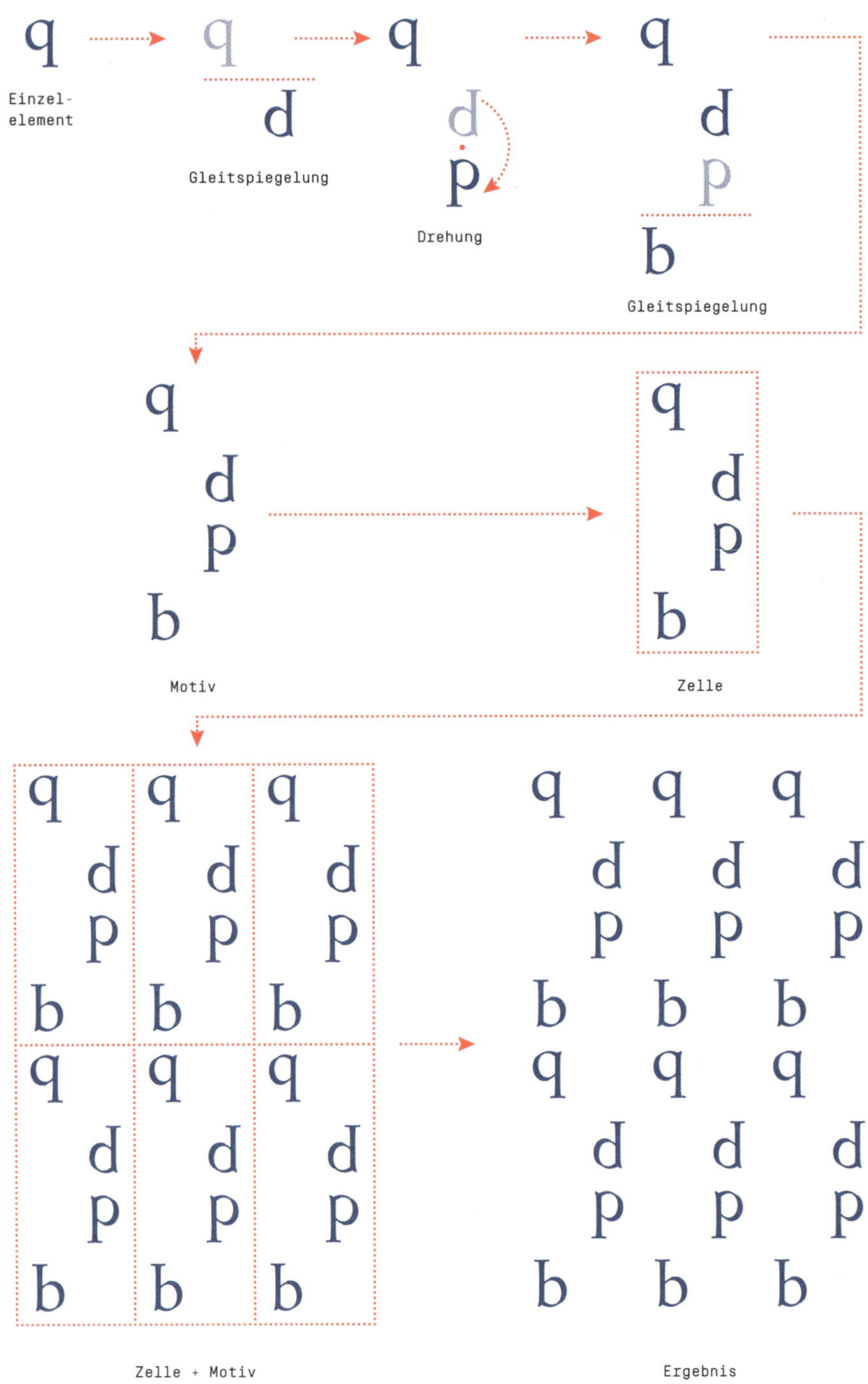

Zellform

Die vier Elemente der vorigen Zelle können unter Eliminierung der vier Leerplätze zusammengeschoben werden und ergeben dann eine schmale, lange Zelle. Das Wiederholungsmuster sieht komplett anders aus, wenn das Gitter um 90° gedreht wird. Dies gilt zwar für alle Wiederholungsmuster, ist hier aber besonders auffällig: die beiden Muster scheinen sich zu unterscheiden, sind jedoch genau gleich.

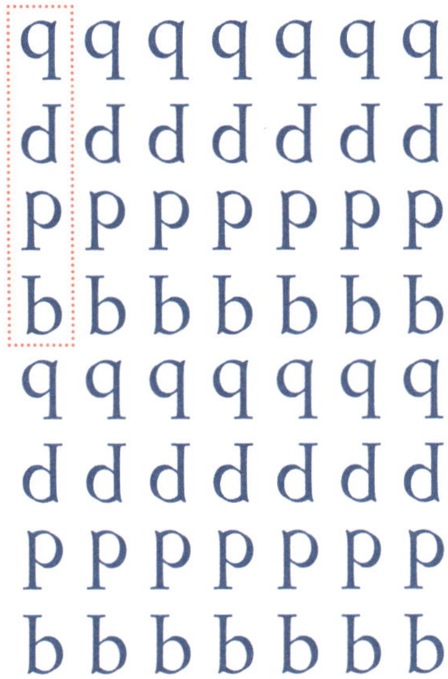

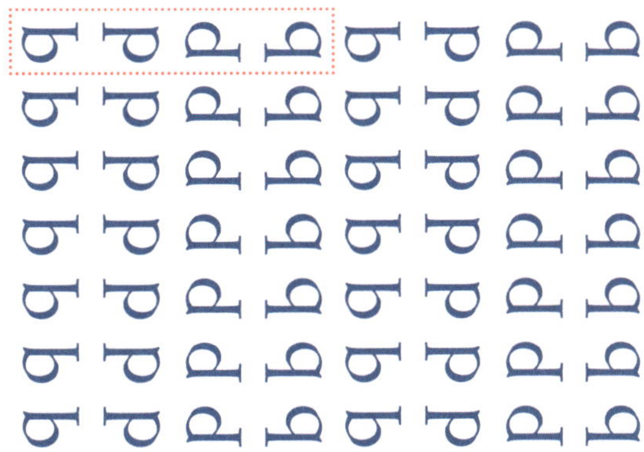

3.8 90°-Spiegelungen um einen Punkt

Das Anordnen von Spiegelungen um einen zentralen Punkt birgt großes Potential für die Gestaltung attraktiver Wiederholungsmuster, selbst bei Verwendung fast jeden beliebigen Einzelelements, wie wenig vielversprechend es auch anfänglich erscheinen mag. Die Leichtigkeit, mit der hier erfolgversprechende Entwürfe zu erzielen sind, könnte es andererseits aber auch erschweren, etwas Außergewöhnliches zu erzielen.

In diesem Grundbeispiel wird der Kleinbuchstabe h durch drei aufeinanderfolgende Spiegelungen im rechten Winkel um den Mittelpunkt bewegt, an dem die Spiegelachsen zusammenlaufen. Im Endeffekt stellt sich jedes der vier Einzelelemente als die Spiegelung seines Nachbarn, sowohl zur einen, als auch zur anderen Seite dar. Das resultierende Motiv findet wohlgeordnet in einer Rechteckzelle Platz, die sich gitterförmig erweitern lässt.

An dieser Stelle möchte ich Sie darauf hinweisen, dass die Zelle mit dem zu wiederholenden Motiv in zahlreichen Positionierungen zum Gitter ausgerichtet werden kann. Nähere Erläuterungen finden Sie dazu auf den Seiten 110-112. Beachten Sie auch die Ähnlichkeit zur Symmetrieoperation auf Seite 72 „Spiegelung + 90°-Gleitspiegelung". Aufgrund der dort enthaltenen Gleitspiegelung, im Gegensatz zur einfachen 4-fachen Spiegelung um einen Punkt, ist das Motiv hier deutlich übersichtlicher.

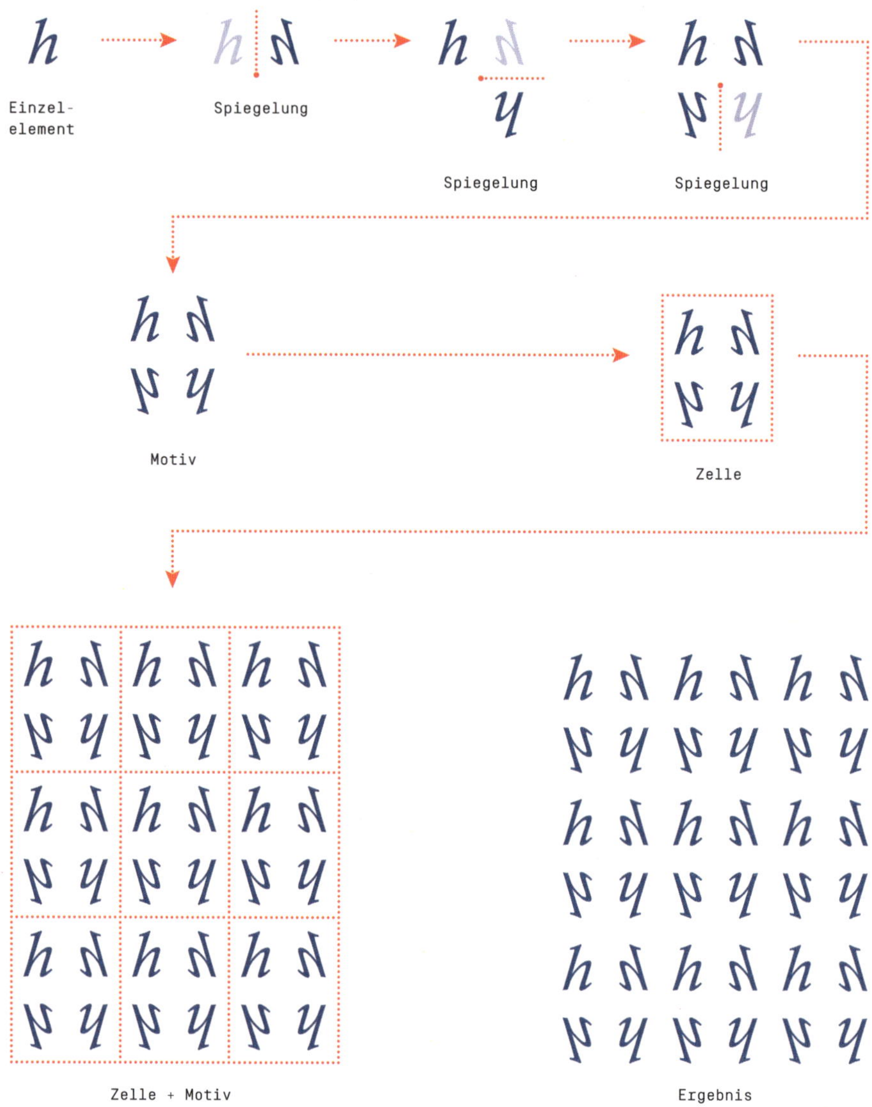

Ausrichtung der Elemente

Eine Änderung in der Orientierung des Musterelements führt zu erstaunlich andersartigen Wiederholungsmustern. Für die Zeit, die Sie in die Erforschung des Potenzials investieren, das selbst im schlichtesten Element steckt, können Sie daher mit reicher Belohnung rechnen. In Kombination mit einer Veränderung der Zellform und der Motivabstände, beide an anderer Stelle dieses Kapitels besprochen, wird die hier dargestellte Form der Plansymmetrie in der praktischen Anwendung zum gewinnbringenden Vergnügen.

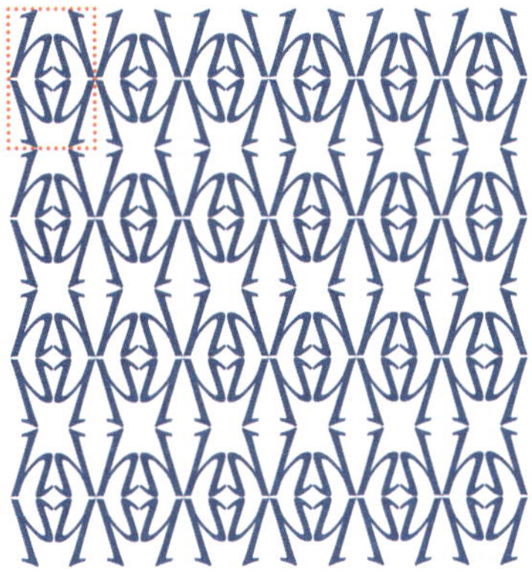

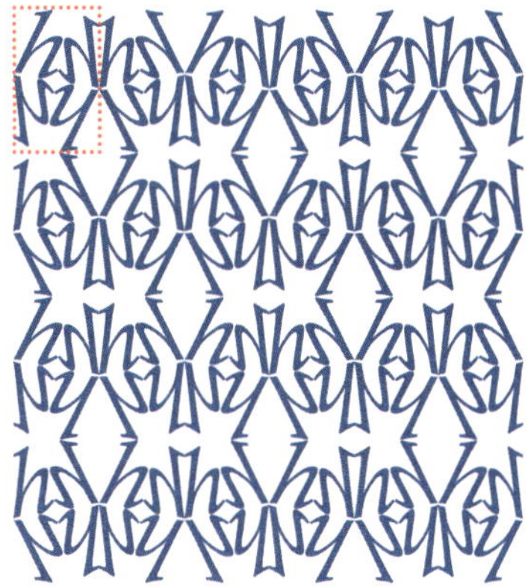

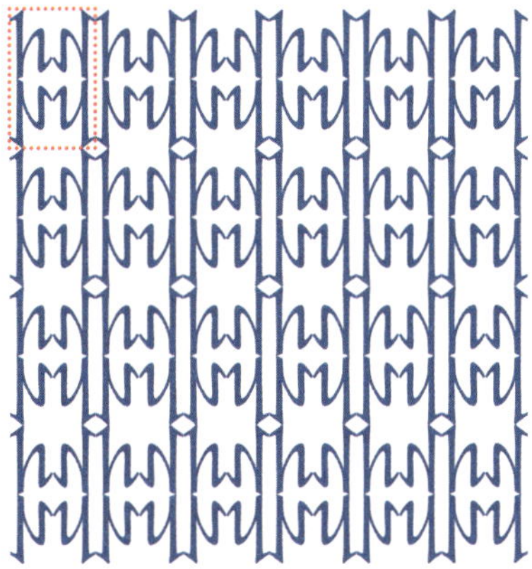

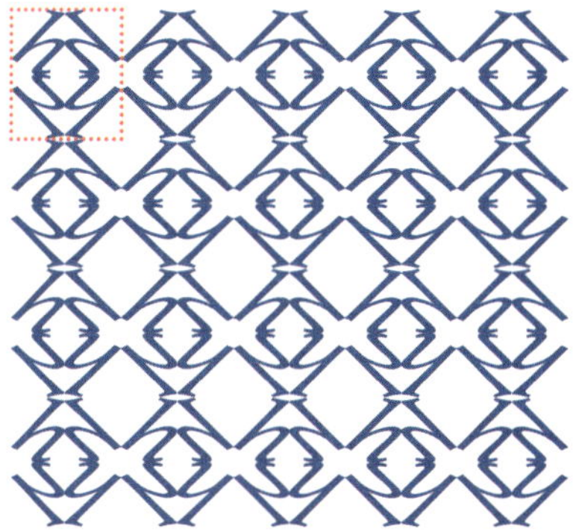

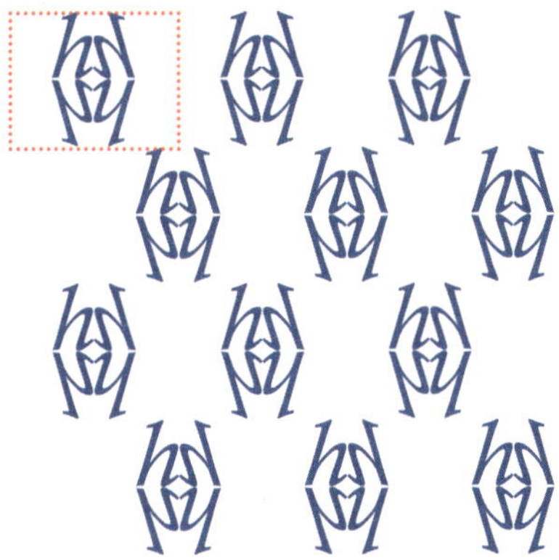

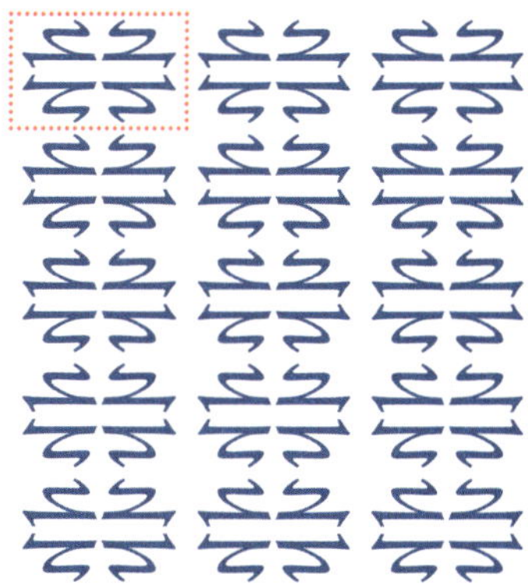

3.7 Zwei Gleitspiegelungen im rechten Winkel

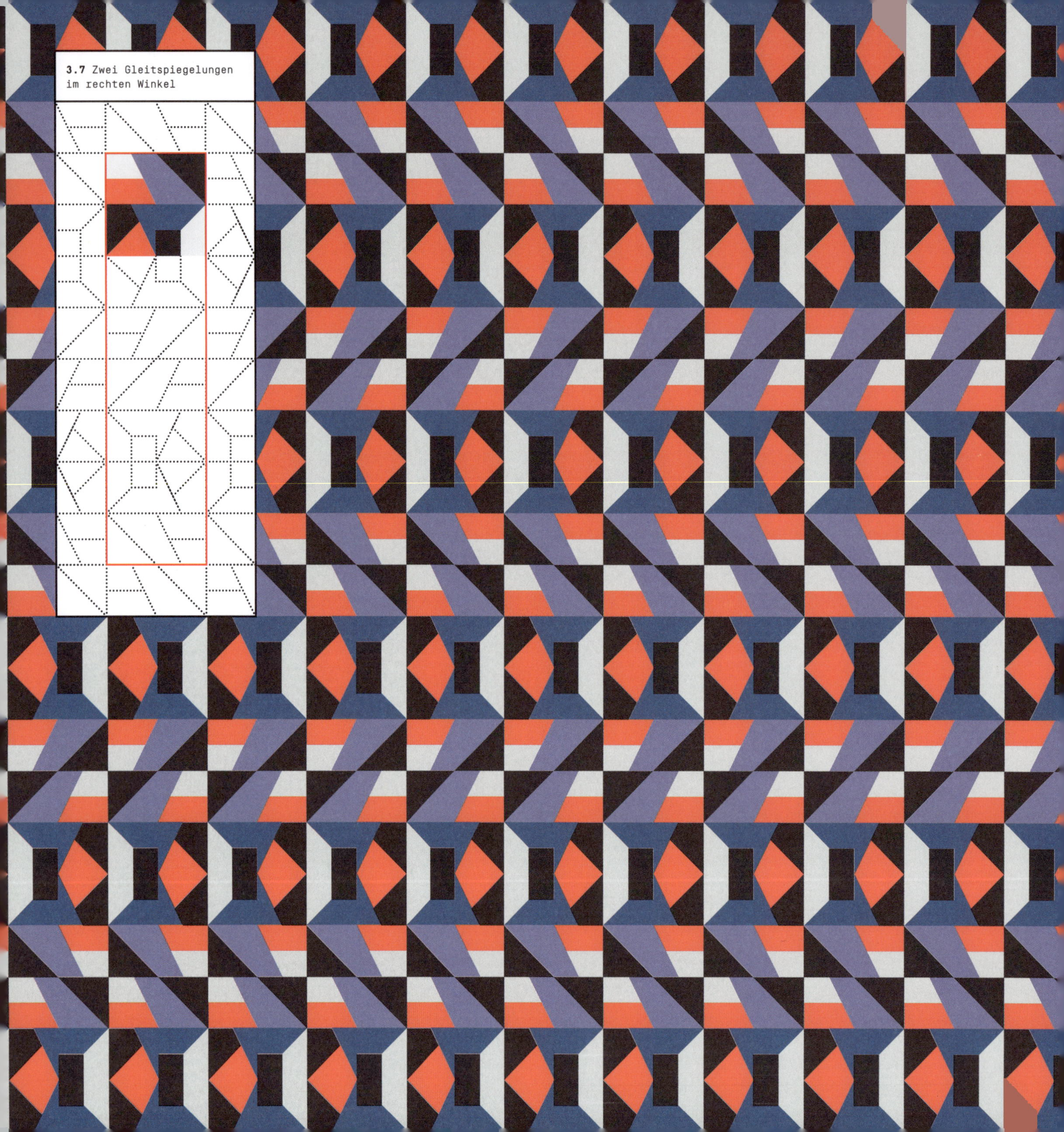

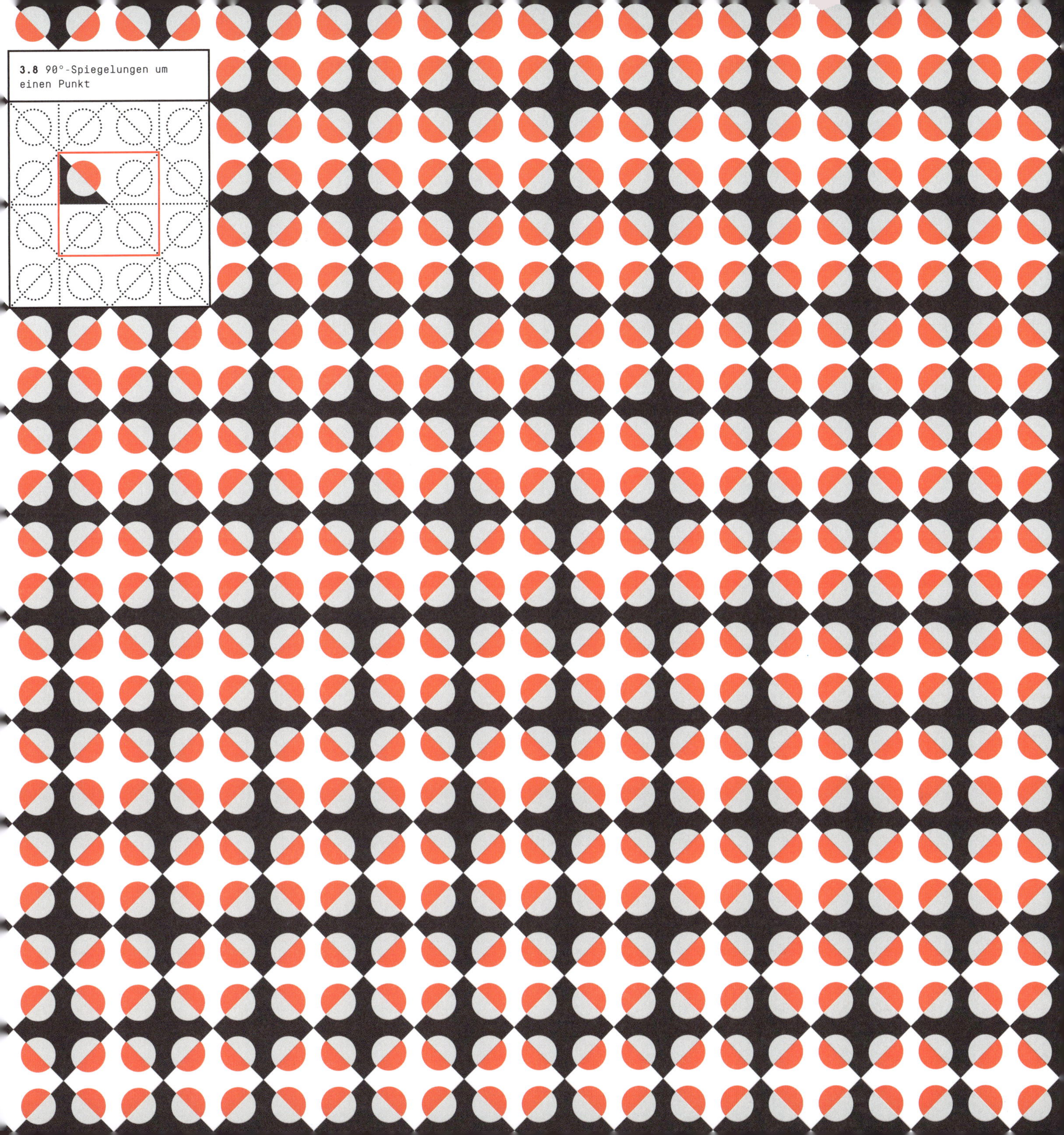

3.8 90°-Spiegelungen um einen Punkt

3.9 Spiegelung + Drehung + Spiegelung + Spiegelung im rechten Winkel

Wir kommen zur kompliziertesten der plansymmetrischen 90°-Abbildungen. Sie beinhaltet acht Einzelelemente und verspricht Wiederholungsmuster größter Komplexität. Da sie der vorigen Symmetrieform ähnlich ist und um den direkten Vergleich zwischen den beiden zu ermöglichen, wurde als Einzelelement noch einmal der Kleinbuchstabe h verwendet.

Im Grundbeispiel wird das Einzelelement zunächst durch Spiegelung verdoppelt. Im zweiten Schritt werden beide Elemente gemeinsam um 180° in Richtung der Spiegelung gedreht. Im dritten Schritt werden die entstandenen vier Elemente im rechten Winkel zur bisherigen Symmetrieachse erneut gespiegelt und bilden nun das endgültige Motiv aus acht Elementen. Das Motiv erzeugt dabei stets eine Zelle mit herkömmlichem Rechteckformat.

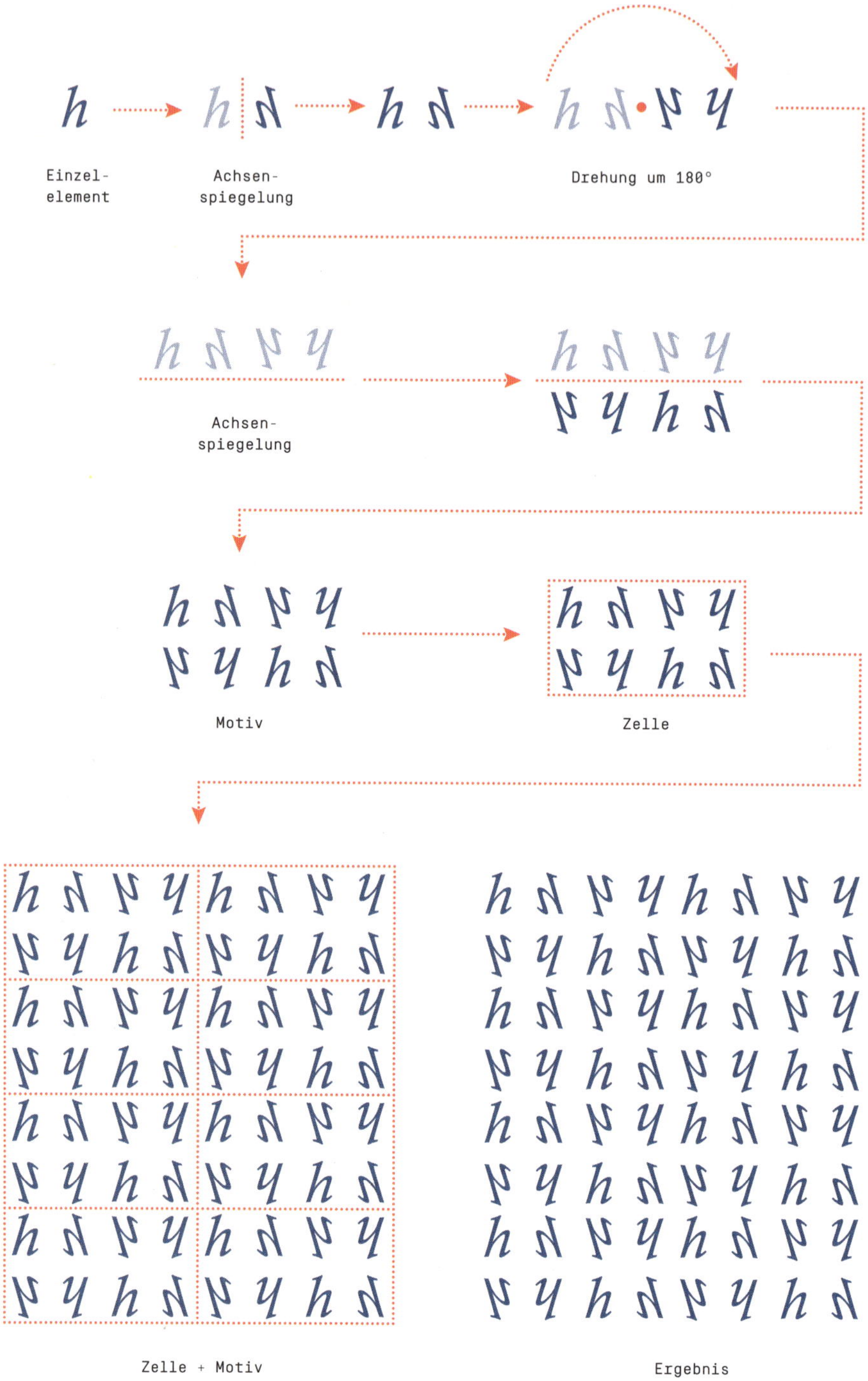

Ausrichtung der Elemente
Das Anordnen der Ausgangselemente in verschiedenen Schrägstellungen lässt ganz unerwartet unterschiedliche Muster entstehen. Die Abfolge der auf der gegenüberliegenden Seite genannten Symmetrieoperationen lässt in vielen Fällen dekorative, versetzt angeordnete Positiv-Negativ-Muster entstehen, die mit anderen Arten der Plansymmetrie kaum zu erzielen sind.

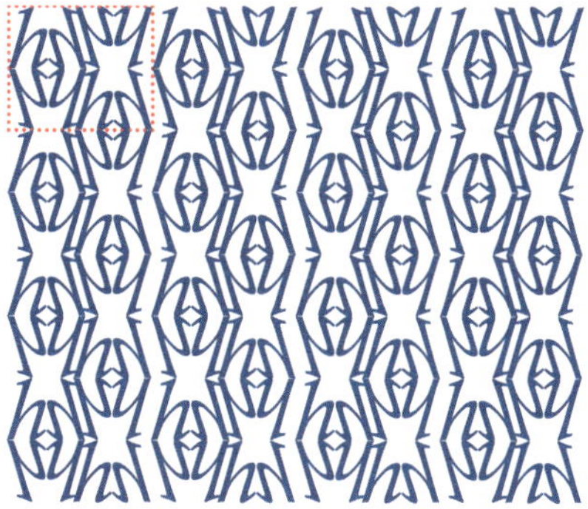

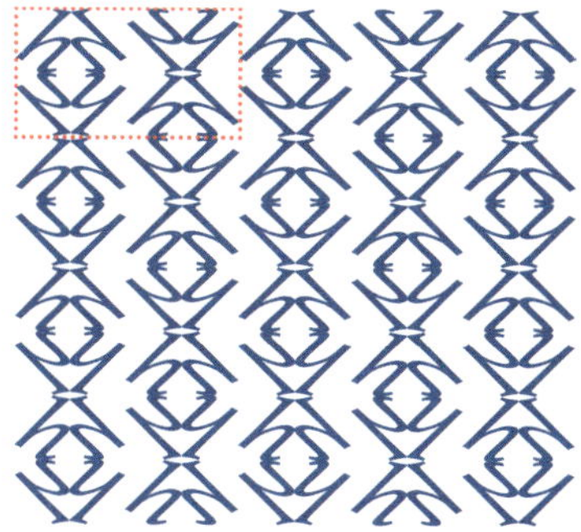

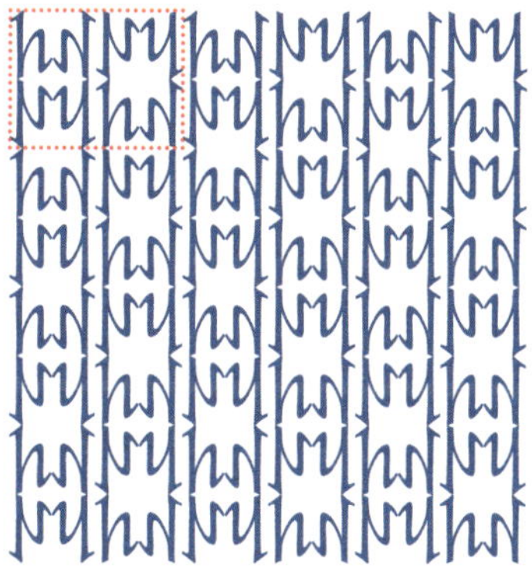

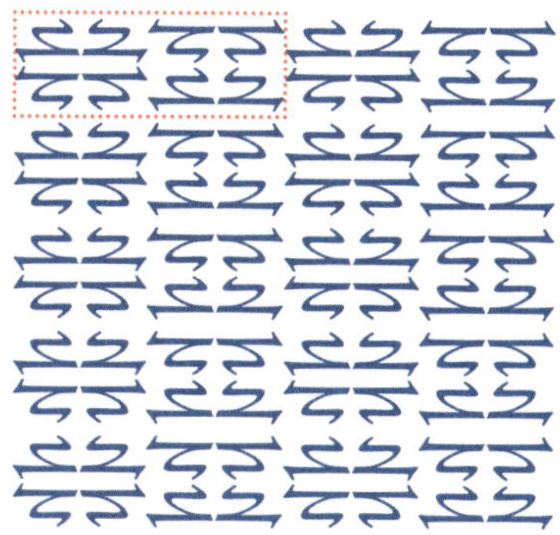

3.10 Drei Drehungen um 120°

Hier sprechen wir über die erste einer Reihe von plansymmetrischen Methoden, die 120°-, 60°- oder 30°-Winkel nutzen. Sie sind bekannt als Drehsymmetrien der Ordnung 3, 6 und 12, weil sie eine volle Umdrehung von 360°, also einen Kreis, in drei, sechs und zwölf Teile teilen. Diese Einteilung der Ebene erzeugt jeweils das Vielfache von drei oder sechs Einzelelementen in drei- oder sechseckigen Zellen, anstelle der eher vertrauten 180°-, 90°- oder 45°-Einteilungen, die jeweils ein Vielfaches von zwei oder vier Elementen und viereckige Zellen erzeugen. Alle 17 Symmetrieformen der Ebene beruhen auf dem einen oder anderen dieser beiden Systeme. Eine Kombination beider gibt es nicht (es sei denn, verschiedene Motive seien auf der gleichen Ebene übereinandergelagert).

In unserem Grundbeispiel wird der Kleinbuchstabe d in einem Winkel von 120° an einem Drehpunkt abgebildet. Das entstandene Element wird ebenfalls um 120° gedreht. Die volle Umdrehung von 360° wird dabei in drei gleiche Teile mit drei Einzelelementen geteilt, d. h., es entsteht eine Drehsymmetrie der Ordnung 3. Das Motiv aus drei Einzelelementen erzeugt eine Dreieckzelle.

Bei der Erstellung des Wiederholungsmusters wird je eine Ecke einer Dreieckzelle zum Rotationszentrum für jeweils weitere drei 120°-Drehungen. Somit weist das Wiederholungsmuster zwei verschiedene Drehpunkte auf: Einen im Mittelpunkt der Zellen und einen an den Zellecken. Das Dreiecksgitter kann sich in jede beliebige und in alle verschiedenen Richtungen über die Ebene erstrecken. Bemerkenswert ist die Tatsache, dass die dreieckigen Leerräume zwischen den Zellen bei genauem Hinsehen tatsächlich sechseckig sind, da sie von sechs Elementen und nicht von dreien umgeben werden.

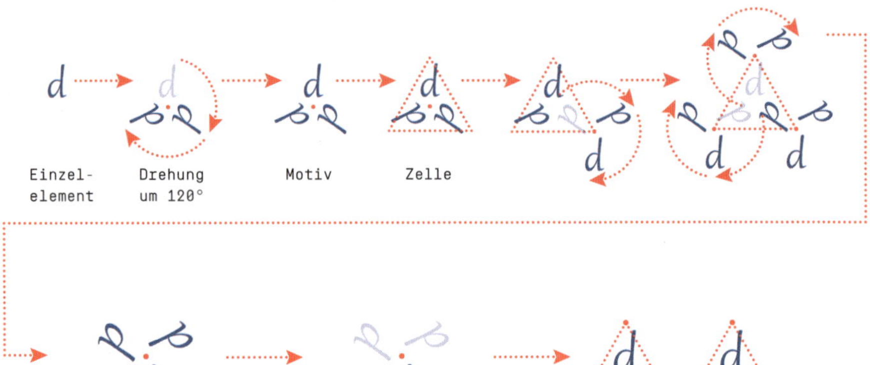

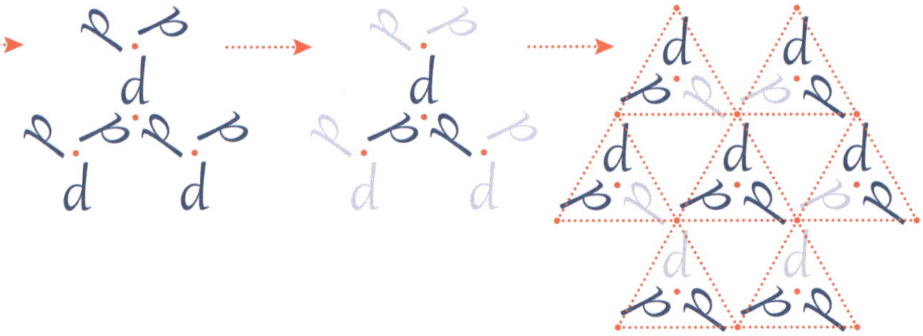

Zelle + Motiv

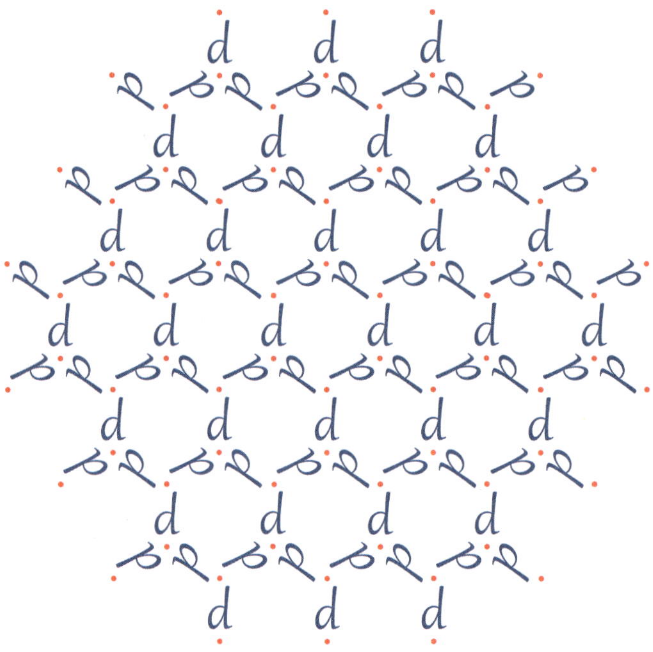

Ergebnis

Ausrichtung der Elemente

Der erste Drehpunkt (im Mittelpunkt der Zelle) kann irgendwo außerhalb oder mitten im Inneren des Elements selbst liegen. Gleichfalls kann der zweite Drehpunkt (an den Ecken der Zellen) alle möglichen Positionen einnehmen, je nach der Ausrichtung und Größe der Zelle in Abhängigkeit zu den drei Einzelelementen. Im Vergleich zum Grundbeispiel auf der gegenüberliegenden Seite befindet sich beim nebenstehenden Beispiel der Drehpunkt in anderer Position zu den drei Einzelelementen. Wie nicht anders zu erwarten, entsteht dabei ein Wiederholungsmuster mit völlig anderem Erscheinungsbild.

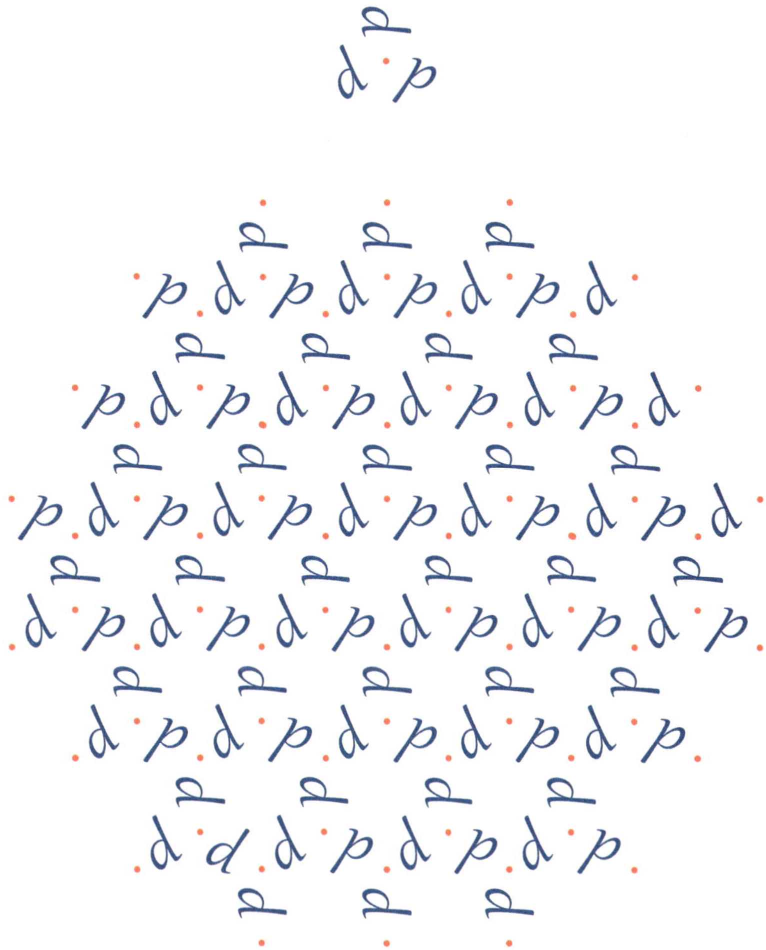

3.9 Spiegelung + Drehung + Spiegelung
+ Spiegelung im rechten Winkel

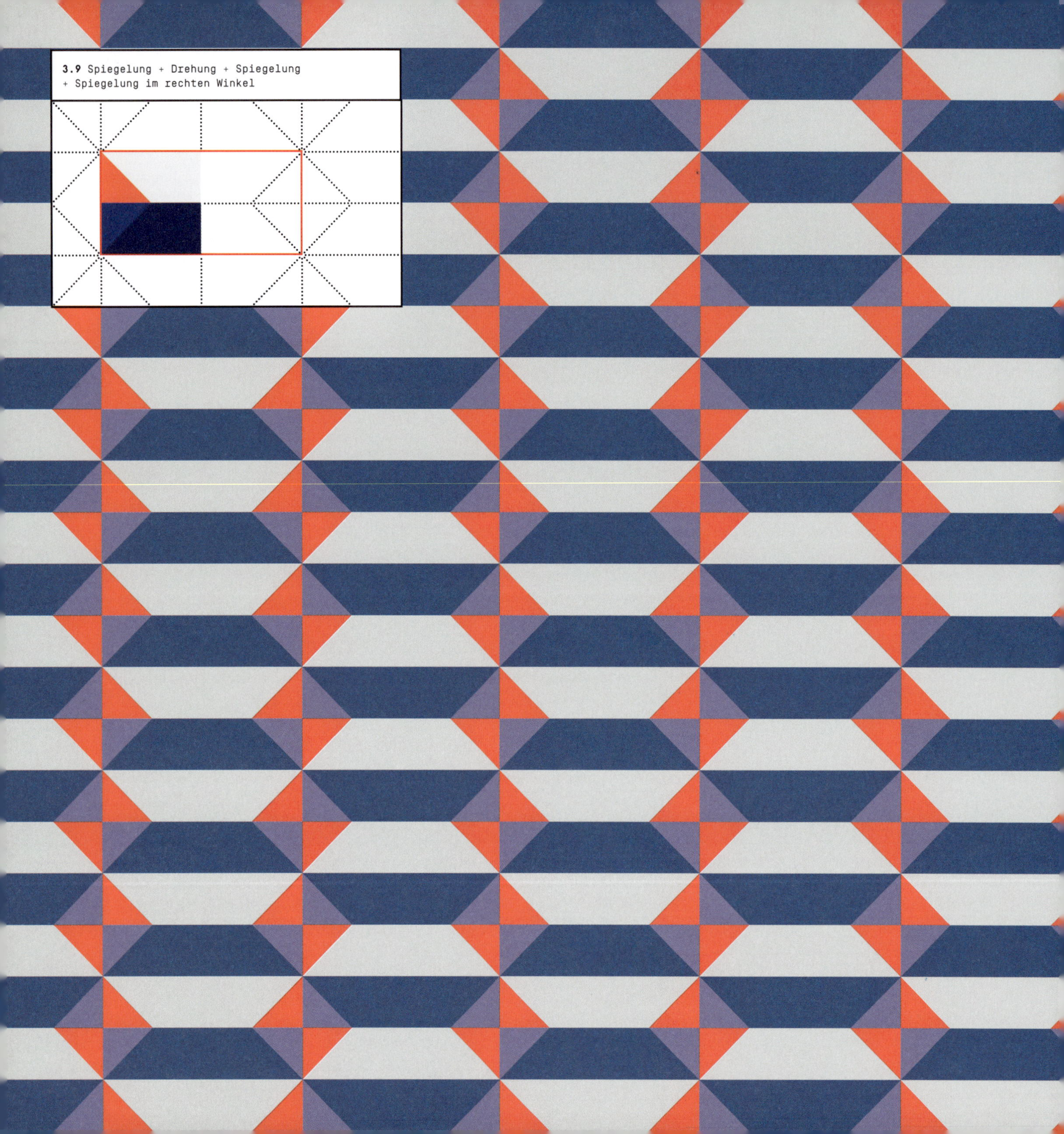

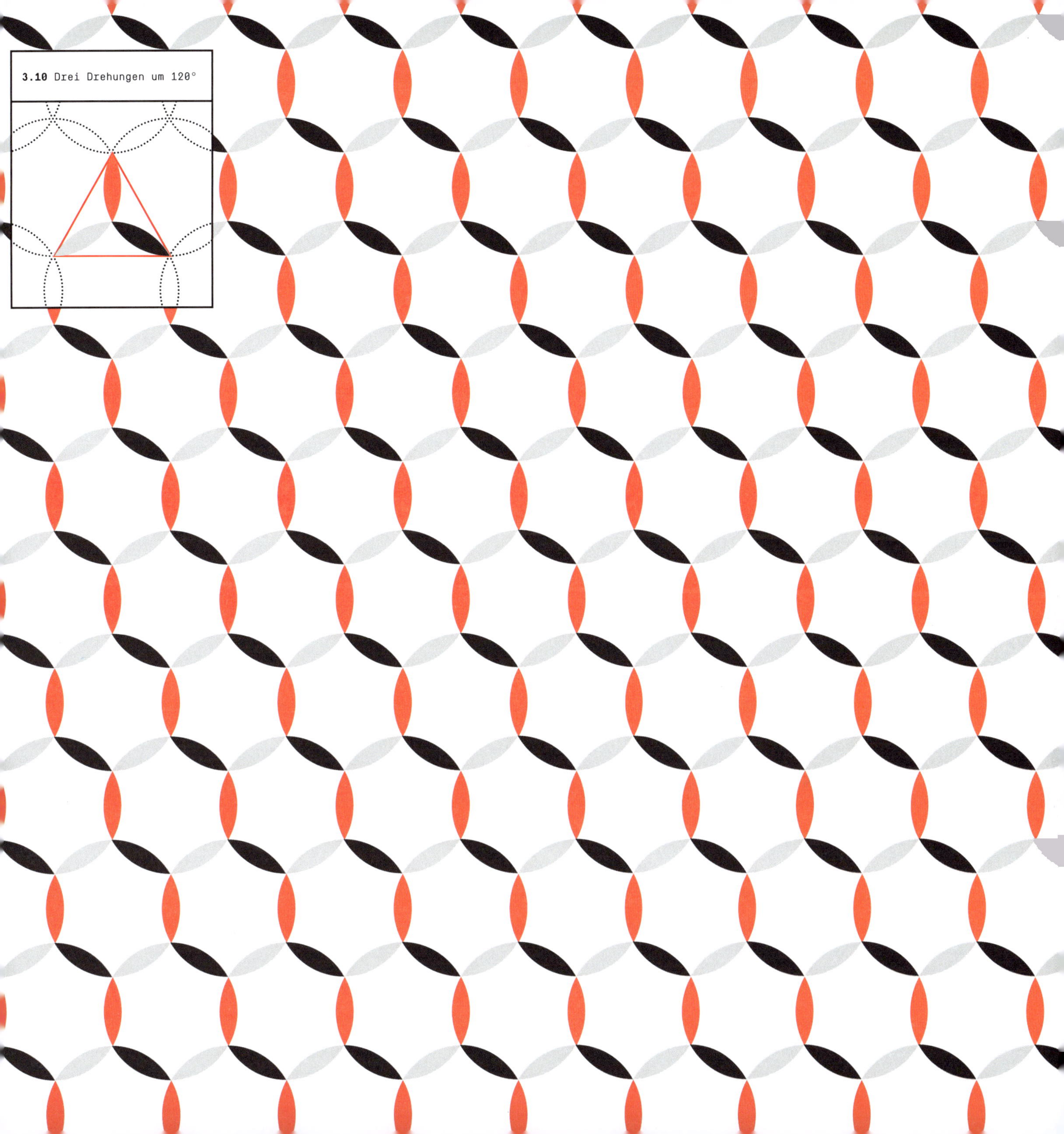

3.10 Drei Drehungen um 120°

3.11 Spiegelungen gleichseitiger Dreiecke

Das zweite Beispiel zur Konstruktion von Wiederholungsmustern in dreieckiger Gitterform, diesmal mit 60°-Winkeln, zeigt erneut eine dreizählige Punktdrehung, in der jedes Einzelelement das Spiegelbild seines Nachbarn entlang aller drei Seiten der einzelnen Zelle darstellt. Das Ergebnis ist ein Wiederholungsmuster, dessen Erscheinungsbild sowohl Dynamik besitzt (eine typische Eigenschaft der Drehsymmetrie) als auch Ausgewogenheit (eine typische Eigenschaft der Achsenspiegelung).

In diesem Grundbeispiel ist der Großbuchstabe L im Winkel von 60° gedreht und gespiegelt. Das Doppelelement wird anschließend weitere zwei Male um 120° gedreht, sodass alle sechs Einzelelemente eine volle Kreisumdrehung von 360° durchlaufen haben. Jedes Einzelelement ist das Spiegelbild seines Nachbarn.

Bei der Zusammenstellung zum Wiederholungsmuster ist es bei Verwendung der vorliegenden Symmetrieoperation einfacher, jedes Einzelelement für sich als Zelle zu betrachten. Die sechs Zellen ergeben im Zusammenschluss ein Sechseck, das mit anderen Sechsecken ein lückenloses Gitter gleichseitiger Dreiecke formt. Beachten Sie, dass jede Ecke der einzelnen sechszähligen Hexagone ebenfalls zu einem Drehpunkt wird. Das vollständige Wiederholungsmuster weist drei verschiedene Drehpunkte auf. Nehmen Sie sich Zeit, um das Wiederholungsmuster eingehend zu betrachten: es ist von erstaunlicher Komplexität.

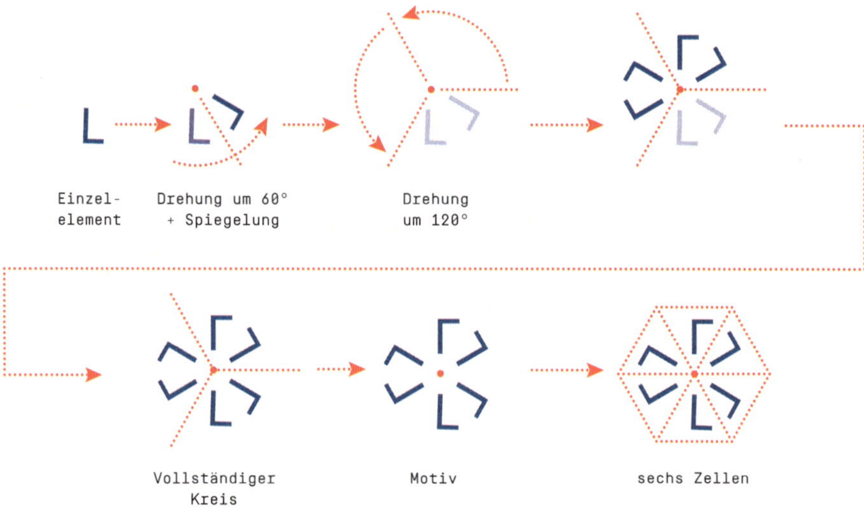

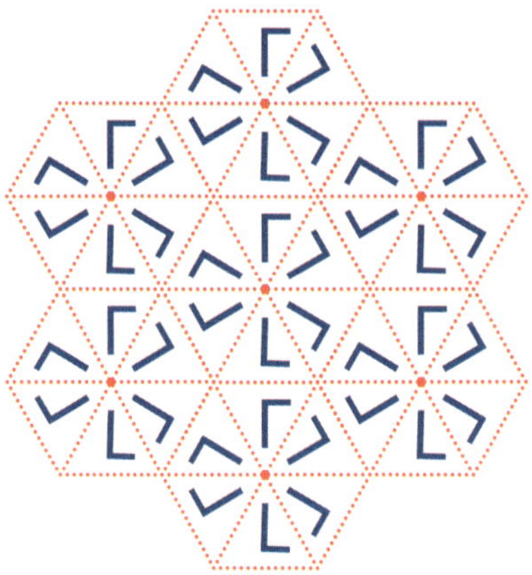

Zelle + Motiv

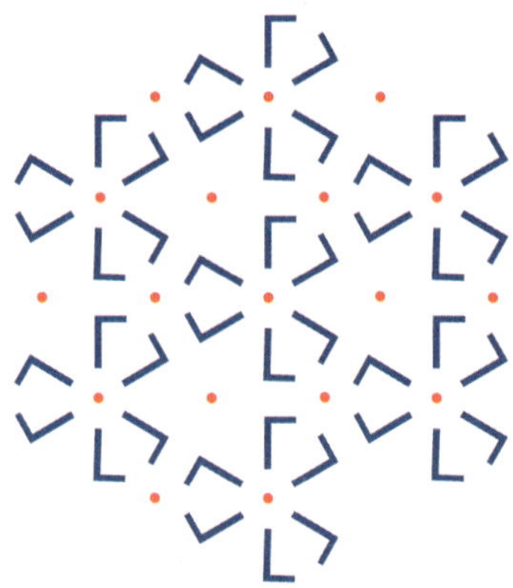

Ergebnis

Ausrichtung der Elemente

Bei veränderter Lage des Einzelelements zum Drehpunkt ergeben sich andere Wiederholungsmuster. In diesem Beispiel ist, im Gegensatz zu dem Muster aus dem Grundbeispiel auf der gegenüberliegenden Seite, ein klar in Dreiecke und Sechsecke gegliedertes Muster entstanden. Welches Muster sich aus welcher Ausrichtung des Ausgangselements ergeben wird, ist schwer vorhersehbar: Experimentieren Sie daher so viel es geht.

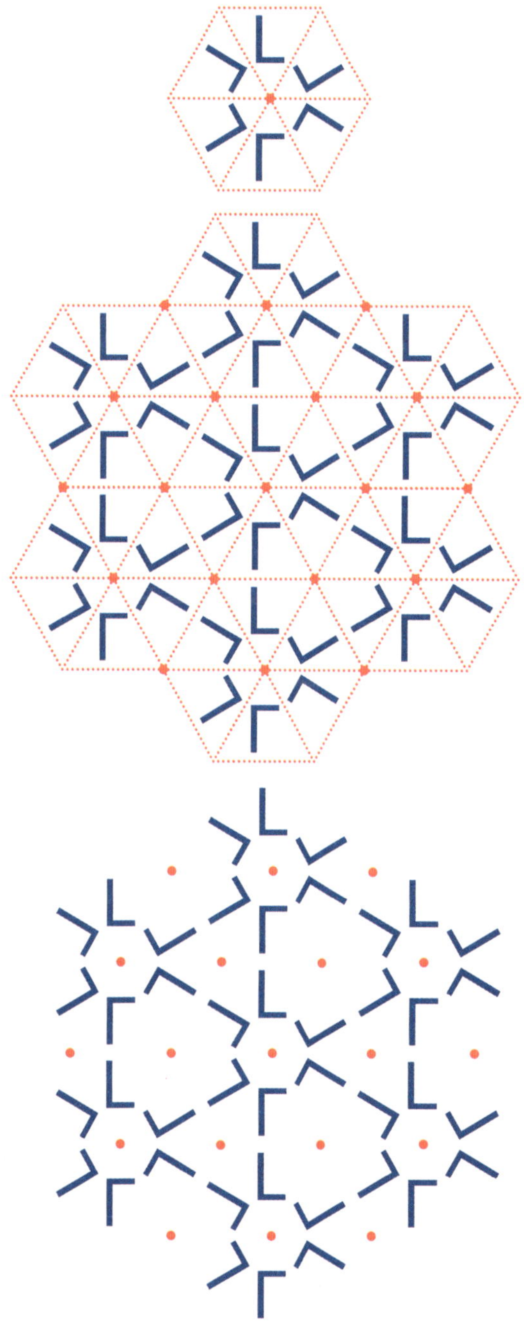

3.12 Gespiegelte 120°-Drehungen

Obwohl dichter und vielseitiger als das vorherige Dreiecksgitter, ist die Serie von Drehungen und Spiegelungen, die das abgebildete Gittermuster entstehen lassen, erfreulich einfach. Ein Vergleich mit dem vorigen Beispiel ist besonders aufschlussreich.

In diesem Grundbeispiel wird der Kleinbuchstabe f an einem Drehpunkt zweimal um 120° gedreht, es entsteht eine Drehung der Ordnung 3. Das Motiv aus den drei Einzelelementen ergibt die Zelle. Nun wird die Zelle gespiegelt und an einem neuen Drehpunkt ebenfalls zweimal um 120° gedreht. Daraus ergibt sich ein Sechseck mit sechs Zellen von abermals dreizähliger Drehung. Die Zelle kann in anderer Ausrichtung um das Motiv gedreht werden, woraufhin sich das Bild des Wiederholungsmusters ändert.

Für ein Wiederholungsmuster mit lückenlosem Flächenanschluss erfolgt eine Kachelung der Sechsecke. Beachten Sie, wie in diesem Beispiel eine jede Kante aller Dreieckzellen an zwei Einzelelementen entlangführt, die über genau diese Kante gespiegelt erscheinen. In anderen Beispielen könnte dies auch auf nur ein Einzelelement zutreffen.

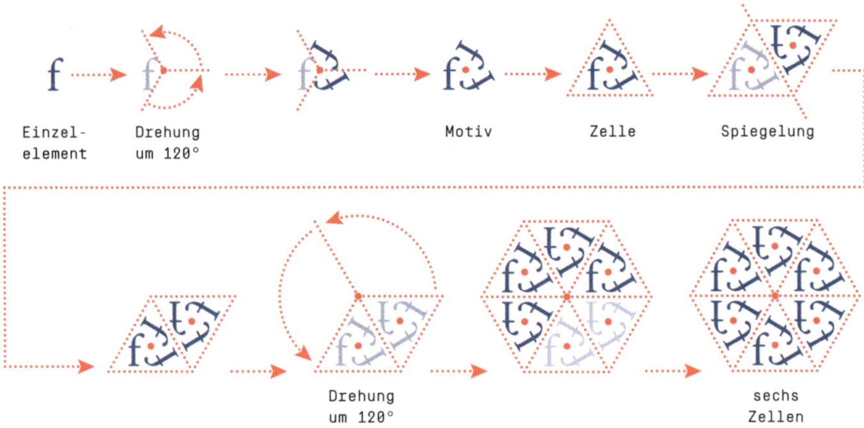

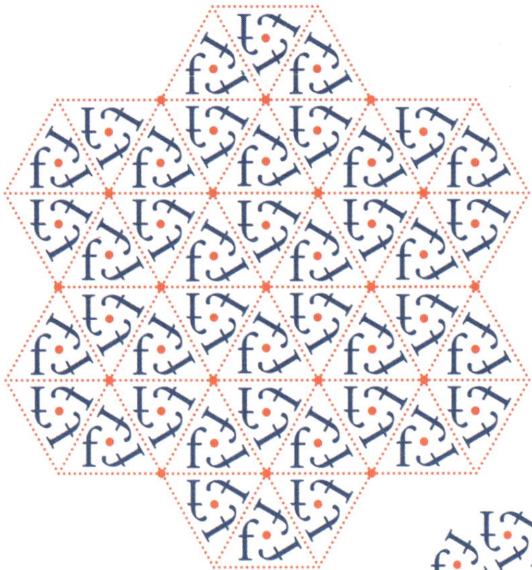

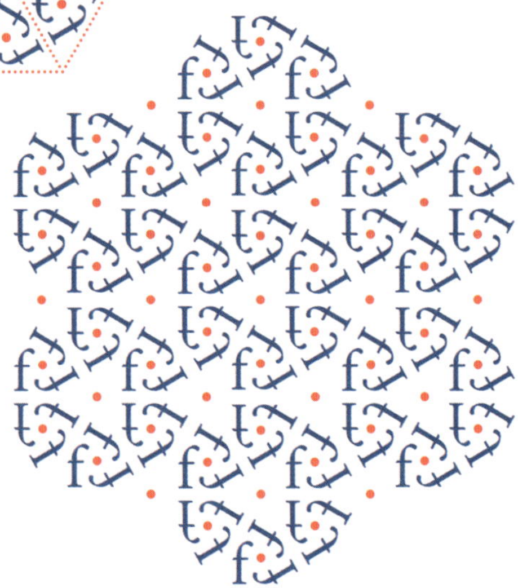

Ausrichtung der Elemente

Auf sechs Zellen verteilte 18 Einzelelemente erlauben die Gestaltung einer Vielzahl von Wiederholungsmustern. Der Schlüssel liegt in der anfänglichen Stellung des Einzelelements zum Drehpunkt in der Zellmitte. Von zusätzlicher Bedeutung ist aber auch die Ausrichtung der Dreieckzelle um die drei Zellelemente.

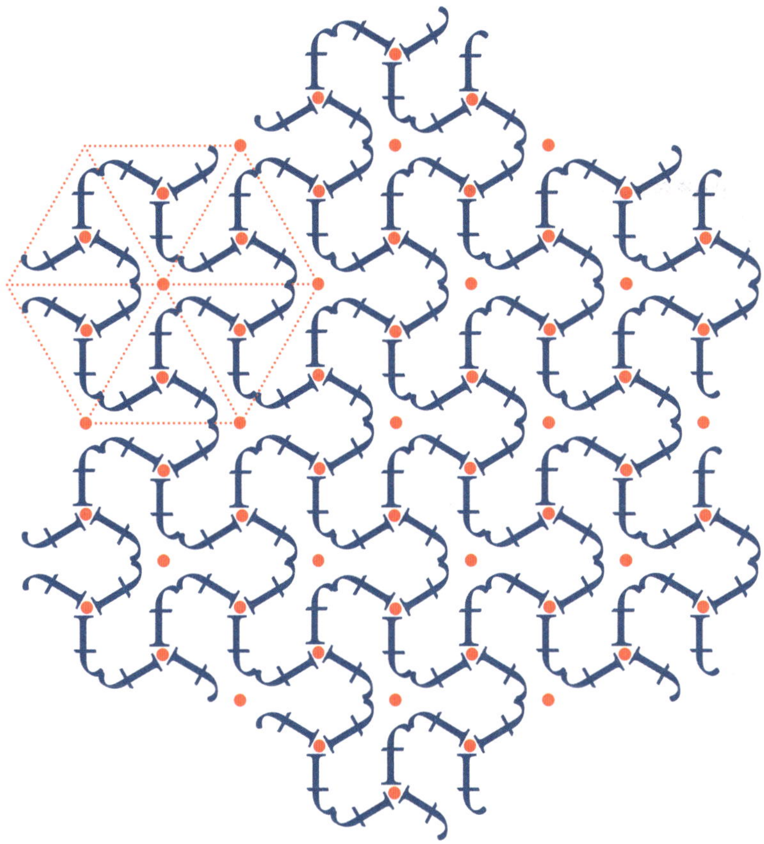

3.11 Spiegelungen gleichseitiger Dreiecke

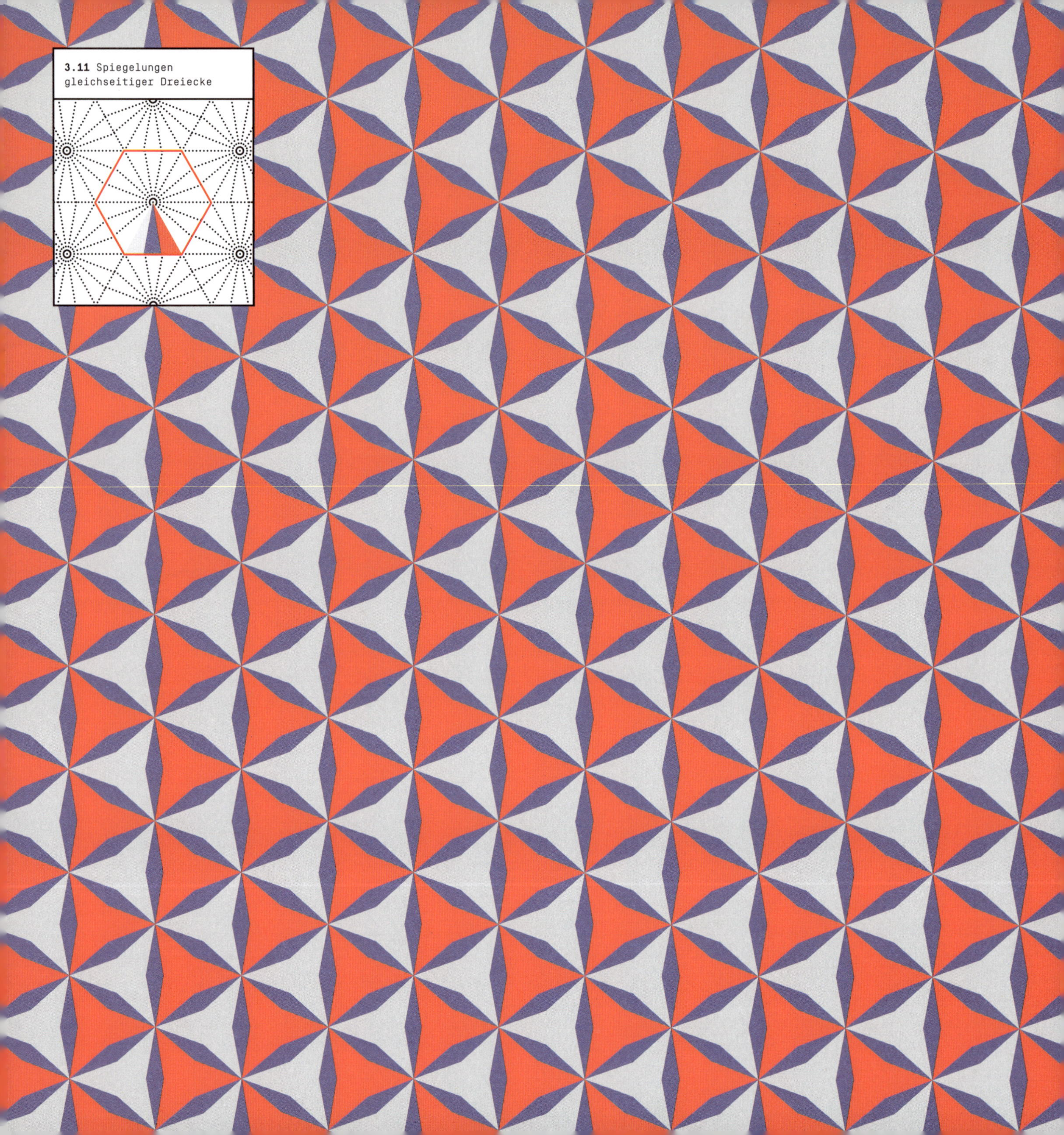

3.12 Gespiegelte 120°-Drehungen

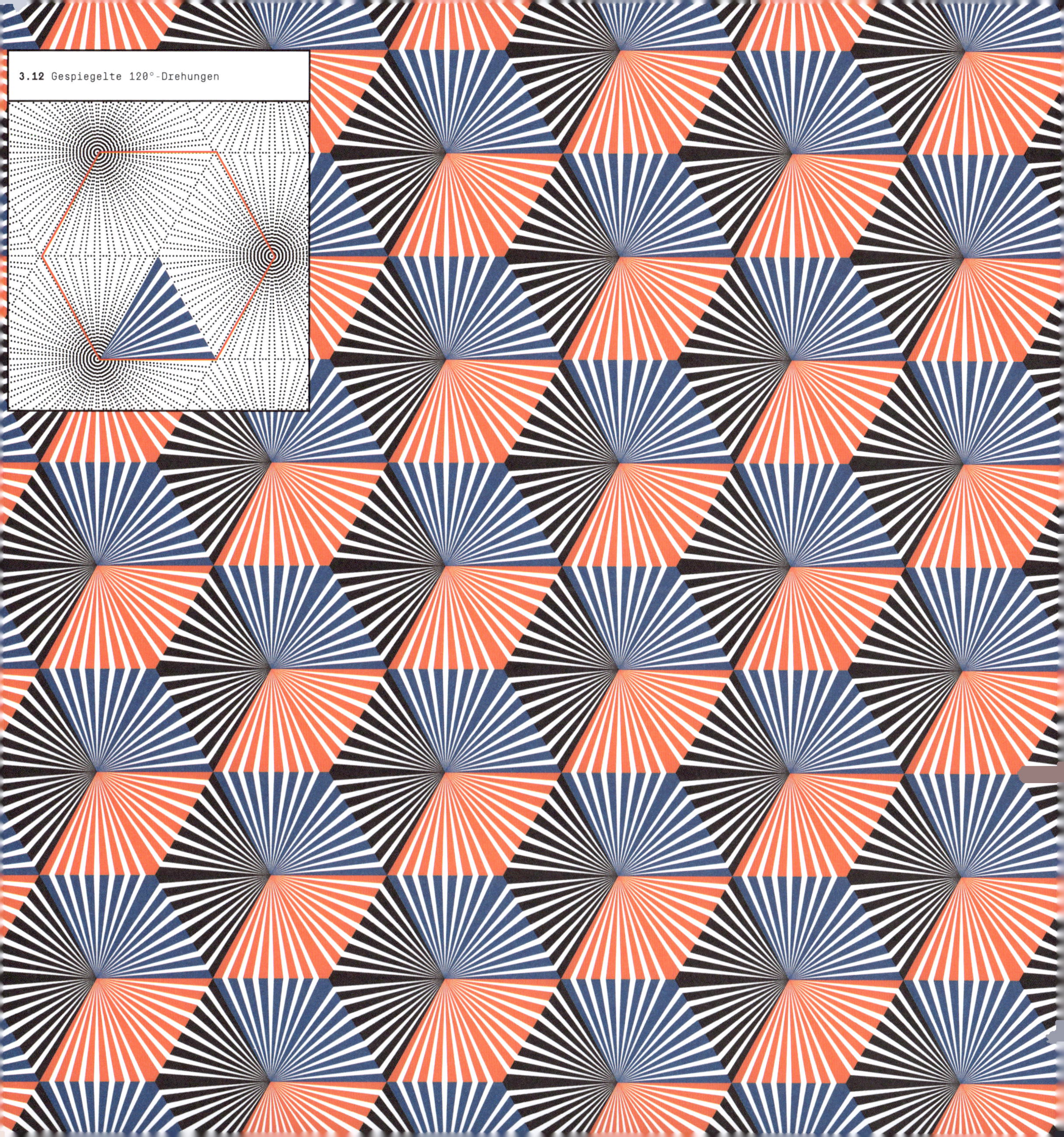

3.13 Drehungen um 90°

Diese Symmetrie des rechten Winkels wird in genau der gleichen Weise konstruiert wie die Beispiele der 60°- und 120°-Drehungen auf den Seiten 88 – 91, erzeugt aber einen anderen Effekt, weil sich ein anderes System der Kachelung ergibt, nämlich der Aneinanderreihung von rechtwinkligen Vierecken, also Quadraten, und nicht von Dreiecken, wie bei 60°- und 120°-Drehungen. Die erzeugte Art der Symmetrie ist eine Drehung der Ordnung 4. Das Ergebnis wird immer ein sehr gleichmäßiges, rhythmisches Wiederholungsmuster sein.

Im Grundbeispiel wird der Großbuchstabe P um ein Rotationszentrum gedreht, wobei er sich jeweils um den Winkel von 90° fortbewegt. Das Motiv zählt letztlich vier Einzelelemente. Der Drehpunkt liegt im Zellmittelpunkt und das Motiv kann in jedem beliebigen Winkel zu ihm angeordnet sein.

Zur Erstellung eines Wiederholungsmusters wird die Quadratzelle über die Fläche fortgesetzt. Beachten Sie, wie die Ecken einer jeden Zelle ebenfalls zu Drehpunkten werden, allerdings in diesem Beispiel für acht und nicht vier Einzelelemente. Der Ablauf von Symmetrieoperationen, um zu dieser achtfachen Drehung zu gelangen, ist schwierig und verdiente nähere Betrachtung. In den Beispielen auf der gegenüberliegenden Seite erscheinen jedoch stets nur vier Elemente, in keinem Fall acht.

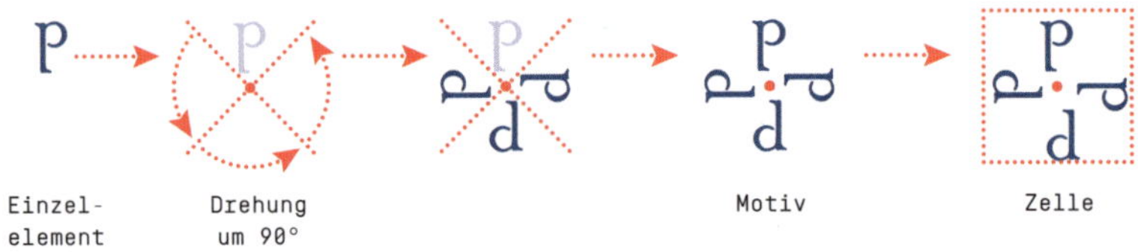

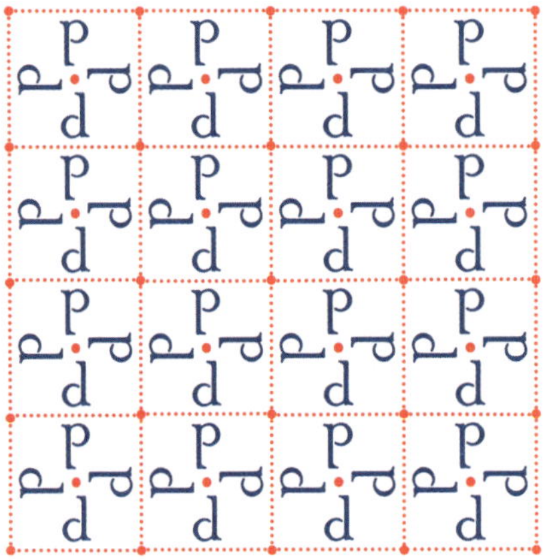

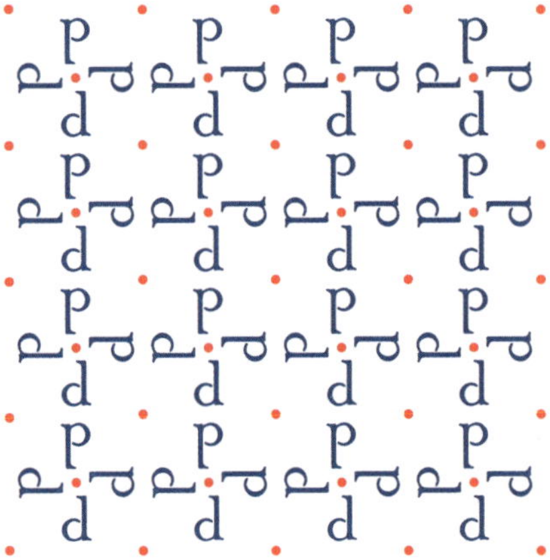

Ausrichtung der Elemente

In drei der vier nebenstehenden Beispiele ist das Einzelelement in jeweils anderer Richtung zum Drehpunkt angeordnet; sie führen demzufolge zu drei grundverschiedenen Wiederholungsmustern. Im ersten der beiden oberen Beispiele liegt der Drehpunkt inmitten des Einzelelements und erzeugt daher, anders als im zweiten Muster, ein dichtes Motiv und eine kleine Zelle. Die drei anderen Beispiele sind offener und weisen eine harmonische Beziehung zwischen den Einzelelementen und den sie umgebenden Leerräumen auf.

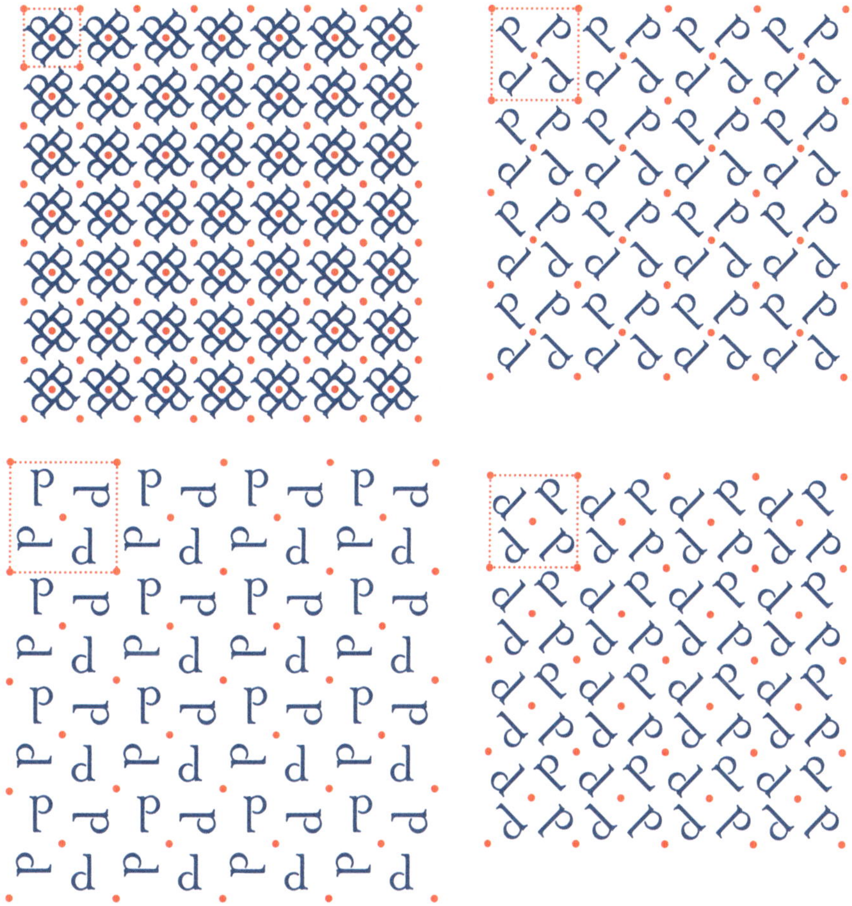

3.14 Spiegelungen von 90°-Drehungen

Auf den ersten Blick erscheint diese plansymmetrische Operation mit der vorigen identisch, bei genauerem Hinsehen zeigt sich aber, dass für die Motivbildung noch eine Achsenspieglung zwischen Nachbarzellen hinzutritt. Dieser zweite Schritt hebt das Muster auf eine höhere Stufe der Symmetrie, die dadurch komplizierter wird, aber paradoxerweise dem endgültigen Erscheinungsbild des Wiederholungsmusters ein Plus an visueller Ordnung verschafft. Wie im vorigen Beispiel wird zum leichteren Vergleich beider Symmetrieoperationen der Kleinbuchstabe p verwendet.

In unserem Beispiel wird der Kleinbuchstabe p in einem Winkel von 90° um einen Rotationspunkt gedreht; die Drehung ist vierzählig. Im Weiteren werden die vier Elemente an einer Senkrechtachse und die daraus entstandenen acht Elemente an einer horizontalen Achse gespiegelt. Das endgültige Motiv zählt 16 Einzelelemente; die Zelle ist quadratisch.

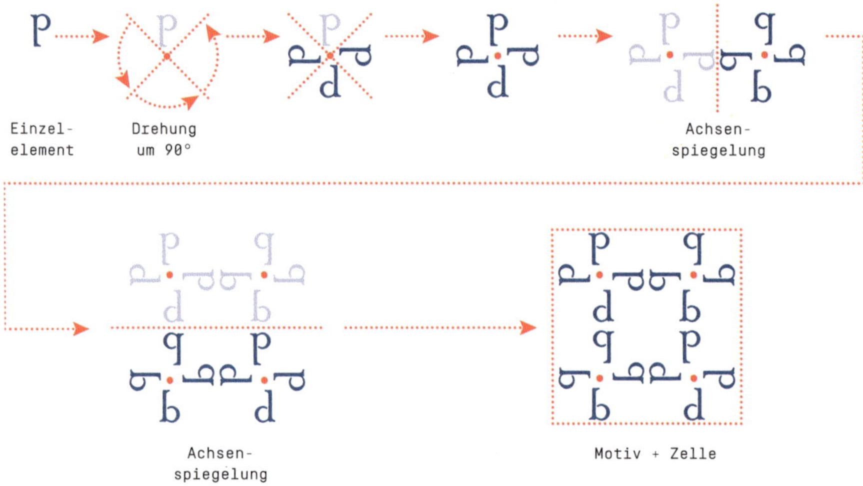

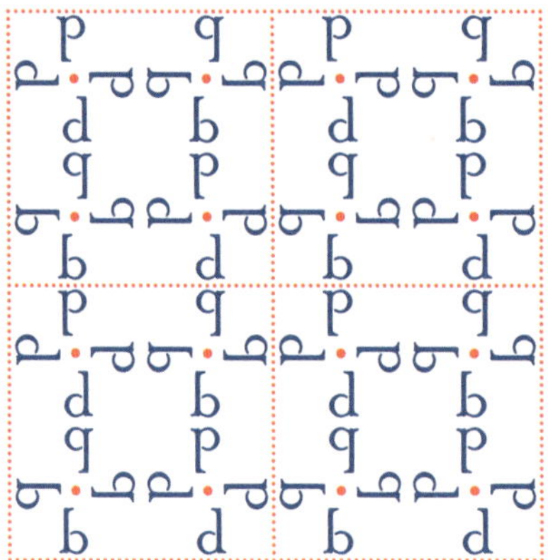

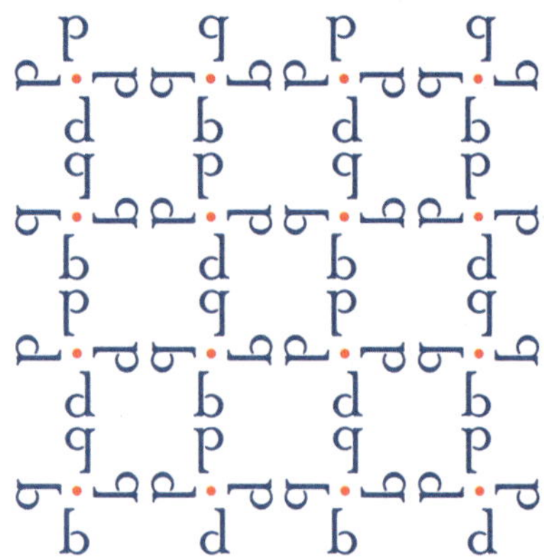

Ausrichtung der Einzelelemente

Wie immer ergeben sich bei unterschiedlicher Stellung der Einzelelemente zum Drehpunkt andere Wiederholungsmuster. In diesem Fall ist interessant, dass eine Zelle aus jeder beliebigen Konstellation der 4 x 4 Einzelelemente aufgebaut werden kann, indem man zuerst einem beliebigen der 16 Einzelelemente eine Zellecke zuweist und das Raster von dort aufbaut. Obwohl jedoch in jeder Zelle 16 Einzelelemente vorhanden sind, entstehen nicht mehr als acht verschiedenartige Zellen. Der Grund dafür liegt in der ursprünglichen Konfiguration der Einzelelemente, die in einer Hälfte der Zelle die genaue Abbildung der anderen Hälfte darstellen. Daher kann nur die eine Hälfte der Elemente zu einzigartigen Rastern führen.

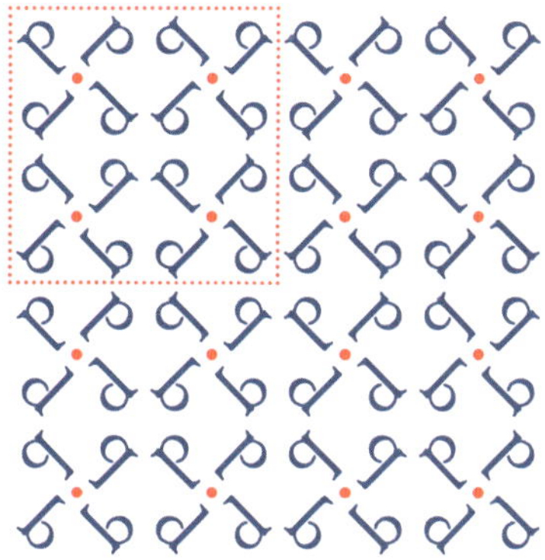

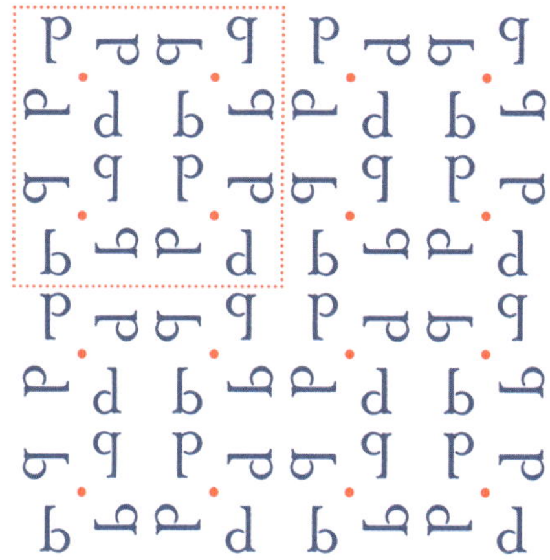

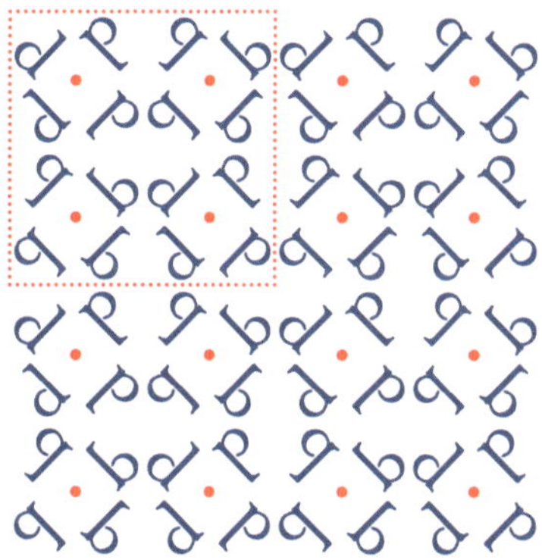

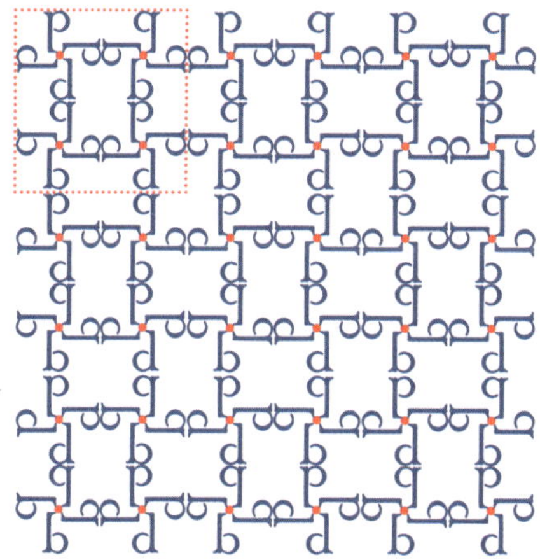

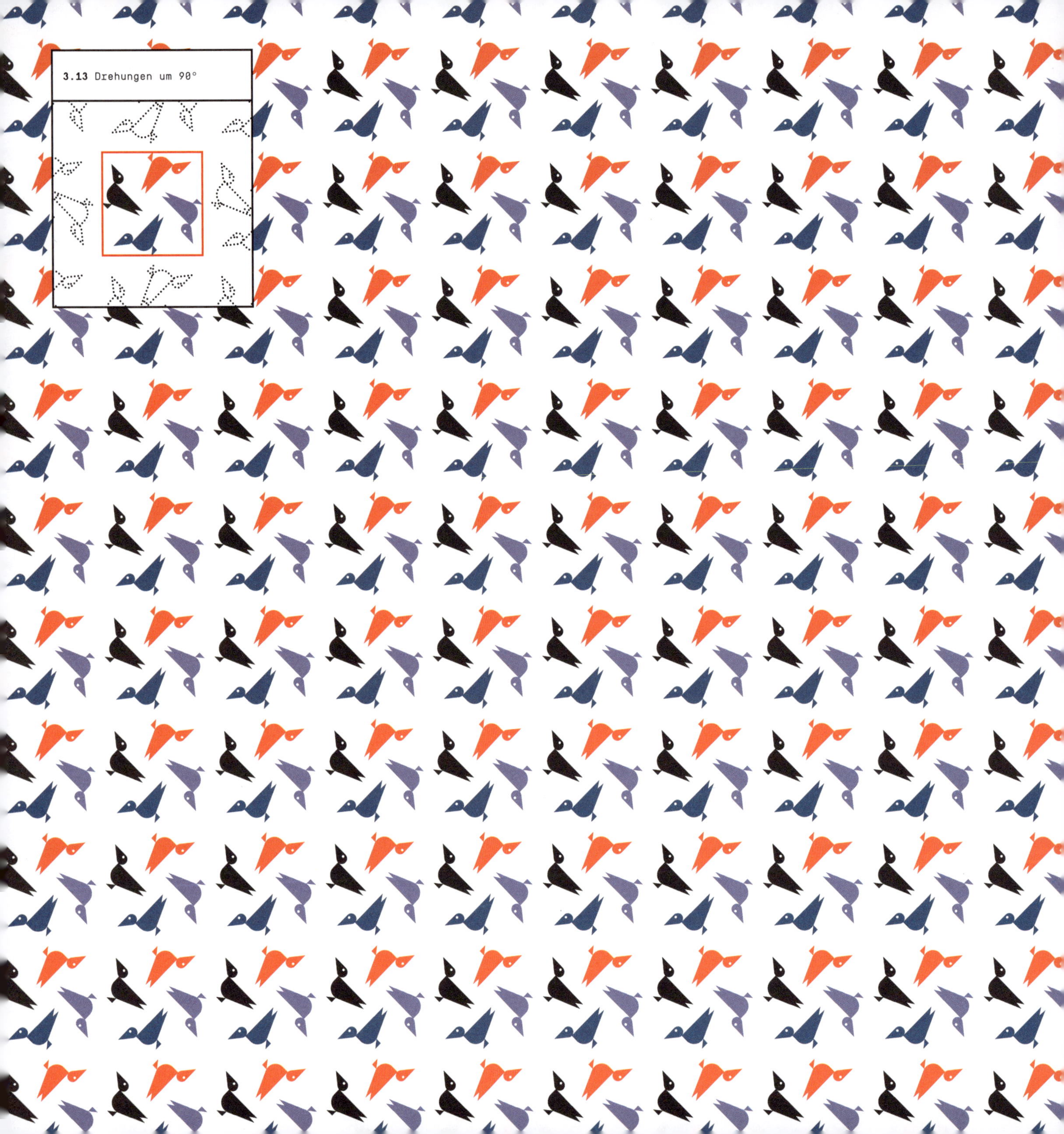

3.13 Drehungen um 90°

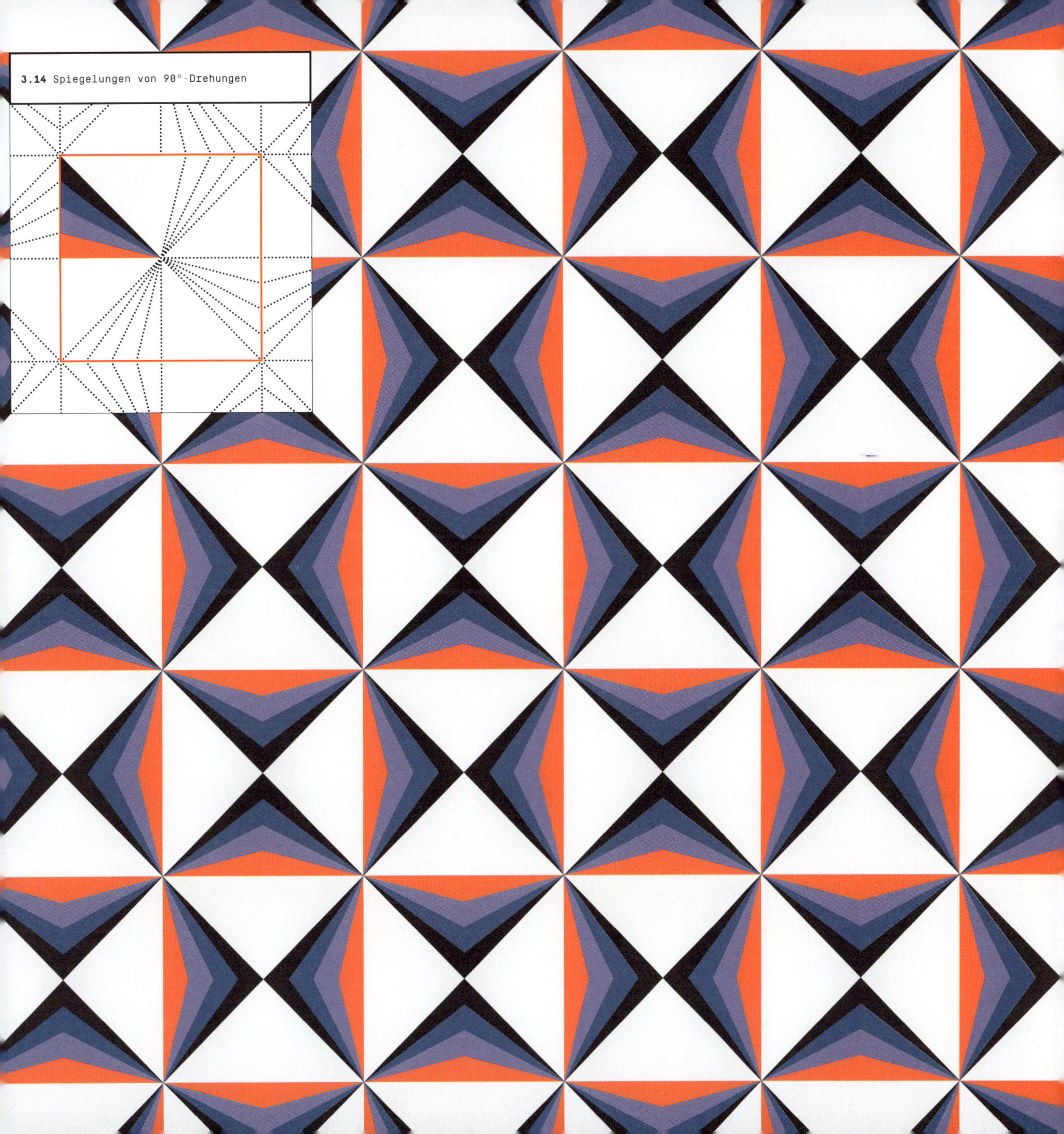

3.14 Spiegelungen von 90°-Drehungen

3.15 Spiegelung von Dreiecken mit den Winkeln 45°-45°-90°

Wir haben zuvor Punktdrehungen der Ordnungen 2, 3, 4 und 6 gesehen. Nun teilen wir erstmalig und einmalig in der Plansymmetrie die volle Kreisumdrehung von 360° in acht Teile von je 45°. Da jedoch jeder Teil die Spiegelung des Nachbarn zu beiden Seiten ist, ergibt sich doch nur eine vierzählige und keine achtzählige Drehung. Die Abfolge von Spiegelung und Drehung erzeugt eine quadratische Zelle.

In diesem Grundbeispiel ist der Kleinbuchstabe g in eine Dreieckzelle mit zwei Winkeln von 45° und einem von 90° gestellt. Das Einzelelement in seiner Dreieckzelle wird an deren längster Kante gespiegelt. Daraus ergibt sich das zweite Element und eine Verdoppelung der Zelle, die nun quadratisch ist. Das Quadrat wird anschließend vierfach um das Rotationszentrum gedreht (also eine vierzählige Drehung) und erzeugt ein größeres Quadrat, das sich aus acht Einzelelementen und acht Dreieckzellen zusammensetzt. Zur Erzeugung des Wiederholungsmusters werden die achtzelligen Quadrate auf der Fläche gekachelt.

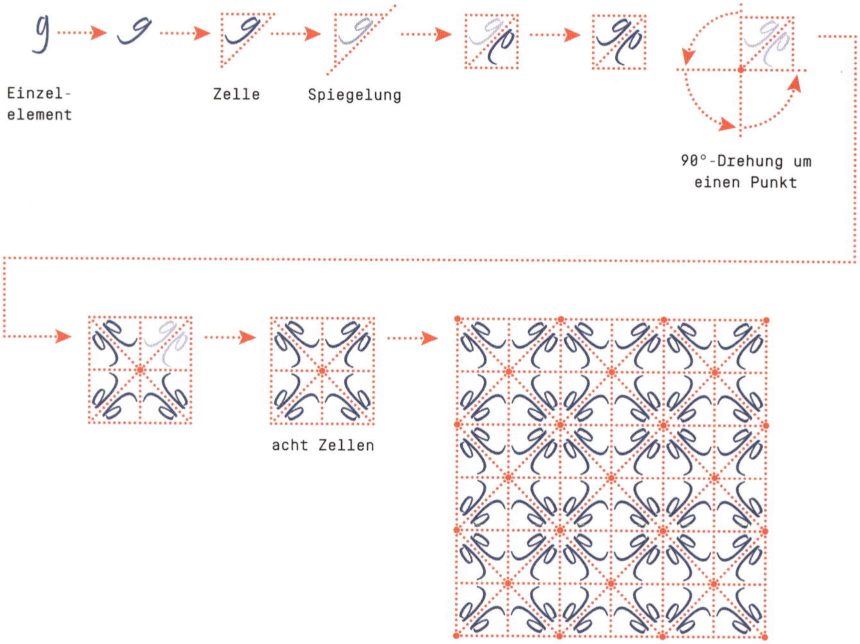

Ausrichtung der Einzelelemente
Eine Positionsänderung des Einzelelements g im Rahmen seiner Dreieckzelle zieht ein anderes Wiederholungsmuster nach sich. Beachten Sie, dass alle acht Dreieckzellen mit je einer 45°-Ecke im Mittelpunkt zusammentreffen, während die andere 45°-Ecke die Hälfte einer Außenecke der achtteiligen Zelle darstellt. Bei der Zusammenstellung zum Wiederholungsmuster verbinden sich acht dieser 45°-Außenecken zu einem zweiten Rotationszentrum, an dem wieder acht 45°-Ecken aufeinandertreffen. Das erste Diagramm zeigt, wie diese zwei möglichen Wiederholungszellen zusammenhängen und ineinandergreifen.

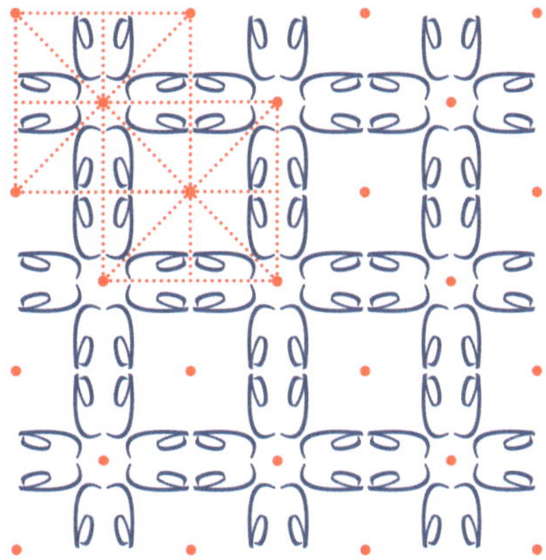

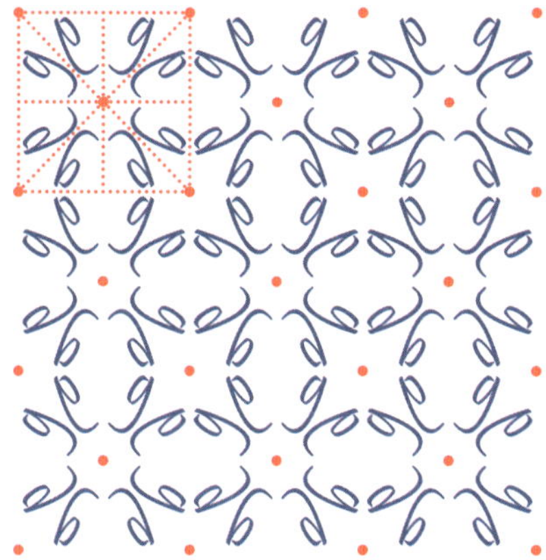

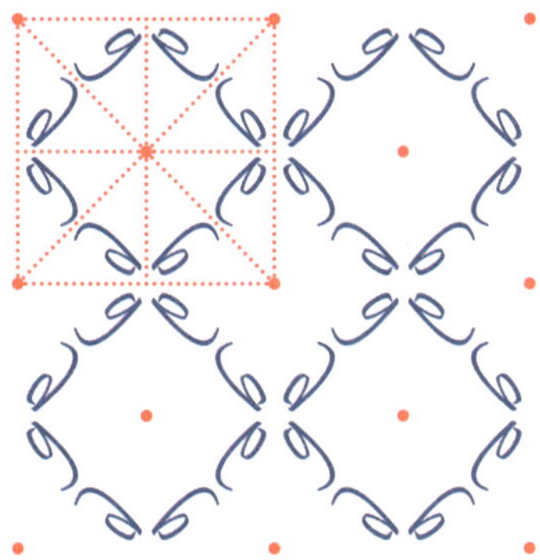

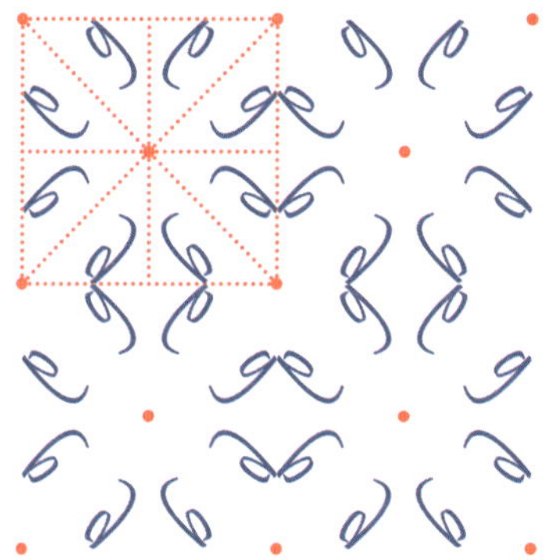

3.16 Drehungen um 60°

Hier stellt sich eine erfrischend einfache Symmetrieoperation vor: einfach zu erklären und zu verstehen. Sie ist das sechszählige Mitglied der Rotationsfamilie, der ebenfalls drei- und vierzählige Drehungen (siehe Seite 23) angehören. Zusammen stellen diese drei Operationen das Gesamtpaket der regelmäßigen Drehsymmetrien dar, also derer, die mit Dreiecken, Quadraten oder Sechsecken eine Fläche lückenlos überziehen können.

Im Grundbeispiel wird der Kleinbuchstabe p in sechs aufeinander folgenden 60°-Drehungen um volle 360° gedreht; es ergibt sich ein Motiv aus sechs Einzelelementen, die dazugehörige Zelle stellt ein regelmäßiges Sechseck dar. Durch Vervielfältigung der Hexagone über die Fläche entsteht ein lückenloses Wiederholungsmuster.

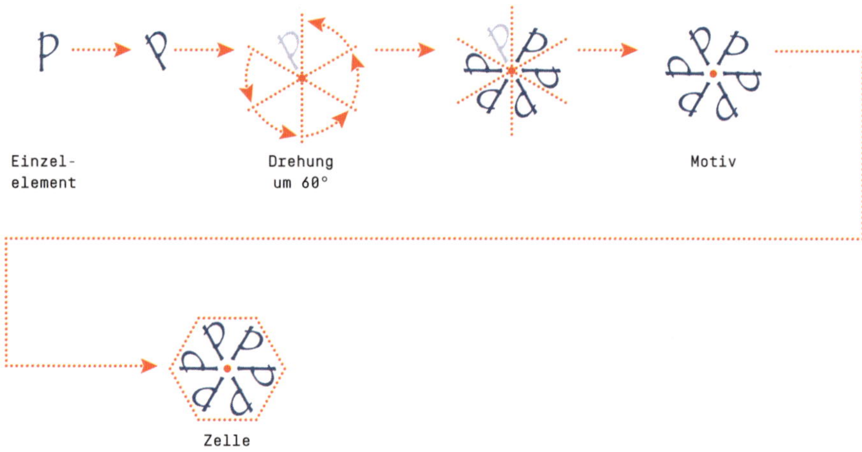

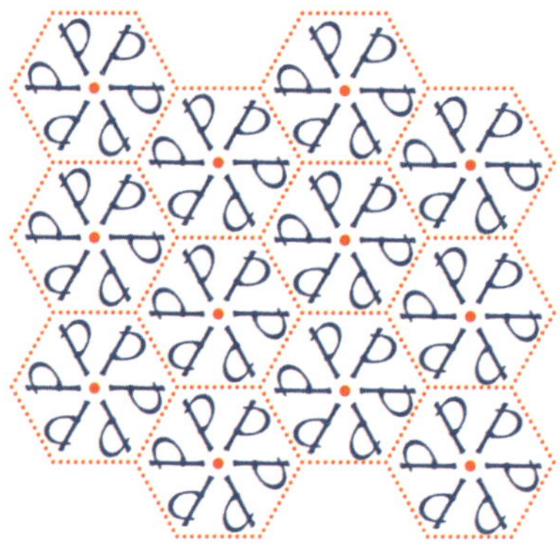

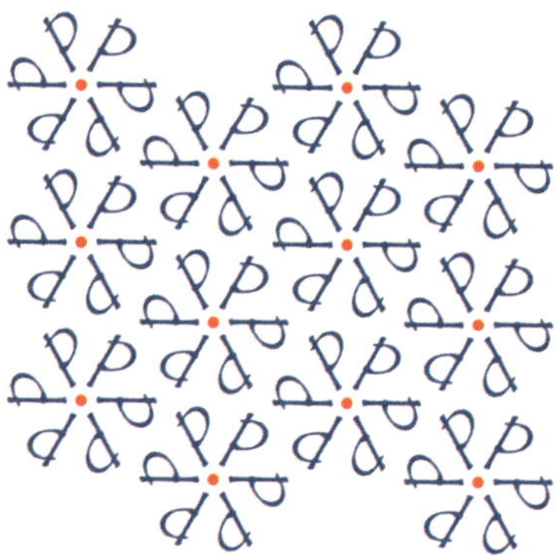

Ausrichtung der Einzelelemente

Die Stellung, die das Einzelelement zum Drehpunkt einnimmt, bestimmt den Charakter des Wiederholungsmusters. Manchmal wirkt das Muster flächendeckend (wie in den beiden Beispielen oben zu sehen), in anderen Fällen nimmt man die Zellen als separate Einheiten wahr (wie an den beiden Beispielen unten zu sehen).

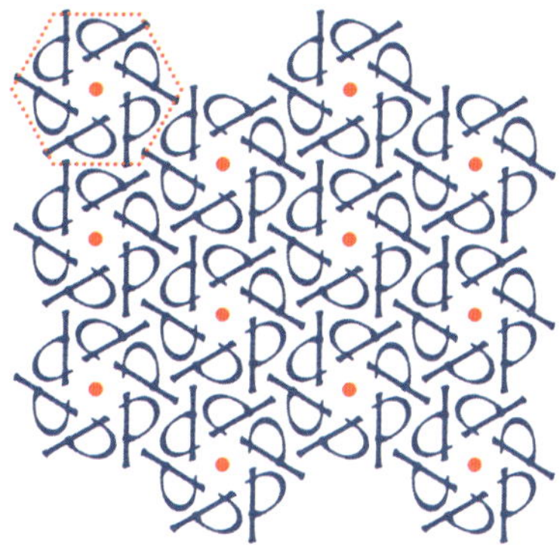

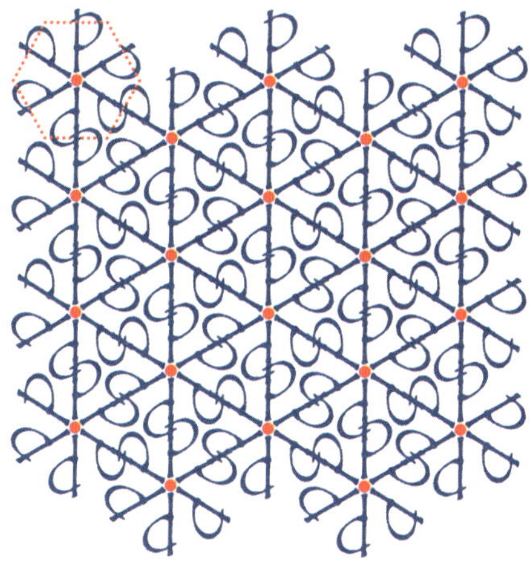

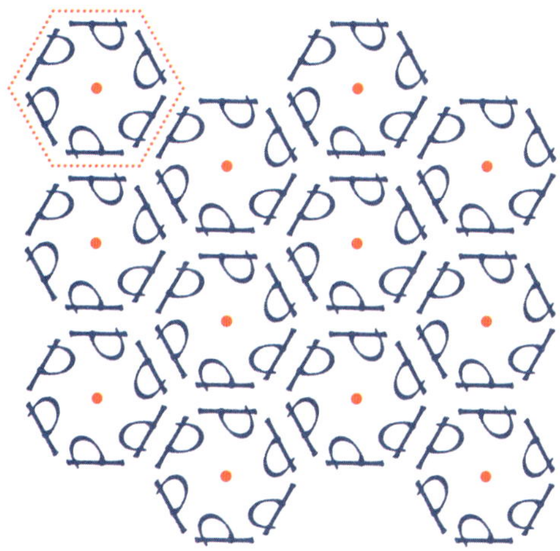

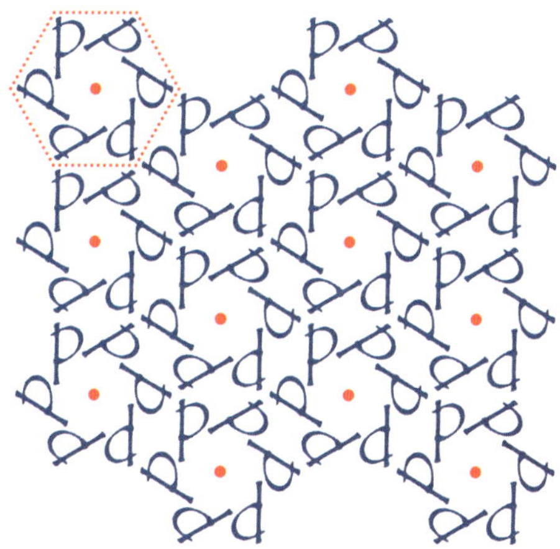

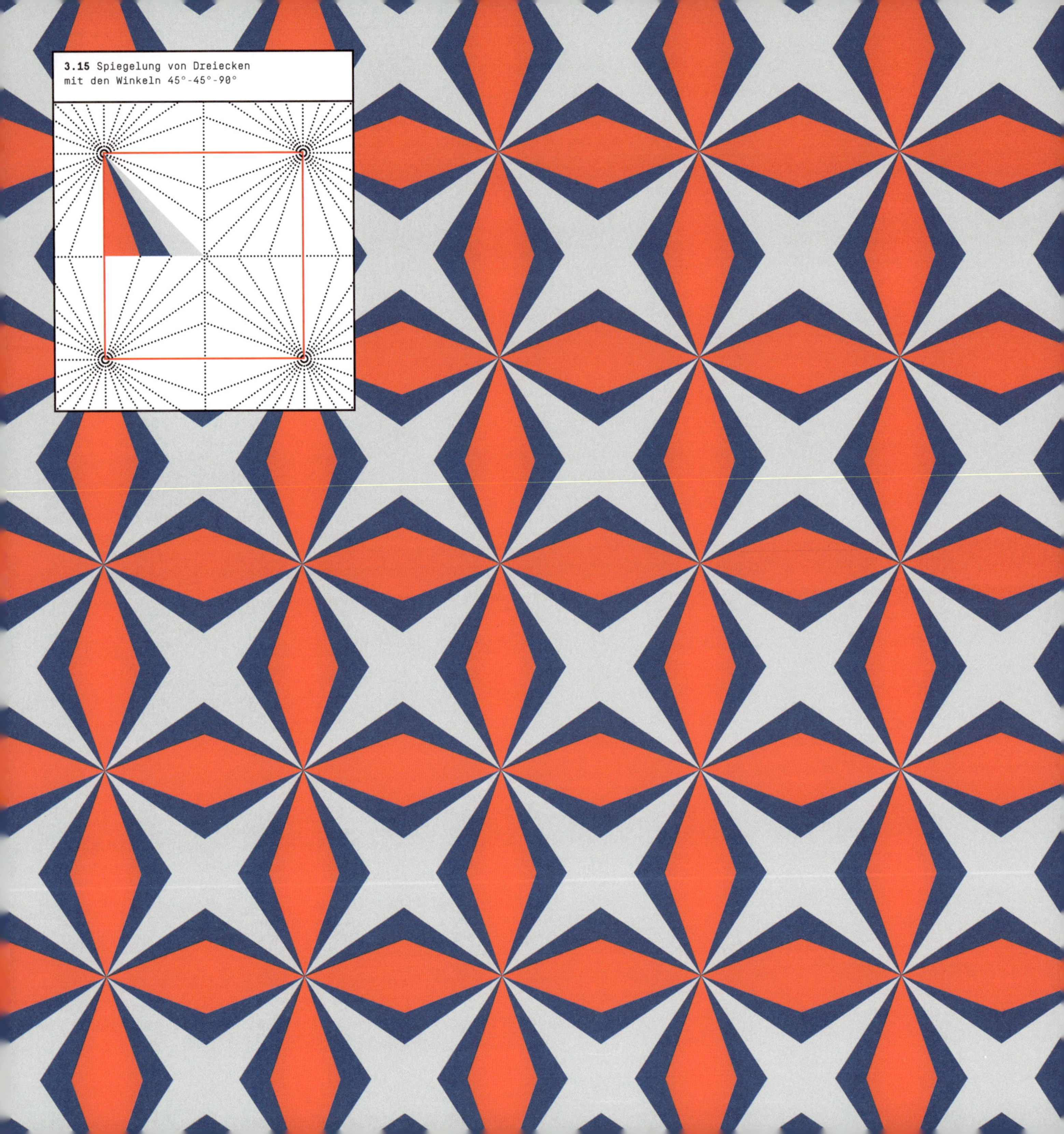

3.15 Spiegelung von Dreiecken mit den Winkeln 45°-45°-90°

3.16 Drehungen um 60°

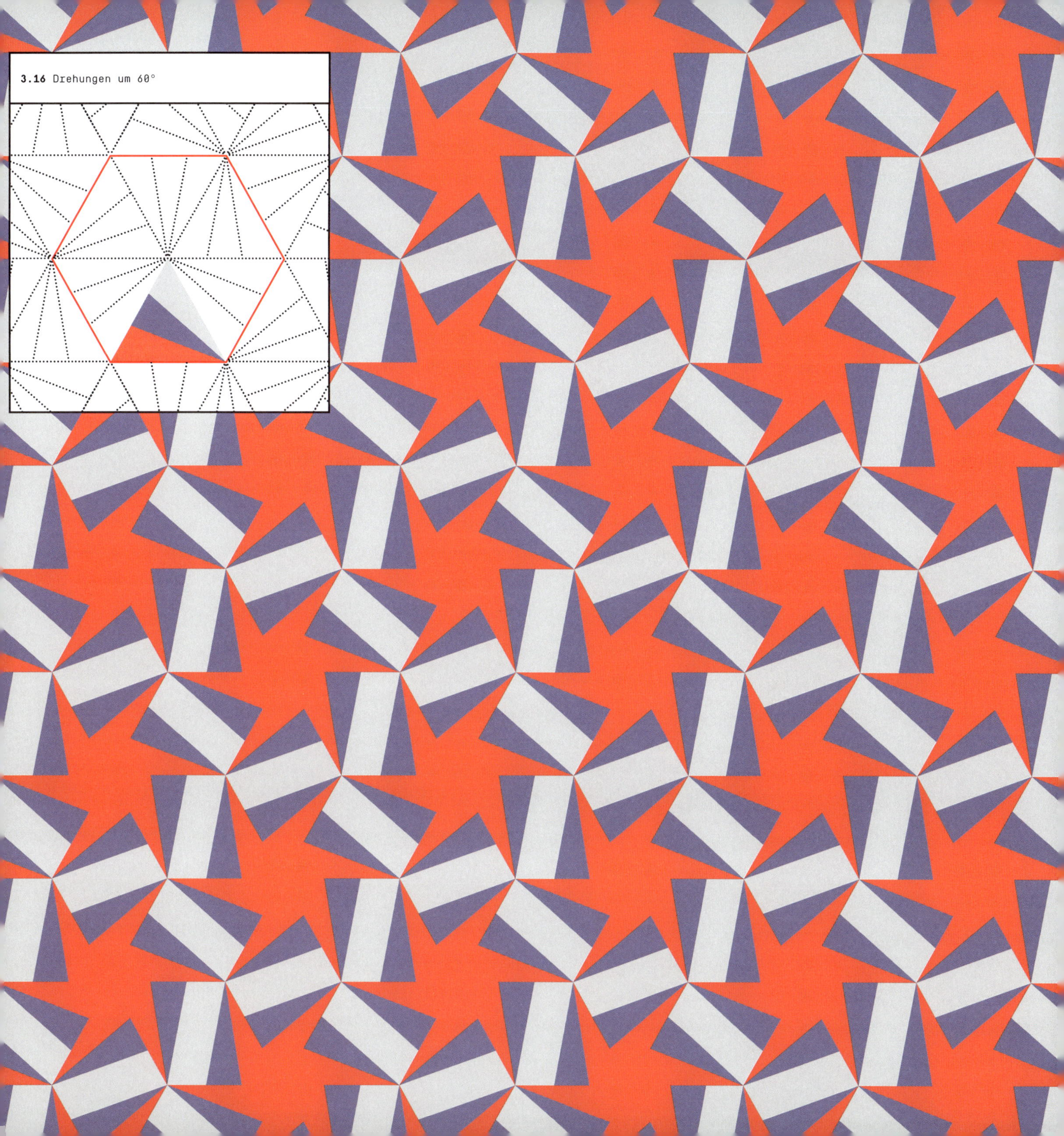

3.17 Seitenspiegelung bei Dreiecken mit den Winkeln 30°-60°-90°

Dies ist die einzige plansymmetrische Operation aus 12 Einzelelementen, wie sie entstehen, wenn ein Sechseck in 12 gleiche Dreiecke geteilt wird. Die Form dieser Dreiecke ist zwangsläufig ungewöhnlich: sie weisen Ecken im Winkel von 30°, 60° und 90° auf. Dennoch lassen sie sich mühelos zu einer lückenlosen Fläche zusammenschließen, denn zu mehreren gruppiert, bilden sie gleichseitige Dreiecke, in denen alle Winkel 60° betragen und die sich im Endeffekt zu Sechsecken zusammenfügen lassen.

In unserem Grundbeispiel wird der Kleinbuchstabe j in eine Dreieckzelle gestellt, deren Ecken aus Winkeln mit 30°, 60° und 90° bestehen. Das Einzelelement wird über eine Seite gespiegelt und verschmilzt die Ecken mit den 30°- und 90°-Winkeln zu einem gleichseitigen Dreieck mit zwei Einzelelementen. Das gleichseitige Dreieck wird anschließend sechsmal um insgesamt 360° zu einem Sechseck mit sechs Dreiecken und zwölf Einzelelementen gedreht (eine Drehung der Ordnung 6). Für das Wiederholungsmuster lassen sich die Sechsecke problemlos flächig kacheln. Beachten Sie, wie im Wiederholungsmuster jedes Einzelelement an allen drei Seiten des Ursprungsdreiecks von 30°-60°-90° gespiegelt ist und sowohl innerhalb der sechs Zellen, als auch über ihre Grenzen hinaus ein komplexes Netz der Spiegelungen ergibt.

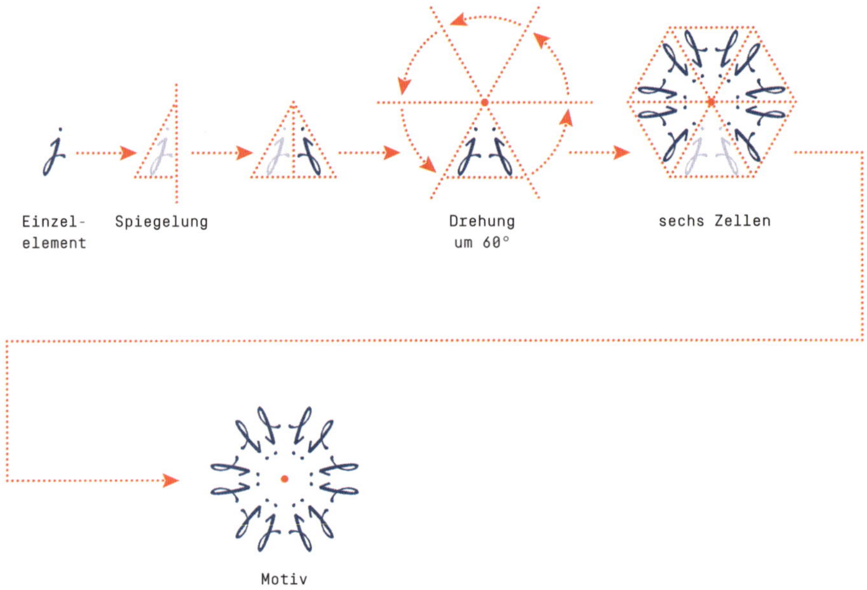

Ausrichtung der Elemente

Die Position des Einzelelements in seiner Zelle bestimmt wie schon zuvor das Erscheinungsbild des Wiederholungsmusters. Es lohnt auch hier wieder die Auseinandersetzung damit, was die Ursprungszelle ausmacht. Ist sie das einzelne Dreieck mit den Winkeln 30°-60°-90° und einem Einzelelement oder das Dreieck mit den Winkeln 60°-60°-60° und zwei Einzelelementen oder sogar das Sechseck mit zwölf Einzelelementen? Es gibt darauf keine allgemeingültige Antwort: Betrachtet man alle diese Möglichkeiten der Reihe nach, lassen sich jeweils die Anzahl und der Typus der Symmetrieoperationen, das Wiederholungsmuster und auch die periodische Farbgestaltung der Elemente (mit zwei, drei, vier, sechs oder mehr Farben) grundlegend verändern. Das Beispiel unten links zeigt mehrere Lösungen zur Zusammenfassung einzelner Zellen von 30°-60°-90°-Winkeln in größeren Zellverbünden, die sich immer noch lückenlos aneinanderfügen und über die Fläche vervielfältigen lassen. Wie immer bringt möglichst viel mit dem spielerischen Experimentieren verbrachte Zeit neue Erkenntnisse über den Rapport und eröffnet dabei eine neue Welt von Mustermöglichkeiten.

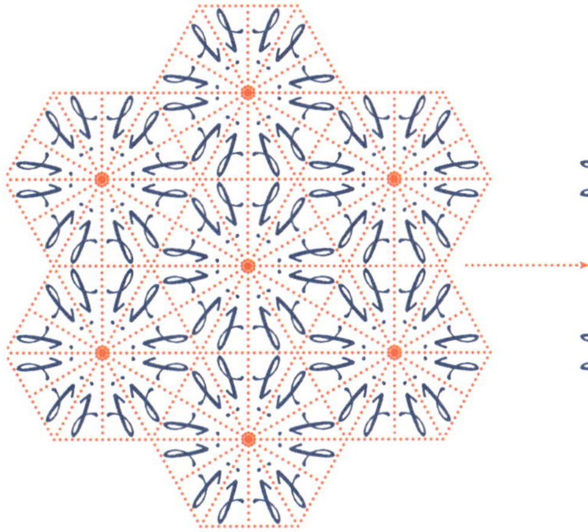

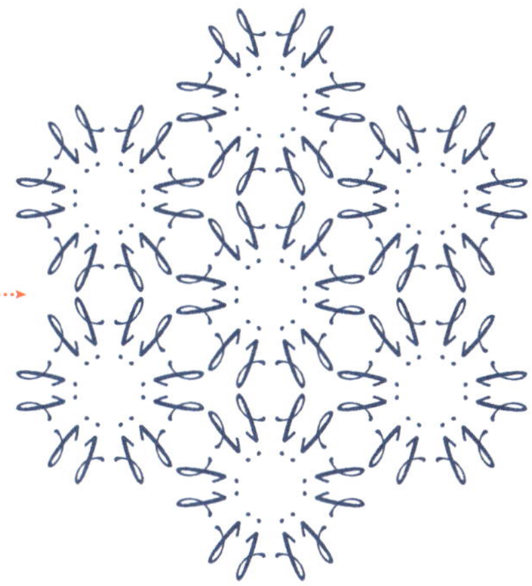

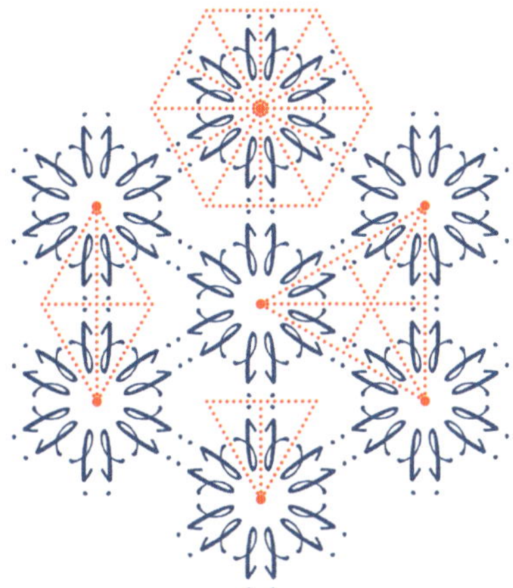

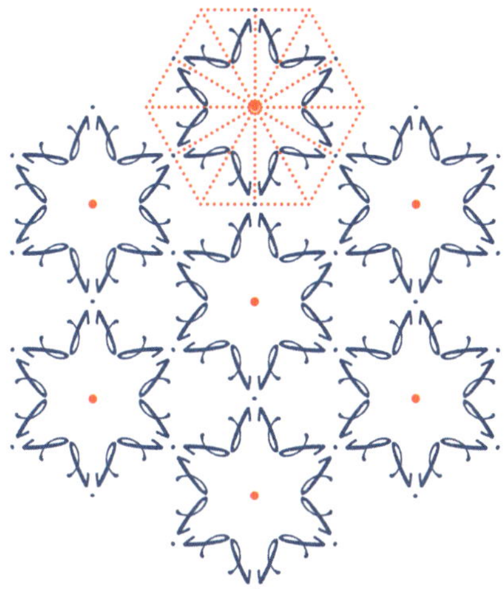

4

4. Parkettierung

Parkettierung in ihrer reinsten Form ist die lückenlose Überdeckung einer zweidimensionalen Ebene durch identische, sich wiederholende Vielecke, auch Kacheln genannt. Sie ähneln den in Kapitel 3 vorgestellten Zellen, doch während die Zelle nur die Parameter für mögliche Kombinationen von Symmetrieoperationen der jeweiligen Einzelelemente, Motive oder Metamotive bestimmt, ist die Kachel ein eigenes polygonales Element der Mustererstellung, das auch leer bleiben kann.

Diese lückenlosen Parkettierungen können aus Vierecken mit mindestens zwei parallelen Seiten, gleichschenkligen oder gleichseitigen Dreiecken oder aus Sechsecken bestehen. Als Regel gilt, dass sich Kacheln nur dann lückenlos zu Parkettierungen, bestehend aus drei oder mehr Polygonen, zusammenfügen lassen, wenn die Summe der Winkel exakt 360° ergibt (entsprechend der Anzahl von Graden, die entstehen, wenn ein Radialstrahl in voller Kreisbewegung um sein Zentrum gedreht wird). Trotz dieser relativ überschaubaren Menge an verwendbaren Vielecken gehört die lückenlose Parkettierung zu einem der wertvollsten Instrumentarien bei der Erstellung von Wiederholungsmustern und bietet eine beeindruckende Anzahl von Möglichkeiten, in denen sich Kacheln auf einer zweidimensionalen Fläche zu Wiederholungsmustern ordnen lassen.

Semireguläre, lückenlose Kachelmuster entstehen durch die gleichzeitige Verwendung mehrerer Arten von Vielecken (zum Beispiel Kombinationen aus Achtecken und Quadraten), für unvollständige Parkettierungen, bei denen die Überdeckung der Ebene auch „Löcher" aufweisen darf, lassen sich sogar unregelmäßige Polygone, wie das Siebeneck verwenden. Und schließlich lassen sich Kachelmuster auch durch Kreuzen von zwei oder mehr Linienmustern erzielen.

Von allen Kapiteln dieses Buches bietet das Kapitel 4 wohl die meisten Anregungen, um die eigene Kreativität spielerisch auszuleben, selbst wenn man sich dabei auf nur einige wenige Grundformen der Geometrie beschränkt.

4.1 Parkettierung mit Vierecken

Quadrat-Kachelung

In Kapitel 3 wurde eingehend der Begriff der Zelle erläutert. Demnach versteht man unter einer Zelle die polygonalen Umgrenzungen der einzelnen Grundelemente von Wiederholungsmustern. Zellen können ein Einzelelement, Motiv oder Metamotiv enthalten. Den in diesem Kapitel behandelten Zellen wird dagegen kein Bild zugeordnet, das sich wiederholen kann, sie bleiben unverfüllt. Solche unverfüllten Zellen nennt man Kacheln. Aus diesem Grund werden die Kacheln hier schwarz umrandet dargestellt und nicht mit rotem Rand wie die Zellen. Natürlich ließe sich jeder Kachel ein beliebiges grafisches Bild zuordnen, egal, ob es sich dabei um eine Füllfarbe, eine Fotografie, einen Scan oder Blumendruck handelt.

Meist werden diese Blanko-Kacheln entsprechend einer der 17 in Kapitel 3 beschriebenen plansymmetrischen Operationen auf einer Ebene parkettiert, daneben lassen sich aber auch weitere, sehr viel unorthodoxere und kreativere Arrangements vorstellen. Wichtig ist letztlich nur, dass es sich dabei um Wiederholungsmuster handelt.

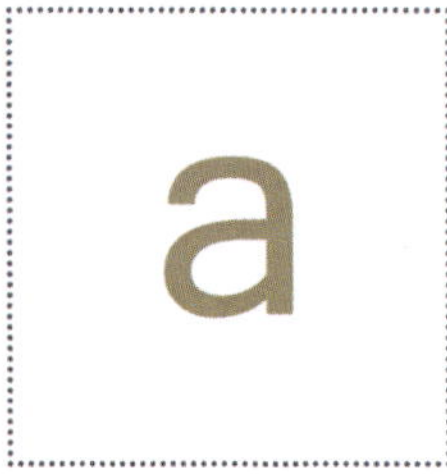

Zelle mit Einzelelement

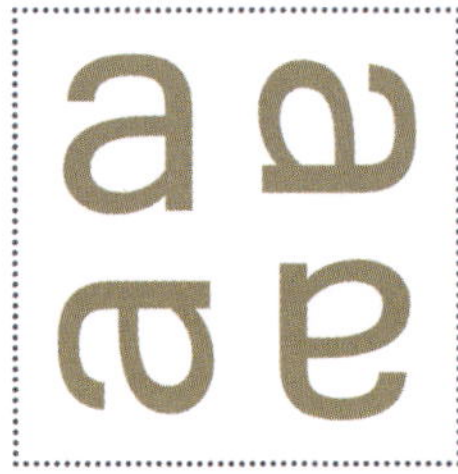

Zelle mit Motiv

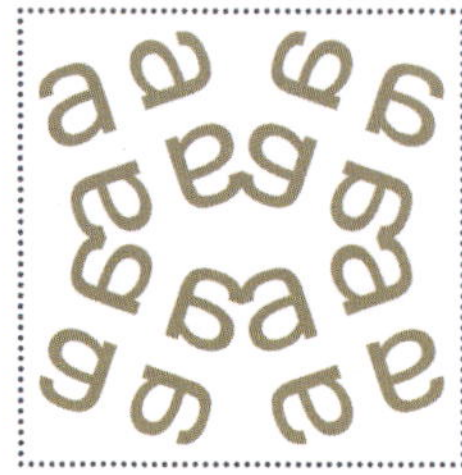

Zelle mit Metamotiv

Blanko-Kachel

Orthogonales Gittermuster

Die einfachste Form, Quadrate anzuordnen, ist das orthogonale Gitternetz. Die Abbildungen rechts zeigen einige mögliche Varianten, aber natürlich gibt es viele weitere Möglichkeiten der Kachelung. Ich habe bewusst auch einige Beispiele unvollständiger Parkettierung gewählt, bei denen Lücken zwischen den einzelnen Kacheln bleiben.

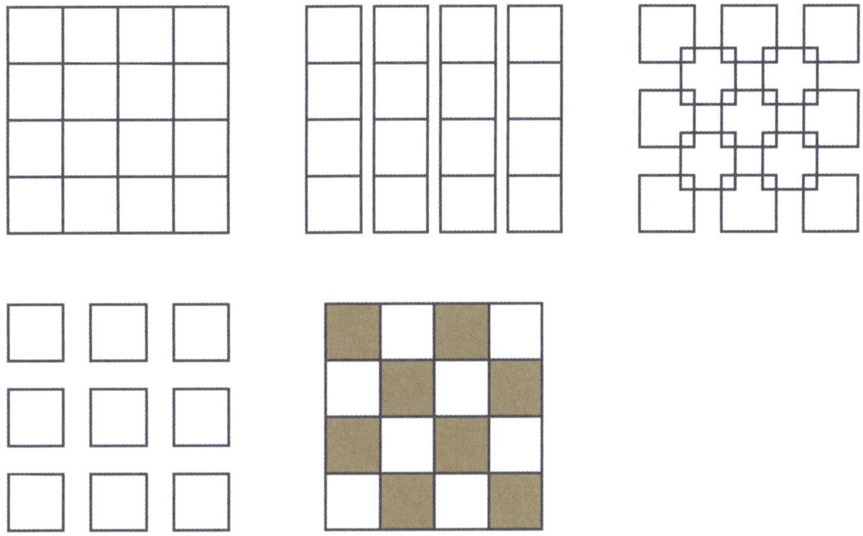

Versatzmuster

Anstatt die Quadrate in ordentliche Reihen zu setzen, kann man sie auch wie in den Beispielen rechts stufig versetzen, wodurch komplexere Musterrapporte entstehen.

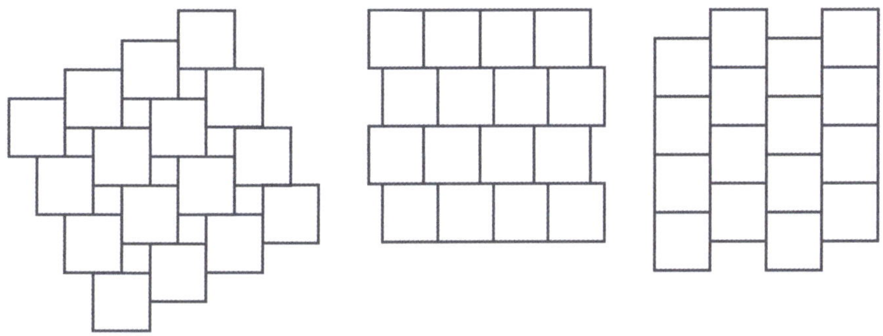

Schräg gestelltes Gittermuster

Es gibt keinen Grund, warum Kacheln immer entlang der horizontalen und vertikalen Linien verlaufen müssen, schließlich lassen sie sich in jedem beliebigen Winkel abbilden. Die meisten Muster dieser Art entstehen durch Drehung als Variation der oben abgebildeten orthogonalen Gittermuster bzw. Versatzmuster.

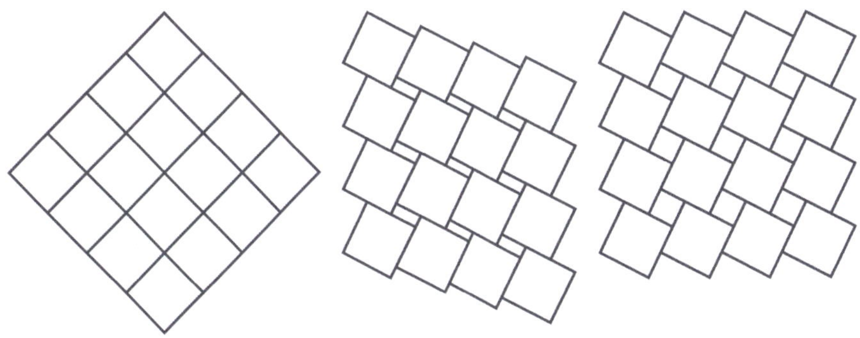

Rechteck-Kachelung

Rechtecke bieten vielfältigere Möglichkeiten, Wiederholungsmuster zu erstellen als Quadrate. Da sie über zwei unterschiedlich lange Seiten verfügen, ergeben sich auch mehr Varianten der Parkettierung: kurze Seite an kurze Seite, lange Seite an lange Seite, kurze Seite an lange Seite.

Rechts sind einige der gängigsten Rechteck-Kachelmuster abgebildet. Um schräg gestellte Gittermuster wie auf Seite 111 zu erstellen, genügt es, die Muster einfach nur zu drehen.

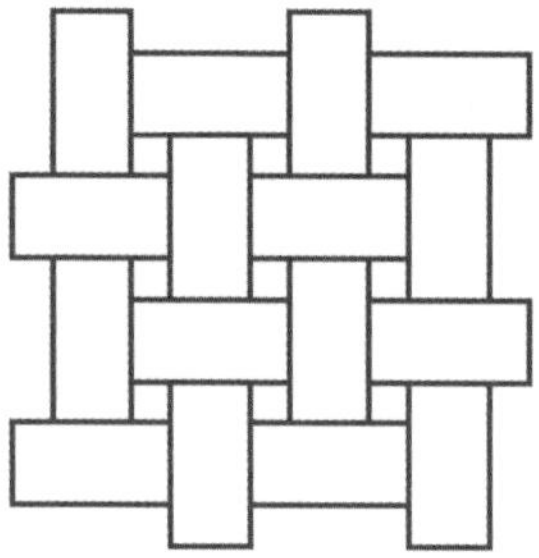

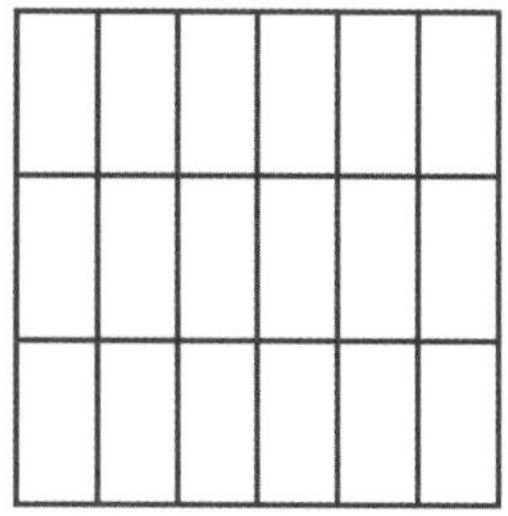

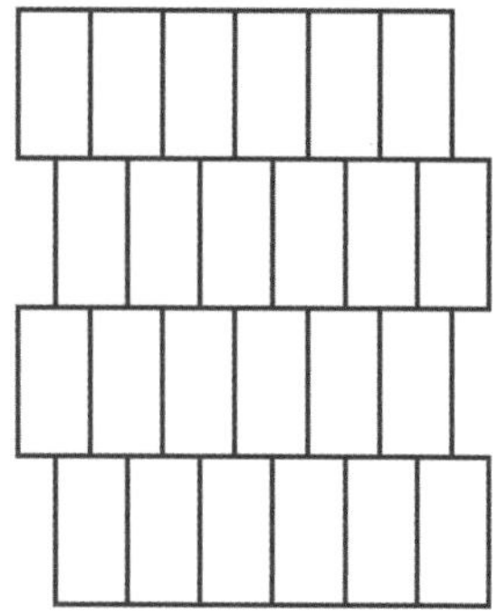

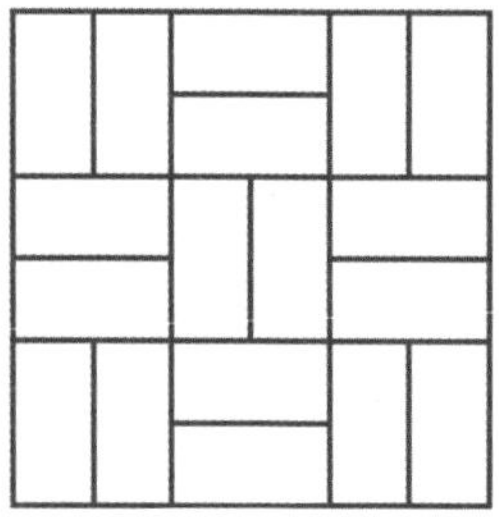

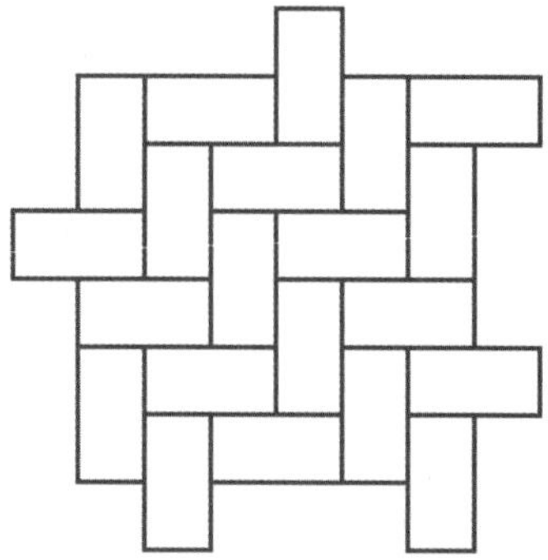

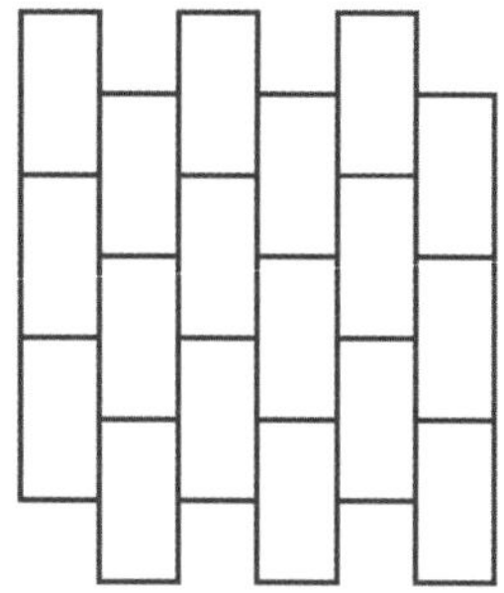

Rauten- und Trapez-Kachelung

Die schräg verlaufenden Seiten von rhombischen Kacheln erzeugen dynamischere Gittermuster als Quadrate oder Rechtecke. Sie sind eine gute Alternative für Designer, die sich am 90°-Winkel und dem allgegenwärtigen Quadratgitter satt gesehen haben.

Rhombische Kacheln können vier parallele Seiten haben (Raute) oder nur zwei (Trapez). Unregelmäßige Vierecke mit vier unterschiedlichen Winkeln und vier unterschiedlichen Seitenlängen lassen sich dagegen nicht lückenlos parkettieren.

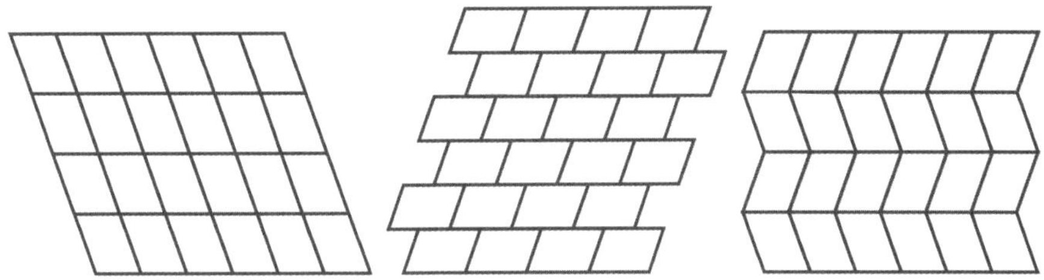

Rauten

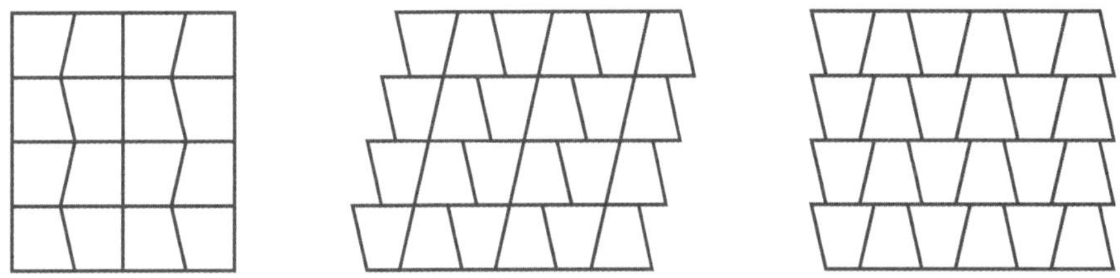

Trapeze

4.2 Parkettierung mit Dreiecken

Dreieckige Kacheln bieten mindestens ebenso viele, wenn nicht sogar mehr Gestaltungsmöglichkeiten als die gängigeren Vierecke, außerdem erzeugen sie ungewöhnlichere Geometrien. Durch Drehung und Spiegelung der Zelleninhalte lassen sich noch mehr Wiederholungsmuster erstellen.

Gleichseitige Dreieck-Kachelung
Gleichseitige Dreiecke lassen sich am einfachsten parkettieren, da alle Seiten und Winkel gleich sind.

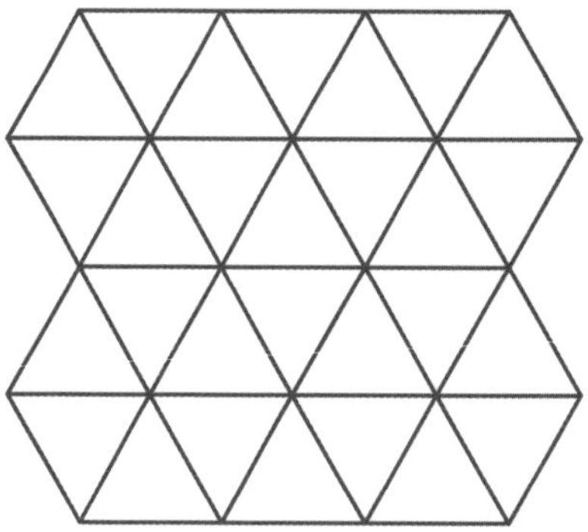

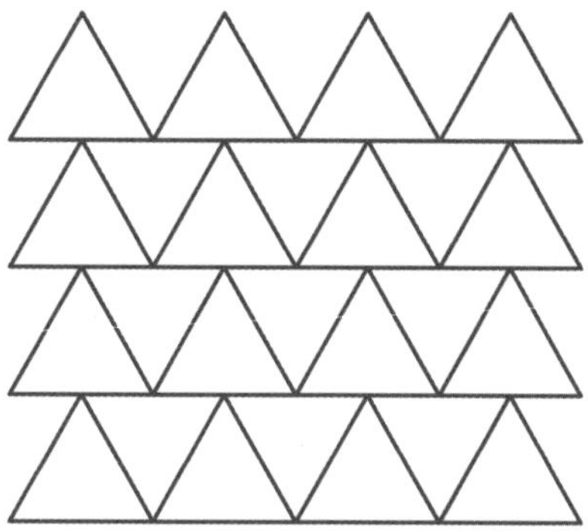

Gleichschenklige Dreieck-Kachelung
Durch gedankliches Ziehen oder Drücken von gleichseitigen Dreiecken entstehen Dreiecke, die länger oder kürzer, breiter oder schmaler sind. Auch diese gleichschenkligen Dreiecke, die über zwei gleiche Seiten und zwei gleiche Winkel verfügen, lassen sich gut parkettieren. Zwei der vielen möglichen Varianten sind rechts abgebildet.

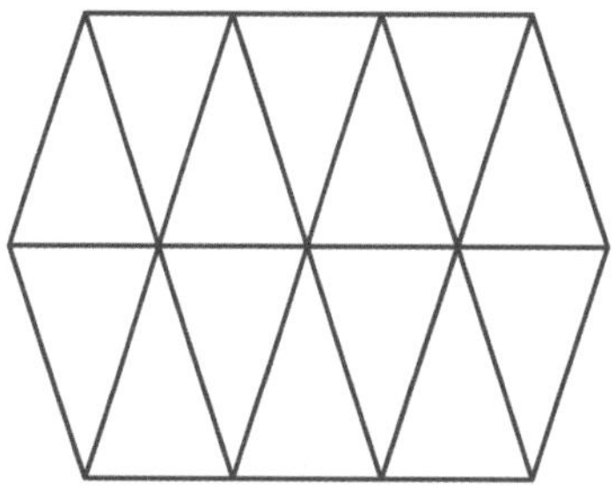

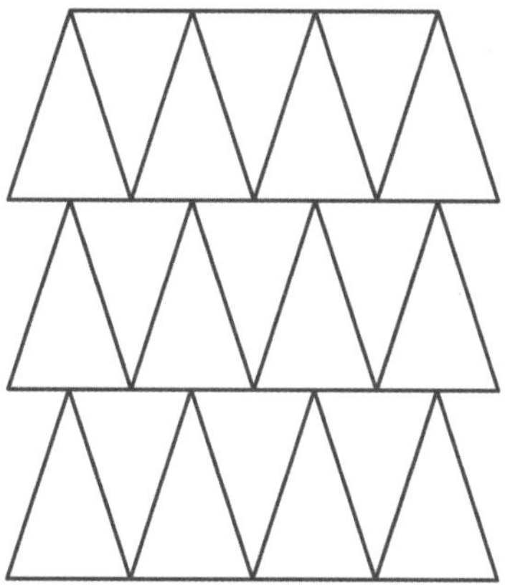

Unregelmäßige Dreieck-Kachelung

Selbst unregelmäßige Dreiecke, bei denen alle drei Seiten und Winkel unterschiedlich sind, lassen sich parkettieren. Für lückenlose Parkettierungen müssen die Dreiecke allerdings als Reihe oder Säule angeordnet werden.

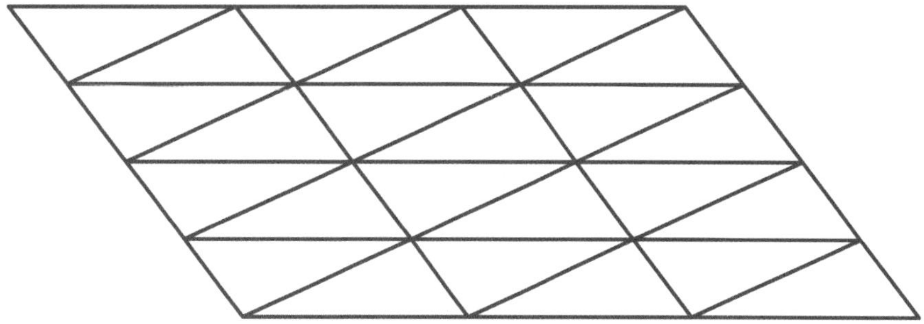

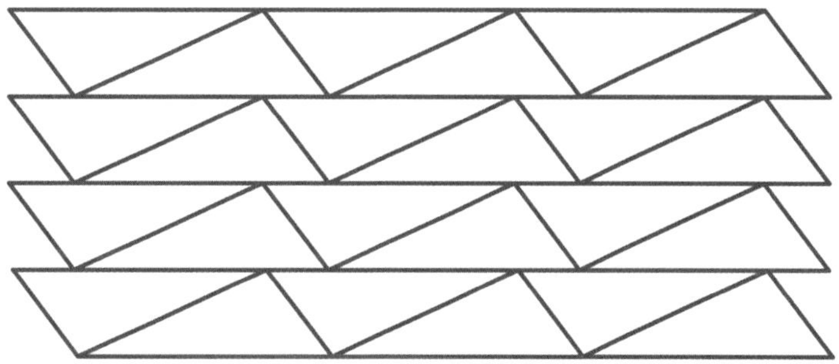

Kachelung mit geteilten Quadraten

Ein Quadrat lässt sich auf unterschiedlichste Weise in identische Dreieckkacheln teilen, welche sich wiederum auf vielfältige Art und Weise zu einem Wiederholungsmuster auf einer Ebene parkettieren lassen. Identische Dreieckkacheln lassen sich auch durch die Teilung von Sechsecken erzielen, ebenso können Dreiecke in noch kleinere identische Dreiecke unterteilt werden. Unterschiedlich geformte Dreiecke erhält man bei der Teilung von gleichschenkligen oder unregelmäßigen Dreiecken und von Rechtecken oder unregelmäßigen Vierecken, selbst Achtecke oder Vielecke von noch höherer Ordnung lassen sich in Dreiecke unterteilen.

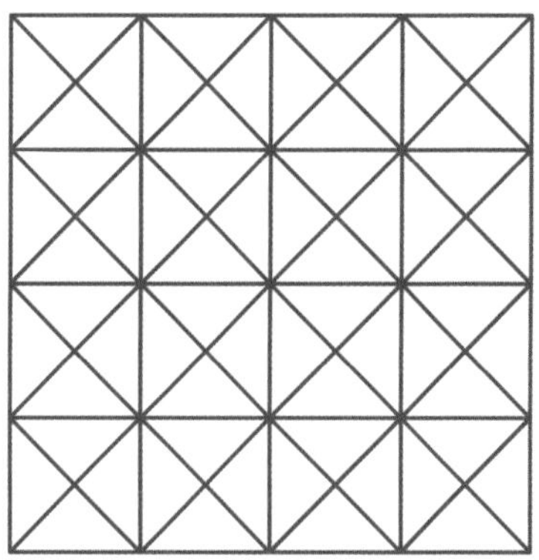

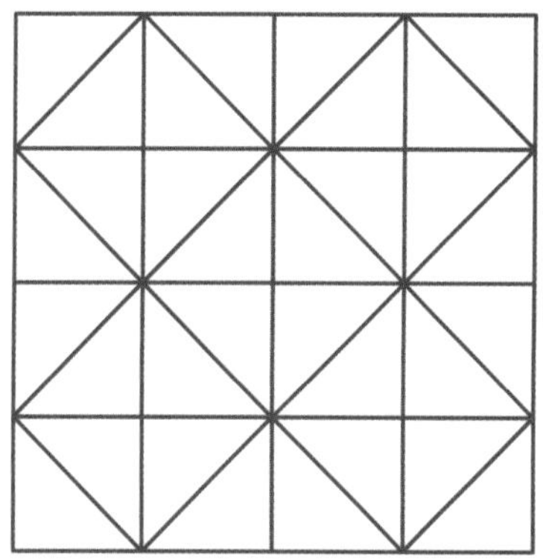

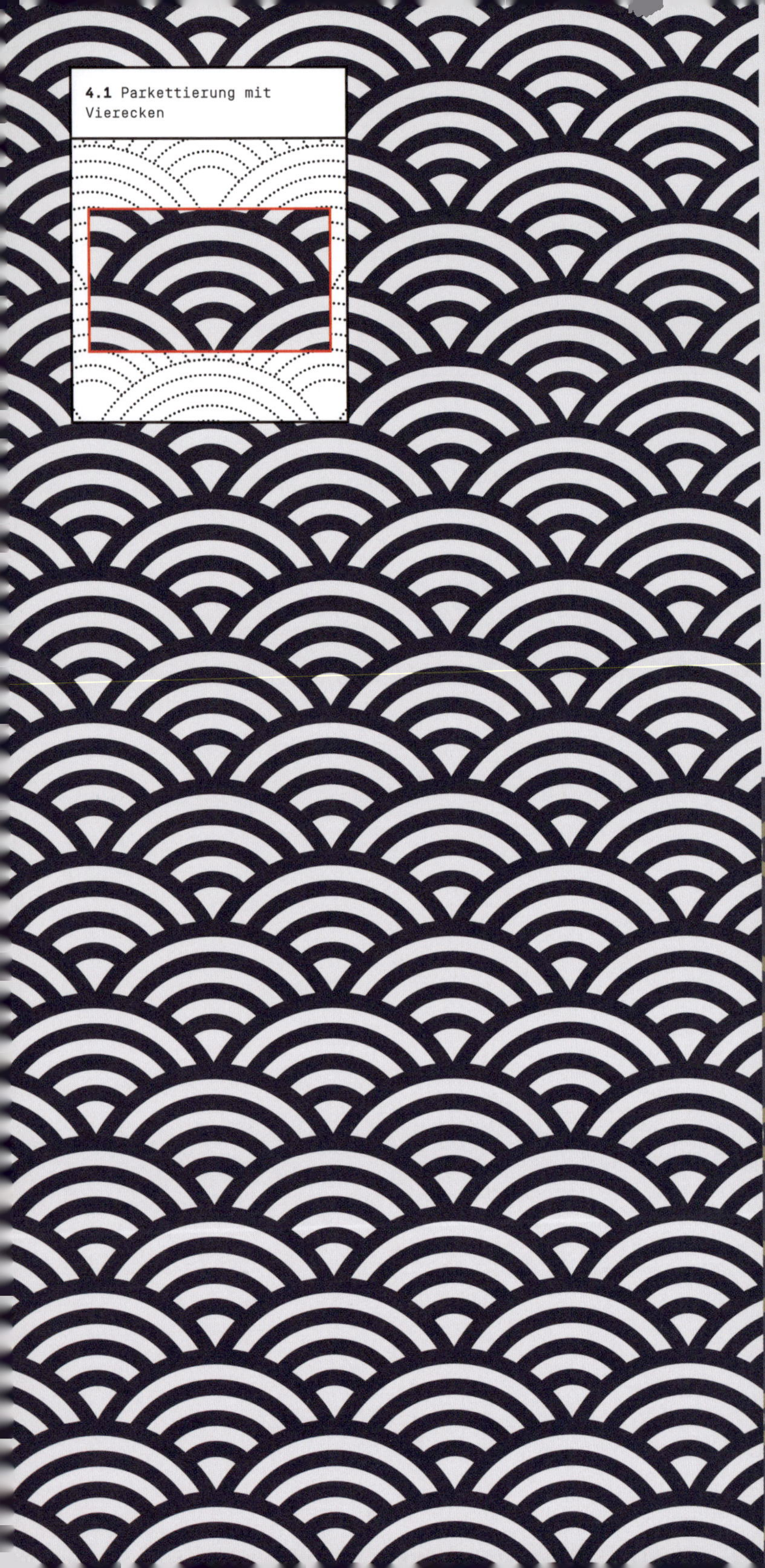

4.1 Parkettierung mit Vierecken

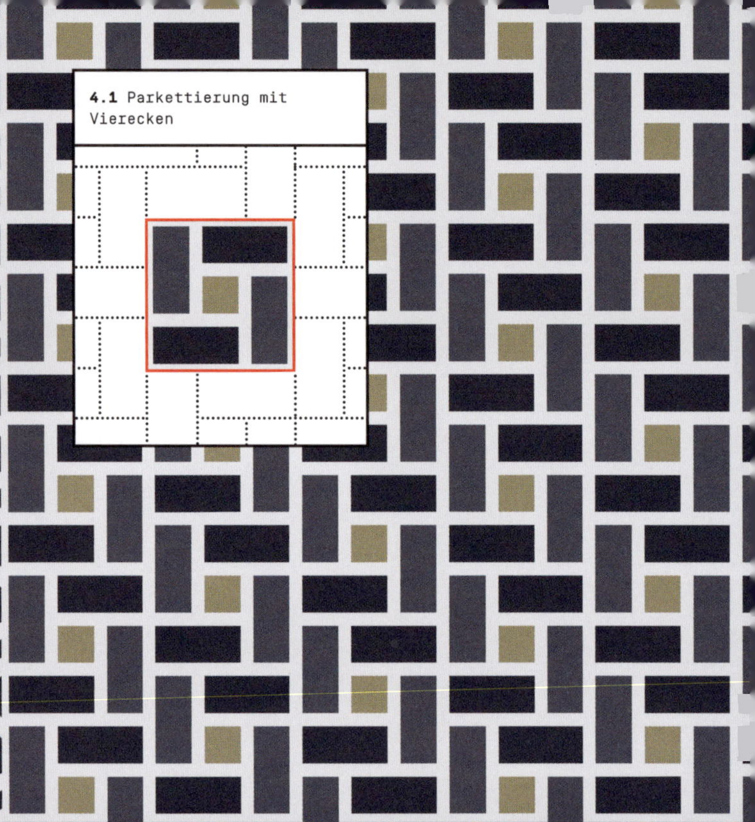

4.1 Parkettierung mit Vierecken

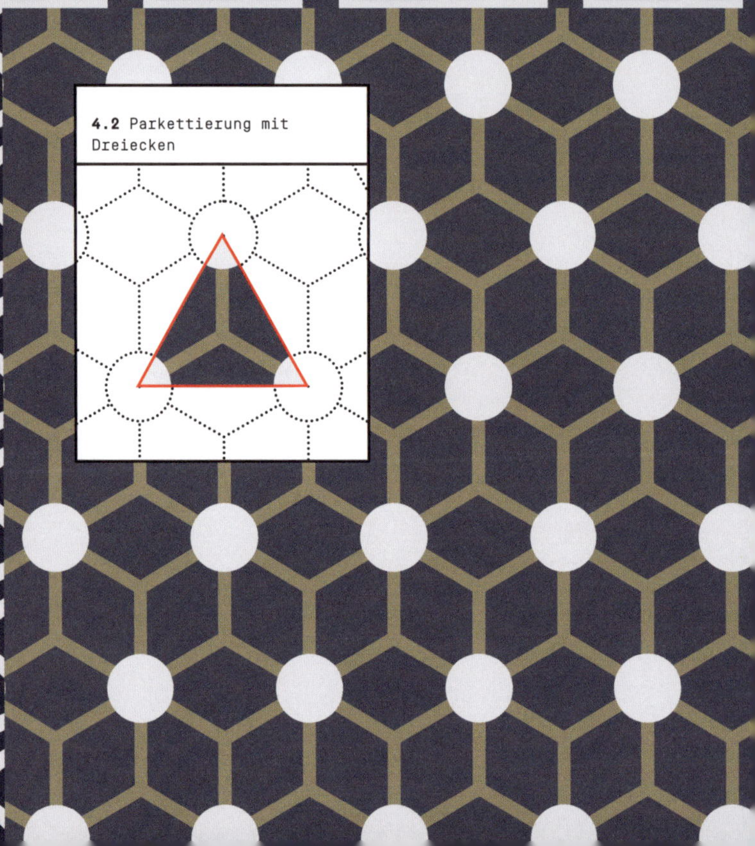

4.2 Parkettierung mit Dreiecken

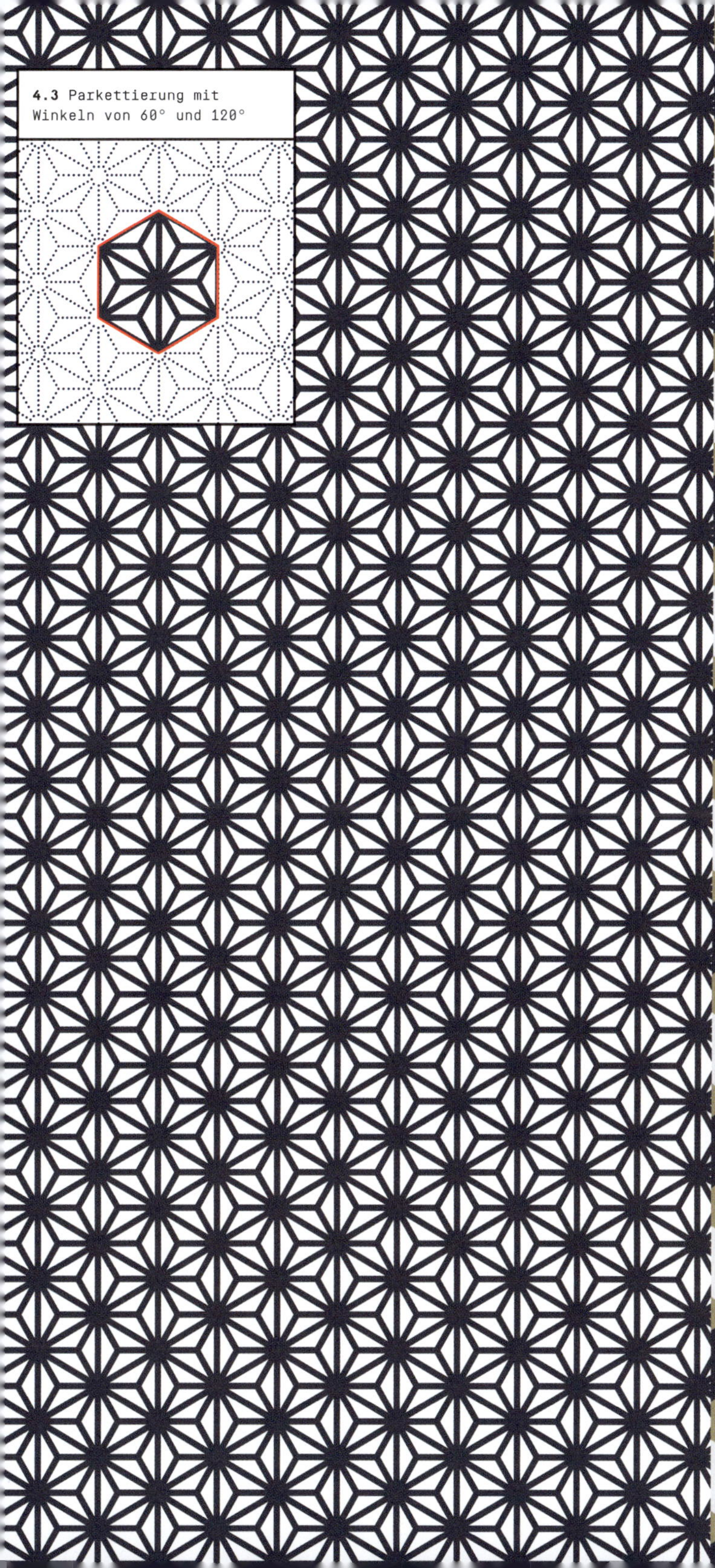

4.3 Parkettierung mit Winkeln von 60° und 120°

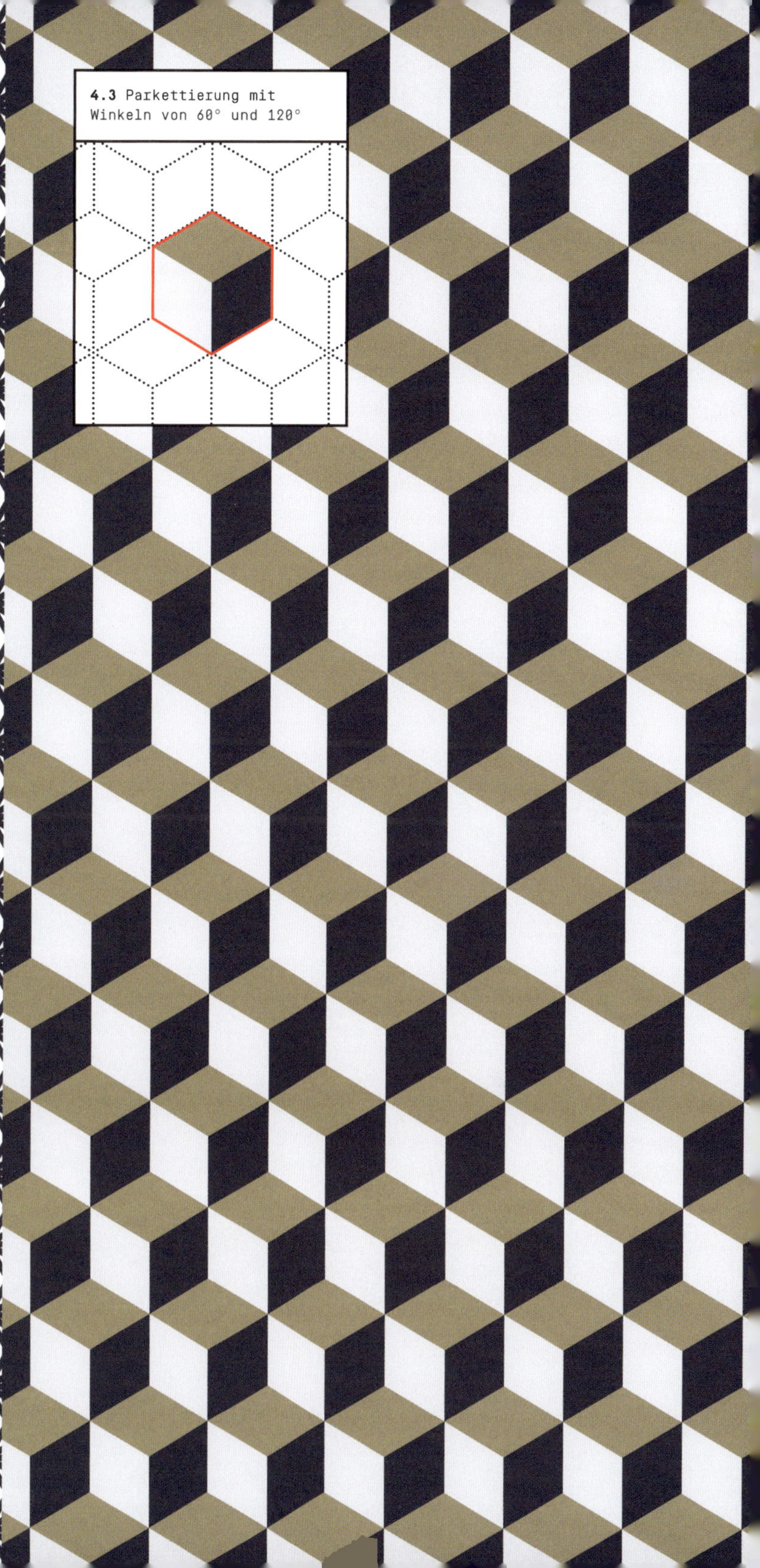

4.3 Parkettierung mit Winkeln von 60° und 120°

4.3 Parkettierung mit Winkeln von 60° und 120°

Ein regelmäßiges Sechseck weist sechs 120°-Innenwinkel auf, das entspricht exakt dem doppelten Wert der 60°-Innenwinkel von gleichseitigen Dreiecken. Diese beiden Vielecke stehen also in einer engen geometrischen Beziehung und lassen sich zu vielfältigen, auf Grundlage dieser beiden Innenwinkel aufgebauten Kachelmustern arrangieren.

Reine Sechseck-Kachelung
Sechsecke lassen sich lückenlos über eine plane Fläche parkettieren. Man kann sie aber auch so parkettieren, dass sie sich an den Ecken oder Seiten überlappen, wodurch interessante Parkettierungen aus Rauten unterschiedlicher Größe mit je 120° und 60° Innenwinkeln entstehen. Rechts abgebildet sind einige wenige Beispiele. Das obere linke Beispiel ist sofort zu erkennen, es zeigt einfach aneinandergesetzte Sechsecke. Der Aufbau der anderen Muster erschließt sich dagegen wohl erst auf den zweiten Blick.

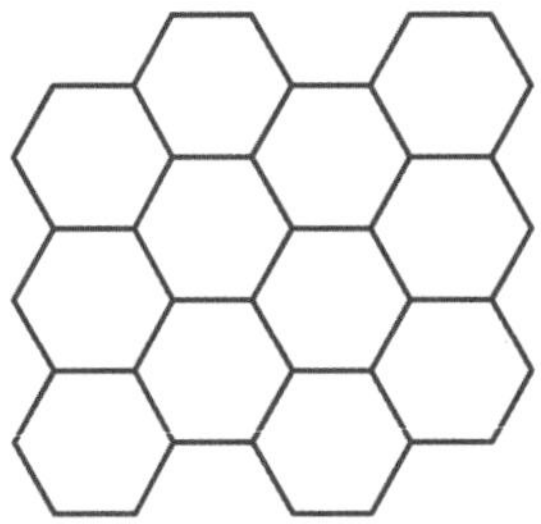

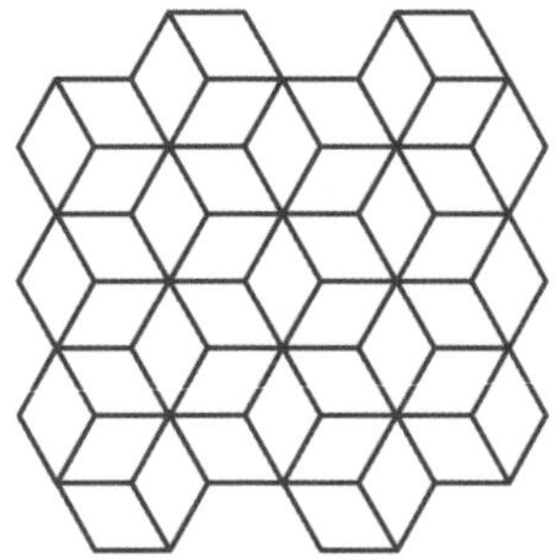

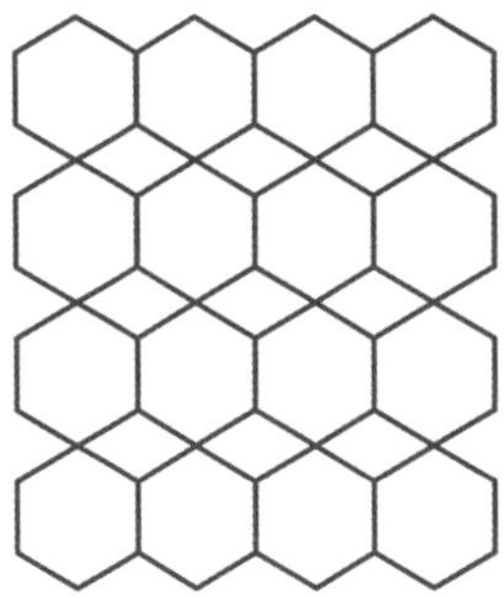

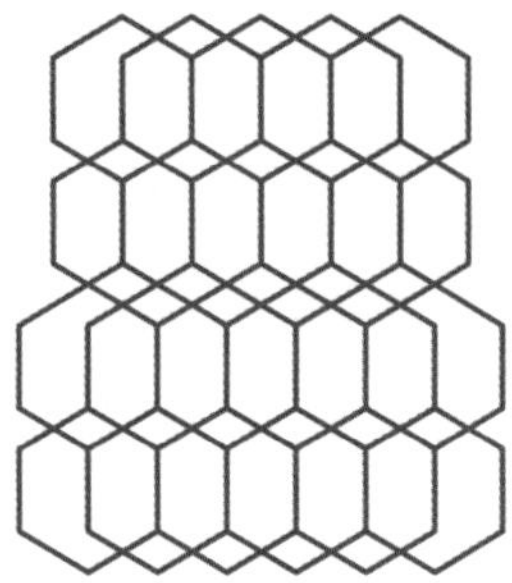

Gleichseitige Dreieck-Kachelung
Auch Kombinationen aus gleichseitigen Dreiecken lassen sich in vielen Konfigurationen zu dreieckigen, rhombischen oder sechseckigen Kachelmustern arrangieren. Wie bei den oben abgebildeten Sechseck-Parkettierungen kann es auch hier einen Moment dauern, bis man die Muster entschlüsselt und alle gleichseitigen Dreiecke entdeckt hat.

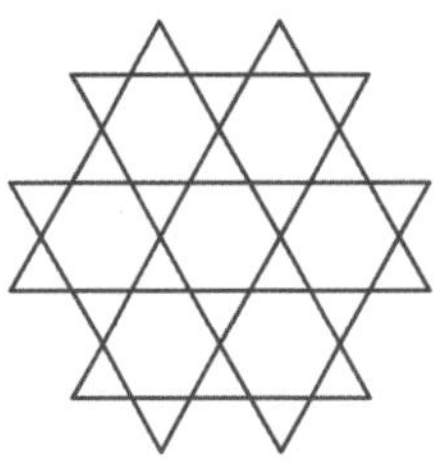

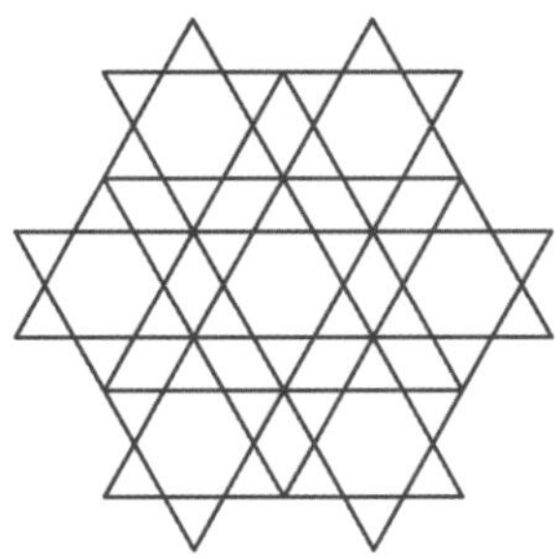

Kachelung mit Dreieckkombinationen

Gleichseitige Dreiecke lassen sich in unterschiedliche kleinere Dreiecke unterteilen, die sich wiederum lückenlos parkettieren lassen.

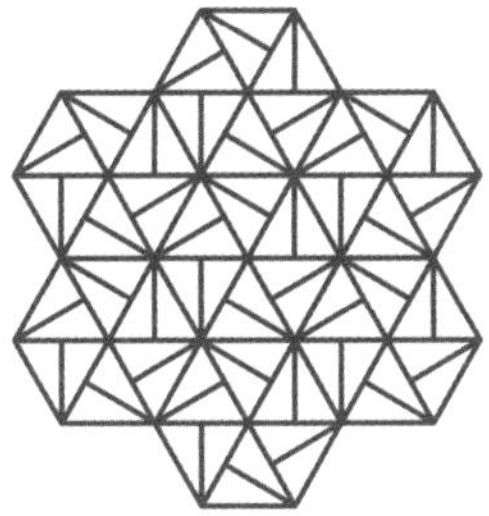

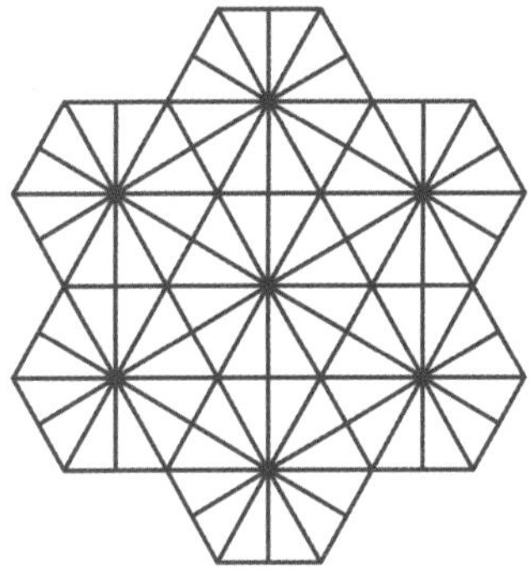

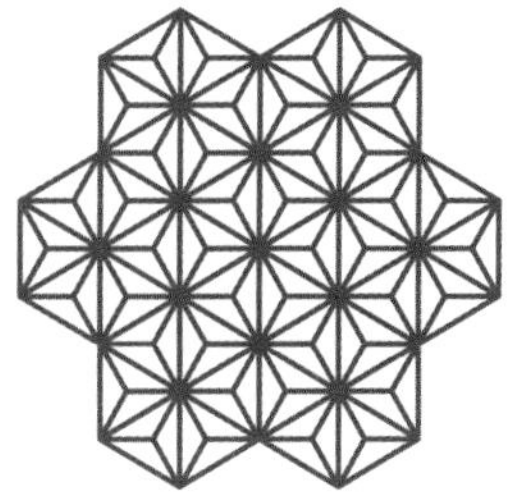

Drehsymmetrische Kachelung

Interessante Parkettierungen lassen sich mithilfe der Drehsymmetrie (vgl. Seite 22) erzielen. Hierbei wird das Kachelmuster rund um einen zentralen Punkt aufgebaut und dann nach außen bzw. innen vervielfältigt. Die Parkettierung erfolgt also nicht durch Wiederholung identischer Kacheln, sondern durch progressive Vergrößerung bzw. Verkleinerung der Kacheln. Drehsymmetrische Kachelungen fallen in den Bereich der fraktalen Geometrie, bei der sich Muster in unterschiedlichen Größen wiederholen.

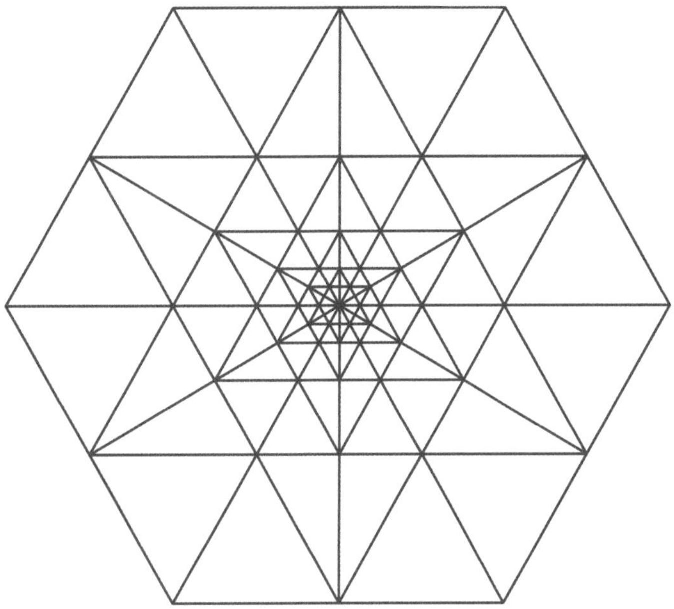

4.4 Semireguläre Parkettierung

Semireguläre Muster entstehen, wenn eine Fläche aus zwei oder mehr unterschiedlich geformten aber regelmäßigen Polygonen parkettiert wird. Durch diese Erweiterung der Grundregel von Parkettierung (bei der ja nur eine Art von Vieleck verwendet werden darf) entstehen viele neue, interessante Parkettierungsmöglichkeiten. Während sich bei der regulären Parkettierung nur wenige geometrische Grundformen nutzen lassen, ist die Anzahl der verwendbaren Polygone bei der semiregulären Parkettierung erheblich größer. Allerdings gibt es auch hier Einschränkungen. So müssen die verwendeten Vielecke (Dreiecke, Quadrate, Sechsecke, Achtecke oder sonstige Vielecke, wie das zwölfseitige Dodekagon) regelmäßig sein, da sich nur aus diesen lückenlose Wiederholungsmuster erzeugen lassen. Faszinierenderweise entstehen dabei Kachelmuster, bei denen alle Kachelseiten dieselbe Seitenlänge aufweisen.

Für die Rapporterstellung können die verschiedenen Kachelarten mit jeweils unterschiedlichen Motiven ausgefüllt werden. Diese Variationen in Farbe und Oberflächenstruktur lassen sogenannte doppelte Muster entstehen. Alternativ kann man aber auch eine oder zwei der verwendeten Vieleckformen leer lassen. Zudem können die Kacheln entsprechend den in Kapitel 3 behandelten Prinzipien gedreht und/oder gespiegelt werden.

Kachelung mit zwei Vielecken

Bei den abgebildeten Beispielen werden je zwei Arten von gleichseitigen Vielecken kombiniert, um die Ebene lückenlos zu parkettieren. Meist werden gleichseitige Dreiecke verwendet, die sich dank der recht kleinen 60°-Winkel in vielfältigerer Form parkettieren lassen als Polygone mit größeren Winkelgraden.

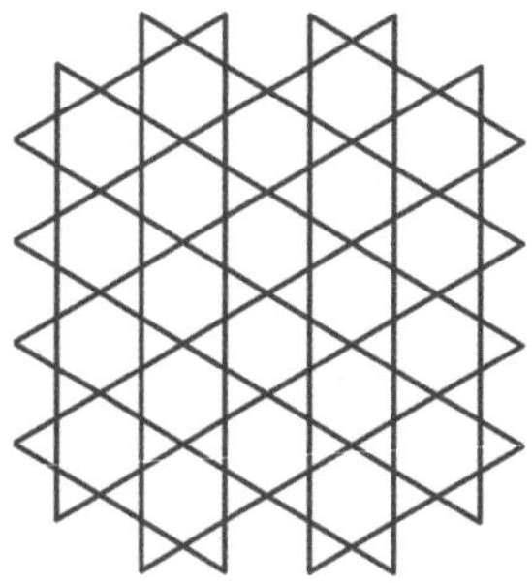

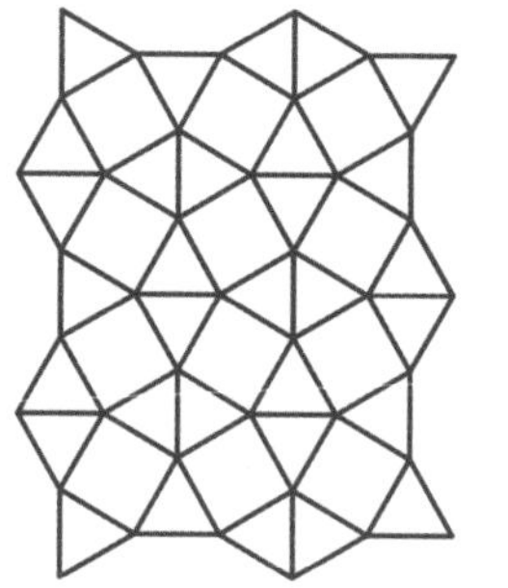

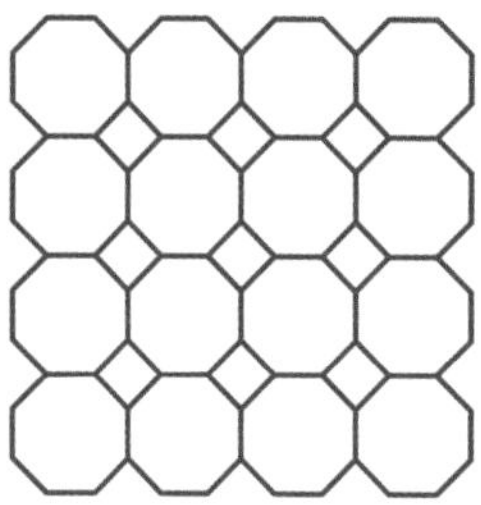

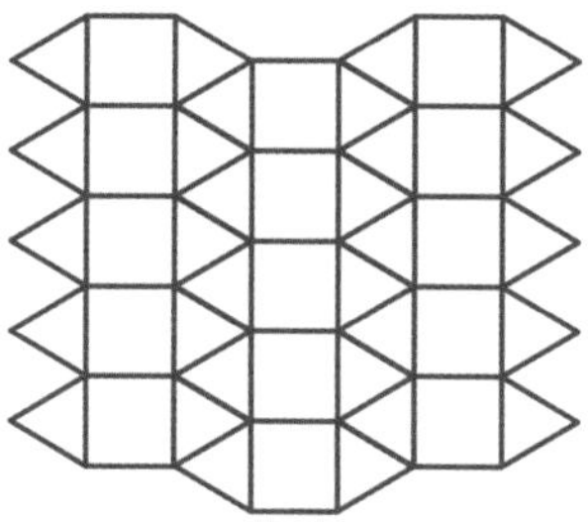

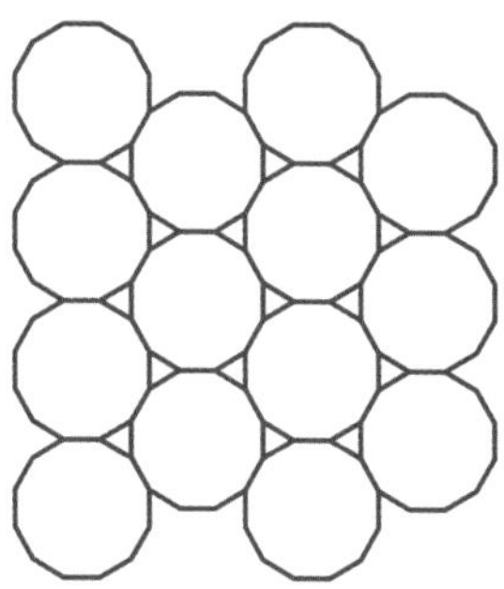

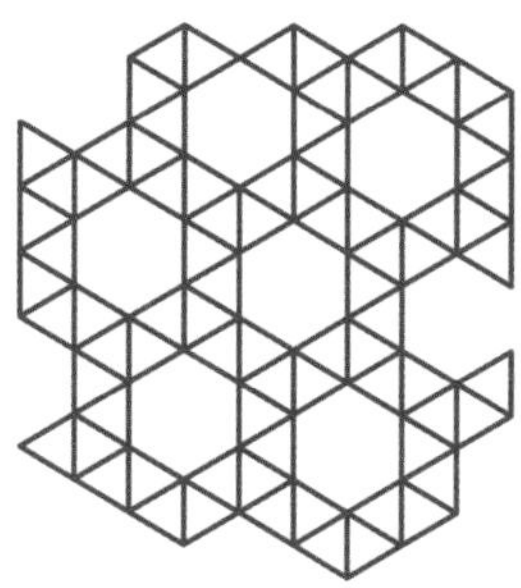

Kachelung mit drei Vielecken

In einigen wenigen Fällen lassen sich lückenlose Parkettierungsmuster auch aus drei regelmäßigen Polygonen erzeugen. Für die Rapporterstellung können für die drei Formen je drei unterschiedliche Motive verwendet werden, es ist aber auch möglich, eines der drei verwendeten Polygone leer zu lassen. Die Anzahl fantasievoller und komplexer Wiederholungsmuster, die sich auf diese Weise erstellen lassen, ist praktisch unendlich.

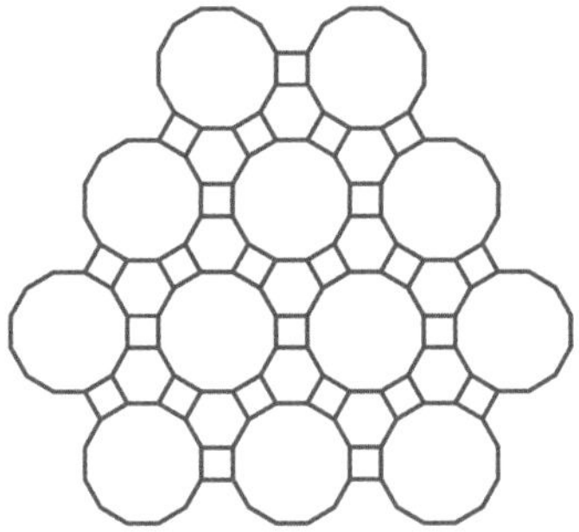

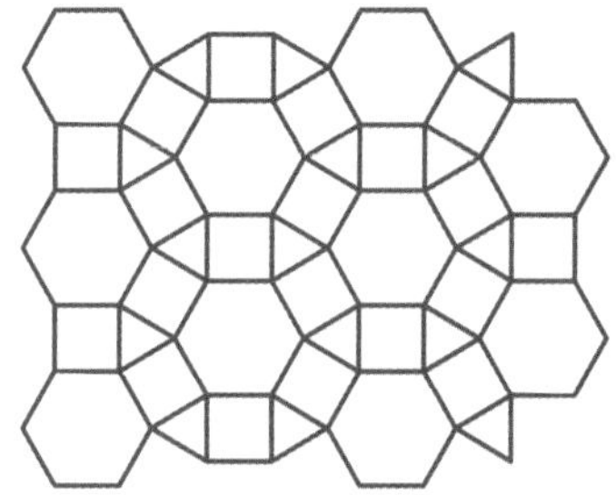

Kachelung mit sonstigen Vieleckformen

Es gibt viele Polygone, die sich gut für Parkettierungen eignen. Ein Beispiel ist das rechts abgebildete Fünfeck-Muster. Die dabei verwendete Fünfeckkachel ist nicht einmal regelmäßig, sondern weist Winkel von 135°, 90°, 112,5° und 90° auf. Durch Drehung und Wiederholung entstehen Muster, die den auf Seite 118 besprochenen Kachelmustern ähneln und aussehen, als bestünden sie aus sich überlappenden Sechsecken.

Fünfecke lassen sich auch in drei Dreiecke unterteilen. Zwei der Dreiecke weisen Winkel von 45°, 45° und 90° auf, ein Dreieck besteht aus Winkeln von 67,5°, 67,5° und 45°. Diese Dreiecke lassen sich zu vielen verschiedenen Parkettierungen kombinieren, aus welchen sich wiederum ganze Serien von größeren Dreiecken, Quadraten, Rauten, Trapezen, deltaförmigen Gebilden und anderen Vieleckformen erzeugen lassen. Die Anzahl ungewöhnlicher Kachelmuster, die sich auf diese Weise zusammenstellen lassen, ist praktisch unendlich. Einige wenige sind hier rechts abgebildet.

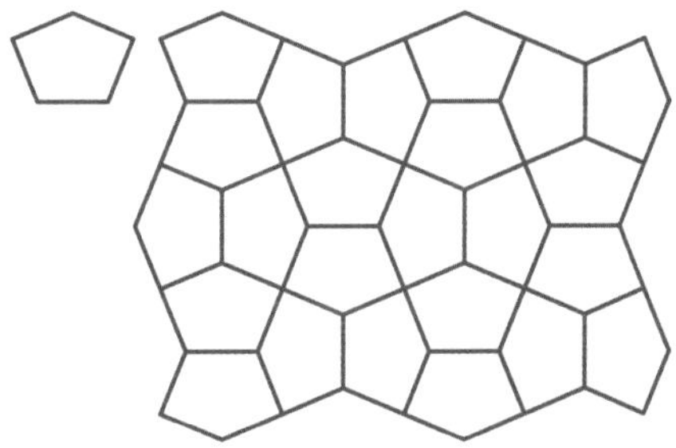

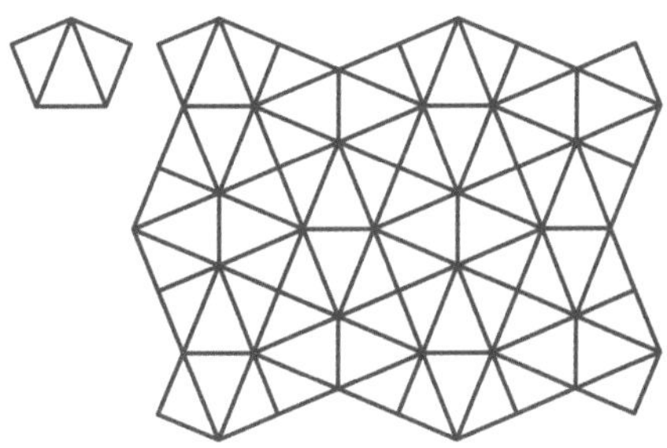

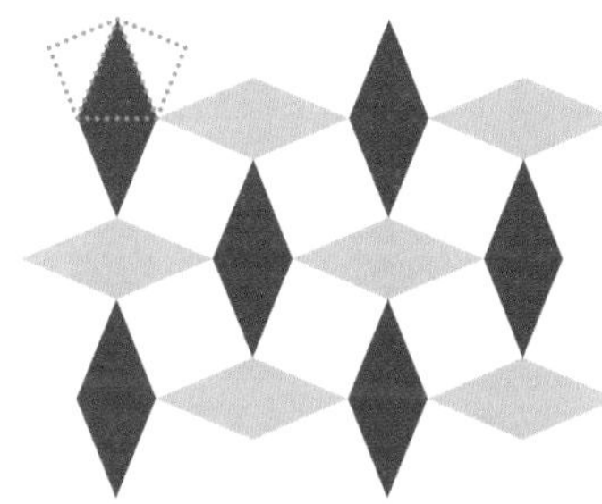

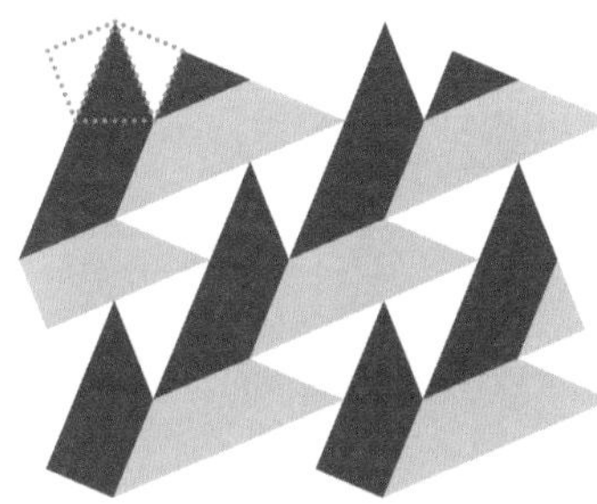

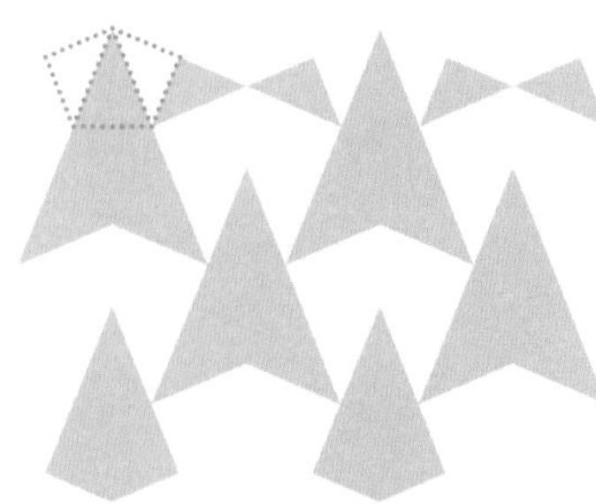

4.5 Nicht lückenlose Parkettierung

Man kann Polygone auch so parkettieren, dass unregelmäßig geformte Lücken zwischen ihnen entstehen. Diese nicht lückenlosen Parkettierungsmuster, die entweder Eck an Eck oder Seite an Seite erfolgen, sind eine echte ästhetische Alternative, da sie sehr komplexe Musterbeziehungen schaffen, welche über lückenlose Parkettierungen schwer zu erzielen sind. Wie bei der lückenlosen Parkettierung gilt auch hier, dass sich nur bestimmte Vieleckformen miteinander verbinden lassen, die Möglichkeiten der Mustererstellung sind also auch bei dieser Vorgehensweise begrenzt. Im Folgenden werden einige Beispiele vorgestellt, aber natürlich lassen sich daneben noch viele weitere Varianten finden. Die hier gezeigten Wiederholungsmuster präsentieren Vielecke, die entlang der Seiten zusammengebaut wurden. Weitaus mehr Kachelmuster lassen sich durch Parkettierungen erzeugen, bei denen Ecken auf Kanten stoßen oder bei denen die einzelnen Kacheln frei im Raum schweben ohne sich zu berühren.

Fünfeck-Kachelung

Die 108°-Winkel eines regelmäßigen Pentagons lassen sich nicht auf 360° summieren, daher ist es unmöglich, Fünfecke auf einer Ebene zu parkettieren, ohne dass Lücken dazwischen entstehen. Nichtsdestotrotz lassen sich aus Fünfecken Wiederholungsmuster von großer Komplexität erzeugen. Das rechte der beiden nebenstehend abgebildeten Muster ist ein Beispiel für eine Drehsymmetrie der Ordnung 5 (vgl. Seite 23), das sich bis ins Unendliche nach außen vervielfältigen ließe.

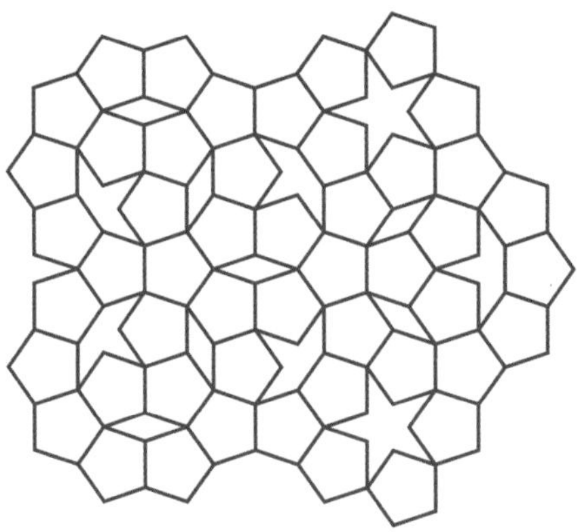

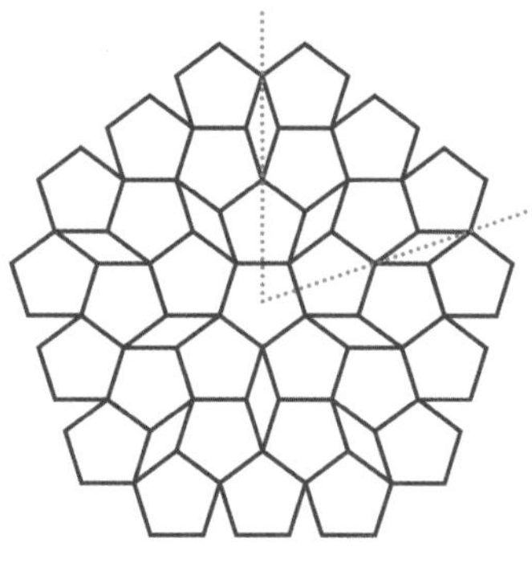

Siebeneck-Kachelung

Das Siebeneck ist das ungeliebte Stiefkind unter den Vielecken. Wegen seiner Asymmetrie und der schwer zu handhabenden Innenwinkel von 51,428° wird es selten verwendet. Dennoch lässt sich auch das Siebeneck parkettieren, auch wenn dabei Lücken zwischen den Heptagonen entstehen. Auf der Suche nach ungewöhnlichen Wiederholungsmustern sollten Sie das Parkettierungspotential von Siebenecken erforschen – interessante Ergebnisse sind garantiert.

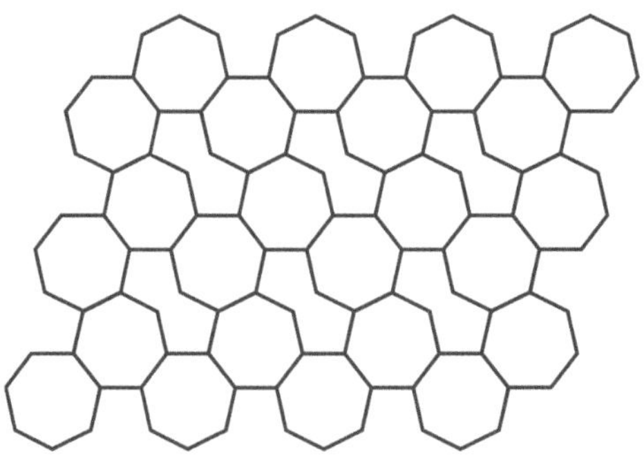

Neun- und Zehneck-Kachelung

Auch Neun- und Zehnecke lassen sich zu nicht lückenlosen Kachelmustern parkettieren, allerdings bieten sie weniger Variationsmöglichkeiten als das Siebeneck. Selbst Vielecke mit 11, 13 oder mehr Seiten lassen sich parkettieren, sofern man Lücken akzeptiert. Jedoch lassen sich bei diesen hohen Eckzahlen Wiederholungsmuster zunehmend schwieriger realisieren und auch die Zahl der Kombinationsmöglichkeiten nimmt rapide ab.

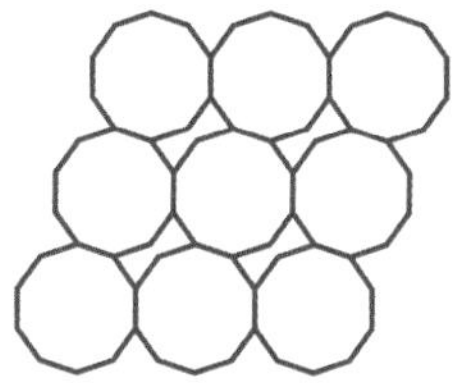

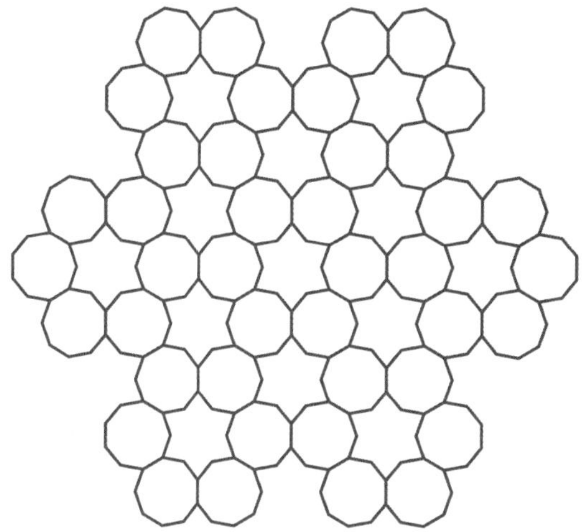

Kachelung mit Vieleckkombinationen

Bei dem abgebildeten Beispiel wurden Quadrate und Sechsecke so parkettiert, dass in den Lücken sternförmige Gebilde entstanden. Das Muster ließe sich alternativ aber auch als Sechseck-Kachelung beschreiben, bei der als Zwischenräume zwischen den Sechsecken jeweils Quadrate und Sterne entstehen. Daneben gibt es noch viele weitere Kombinationsmöglichkeiten von zwei oder mehr Polygonen, aus denen sich nicht lückenlose Wiederholungsmuster erzeugen lassen.

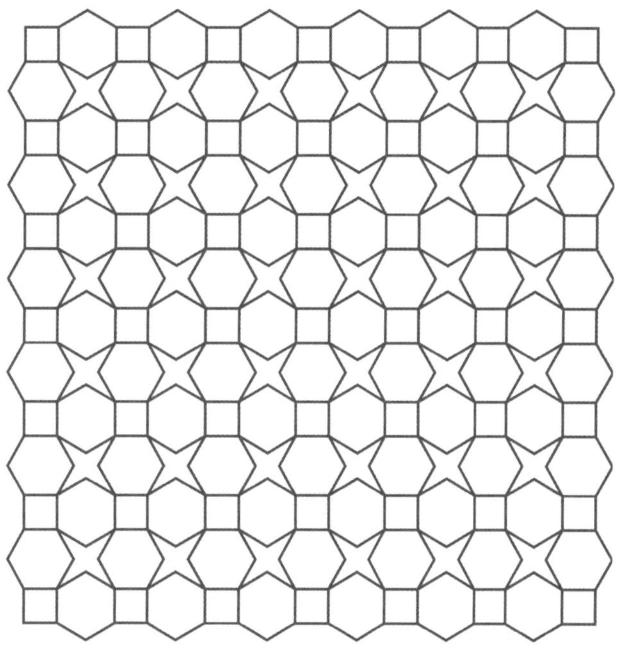

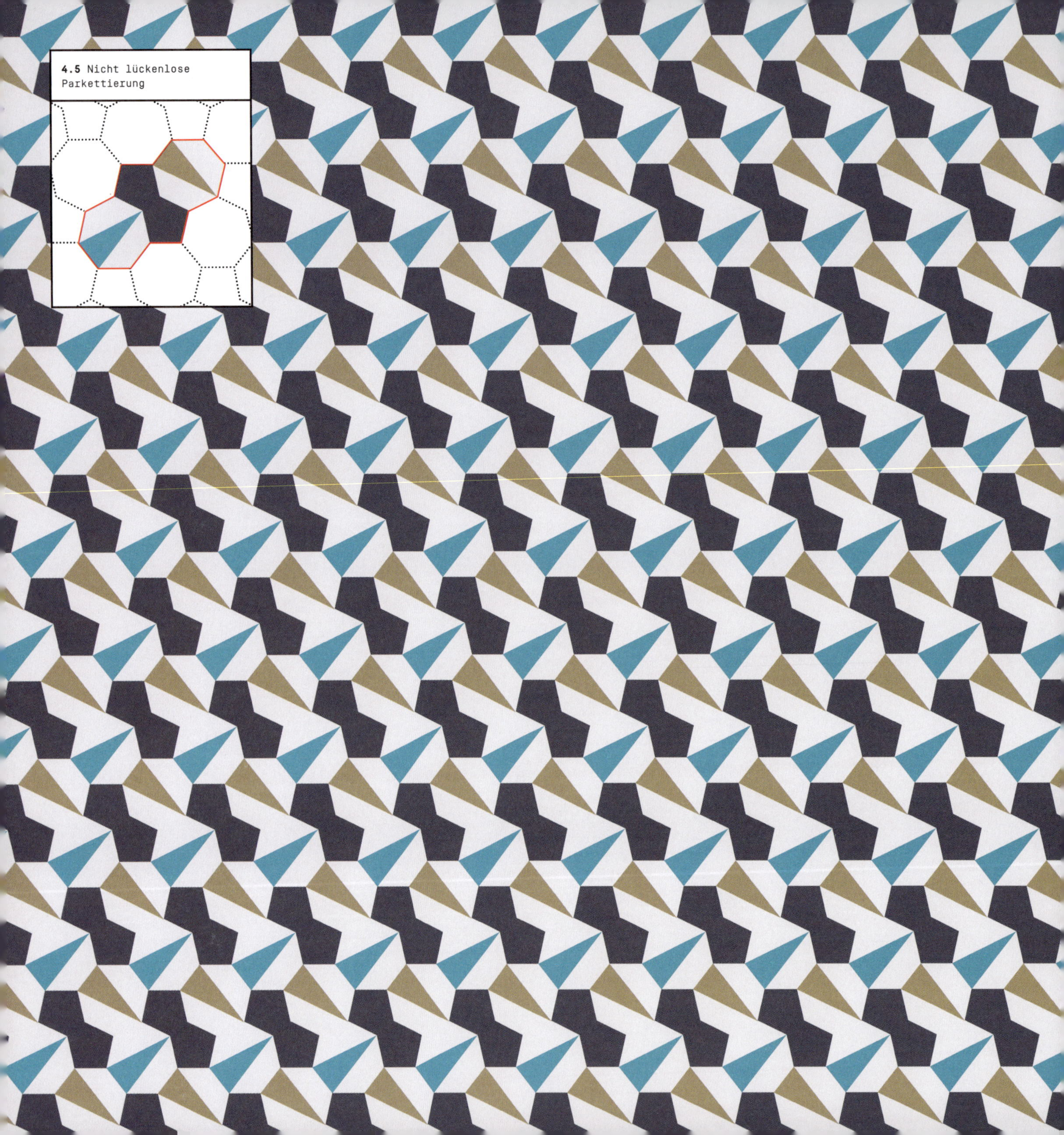

4.5 Nicht lückenlose Parkettierung

4.6 Parkettierung mit gekreuzten Linienmustern

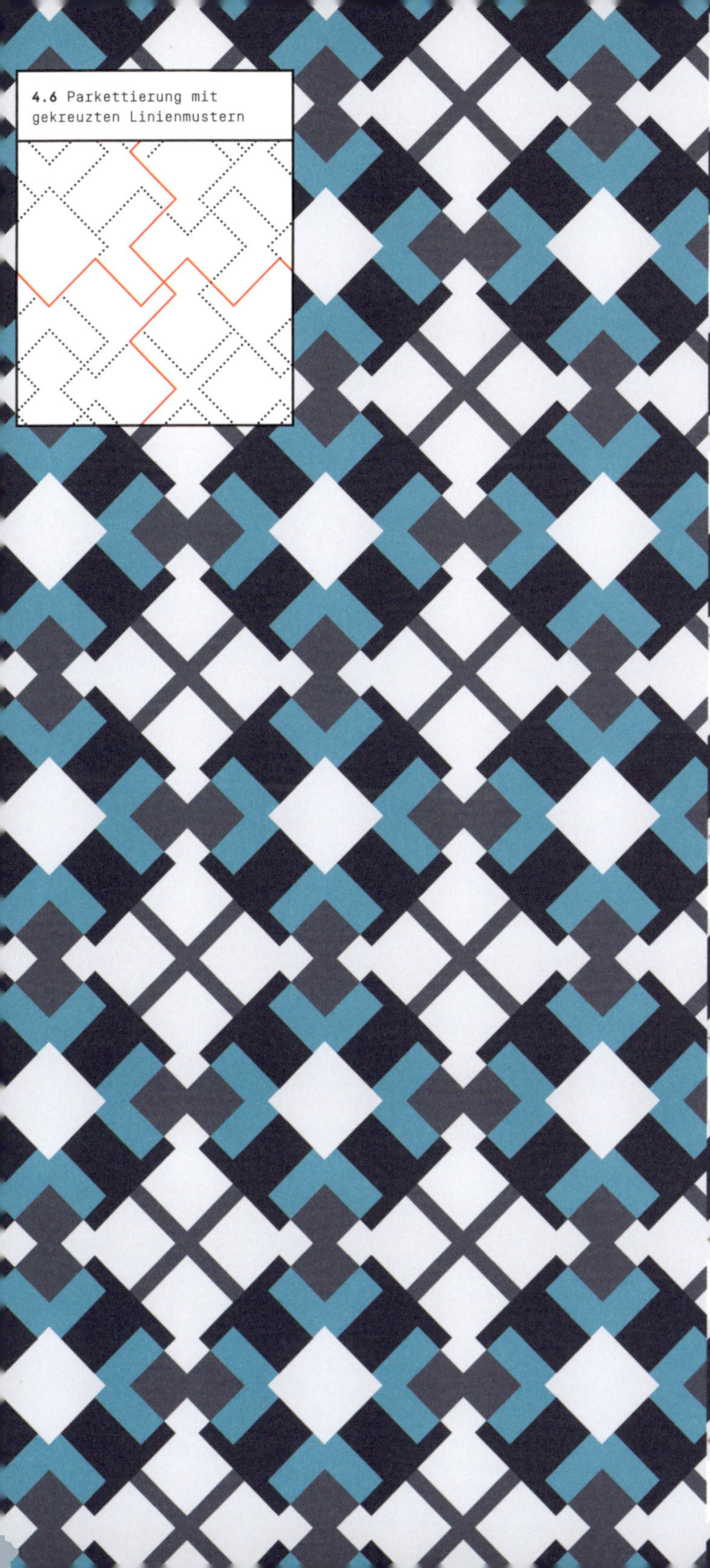

4.6 Parkettierung mit gekreuzten Linienmustern

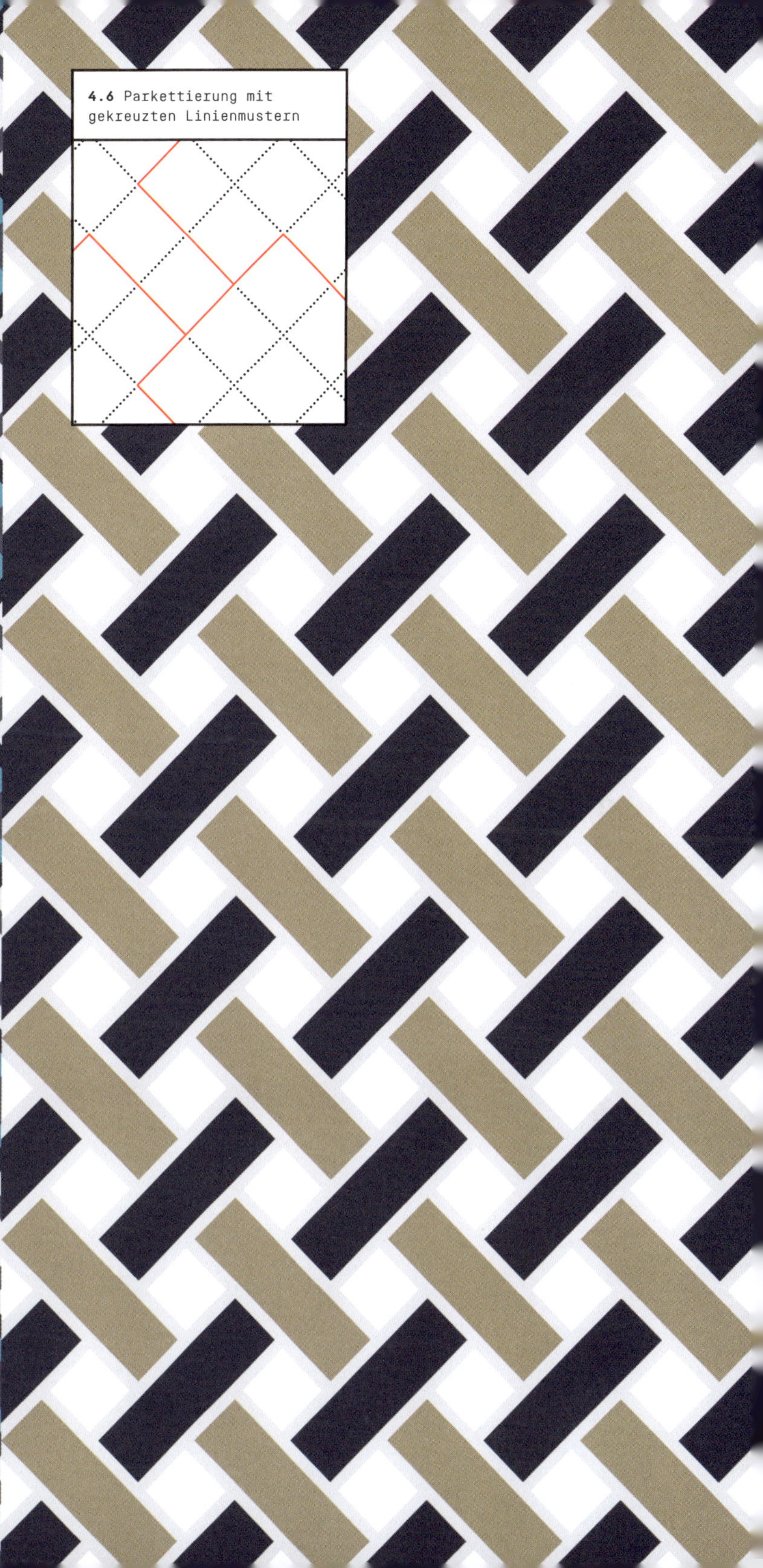

4.6 Parkettierung mit gekreuzten Linienmustern

Wenn Sie sich die Beispiele aus den Kapiteln 3 und 4 noch einmal anschauen, werden Sie feststellen, dass man viele der aus sich wiederholenden Vielecken bestehenden Zell- bzw. Kachelmuster auch als Serie von teils geraden, teils im Zickzack verlaufenden und sich kreuzenden Linienmustern interpretieren könnte, wobei die Schnittpunkte der Linien die Ecken der Polygone bilden. Zell- und Kachelmuster lassen sich also nicht nur durch Aneinanderreihung von Polygonen erstellen, sondern auch durch Kreuzen langer Linien. Die Erstellung von Wiederholungsmustern mittels gekreuzter Linien unterscheidet sich radikal von den anderen Arten, ist aber ebenso gut zu handhaben; man kann sie so einfach oder so komplex halten wie man will, außerdem lassen sich erstaunlich interessante und unerwartete Resultate damit erzielen.

Gittermuster aus gekreuzten geraden Linien

Durch Kreuzen von geraden Linien lässt sich eine unendliche Vielzahl von aus Quadraten, Rechtecken oder Rauten bestehenden Gittermustern erzeugen, wobei die Form der Vielecke von den Winkeln, in denen sich die Linien kreuzen, abhängt. Je nach Komplexität der sich kreuzenden Linienmuster entstehen Kachelungen aus jeweils identischen Kacheln oder Kombinationen aus zwei, drei und mehr Vieleckfiguren.

Das Beispiel unten rechts zeigt drei Linien, die in Winkeln von je 120° gekreuzt wurden. Das Resultat dieser Kreuzungen ist ein Gittermuster, bestehend aus gleichseitigen Dreiecken. Durch Variieren der Winkel, in denen sich die Linien kreuzen, oder durch Modifikation der Abstände der Linien lassen sich viele weitere aus Dreiecken oder anderen Vielecken bestehende Gittermuster erzeugen.

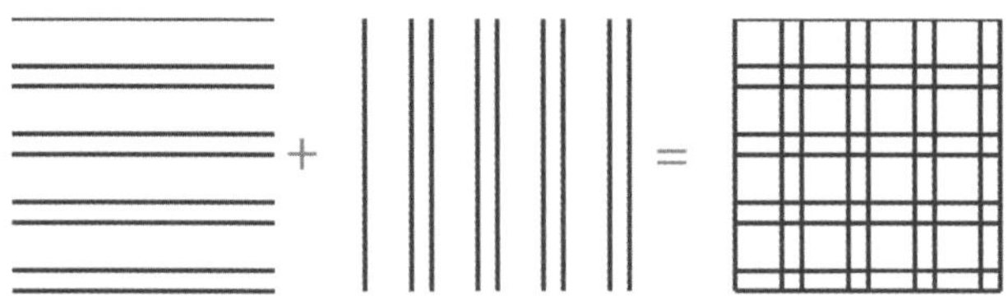

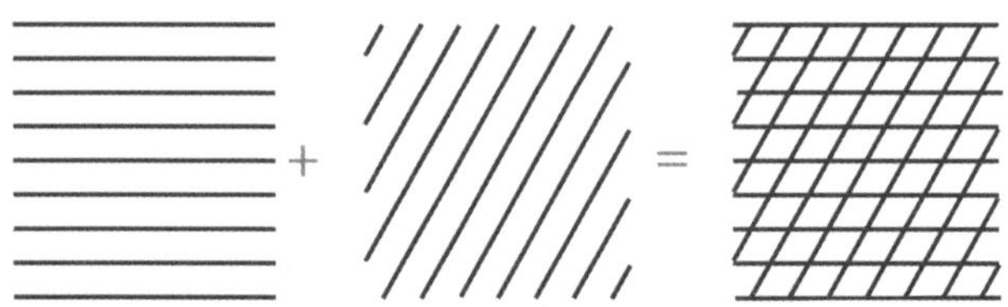

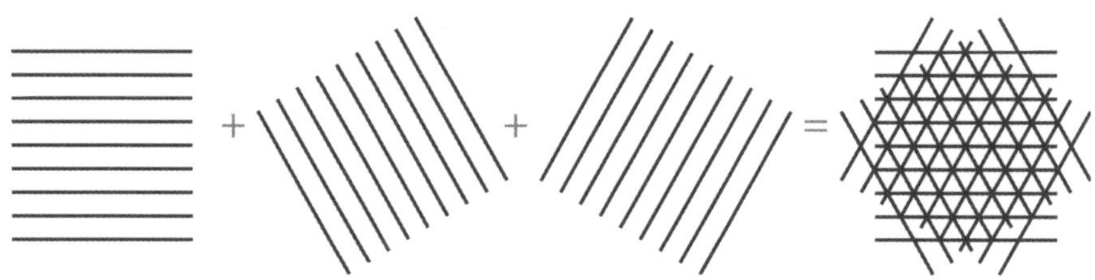

Gittermuster aus Winkellinien

Gitter aus Winkel- oder Zickzacklinien lassen sich zu Kachelmustern von überraschender Komplexität überkreuzen. Man kann identische oder unterschiedlich geformte Linienmuster kreuzen oder auch Linienmuster verwenden, die durch Symmetrieoperationen modifiziert wurden. Das untere Beispiel rechts zeigt eine Linie, die zuerst gespiegelt und dann als doppeltes Linienmotiv über die gesamte Ebene wiederholt wurde. Wenn Sie die sechs Beispiele genau betrachten, werden Sie feststellen, dass bei allen Abbildungen Winkel- oder Zickzacklinien in unterschiedlicher Art und Weise verwendet wurden.

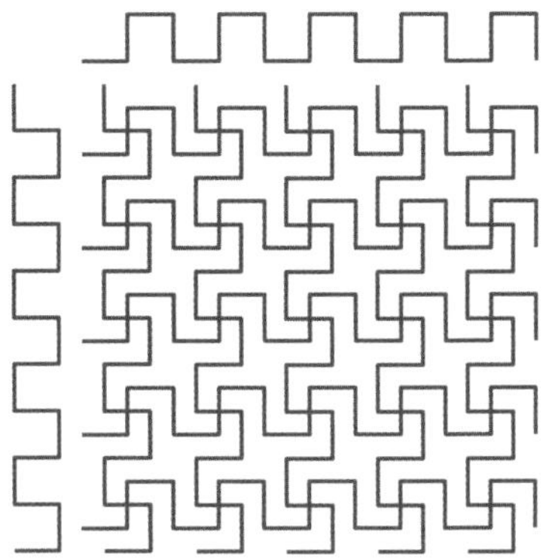

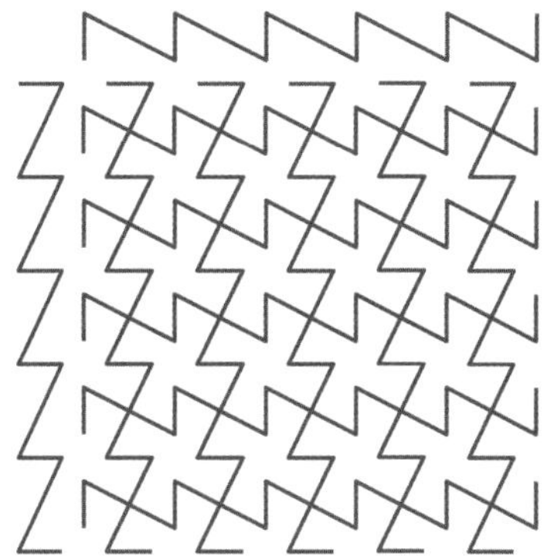

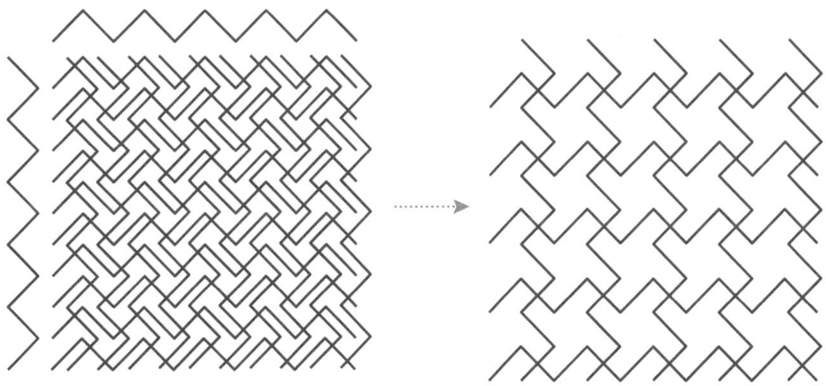

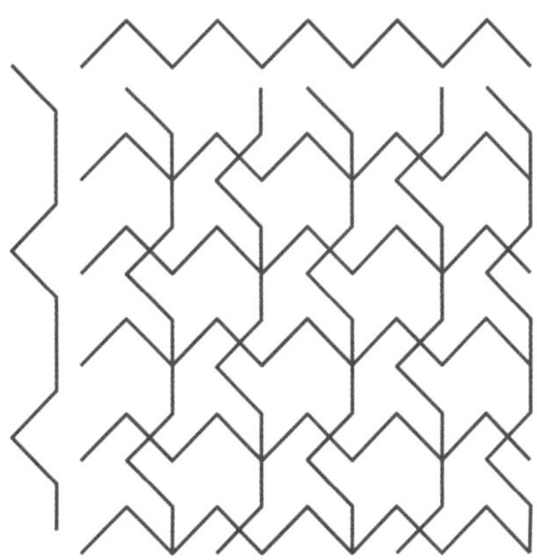

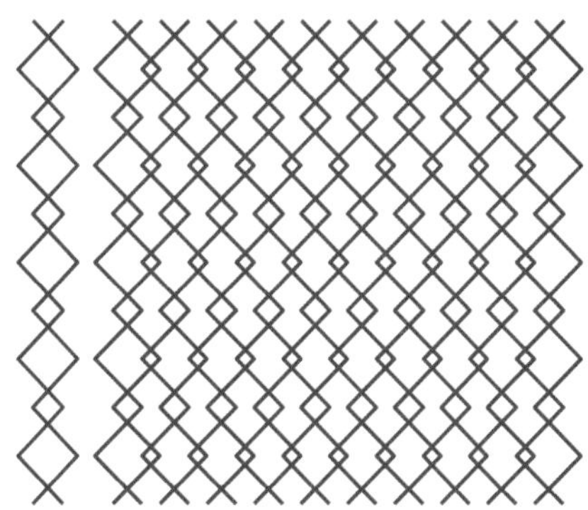

5

5. Nahtlose Muster und Escher-Parkettierungen

Wir alle kennen die Faszination, die von aufwendig gemusterten Stoffen ausgeht: Nahtlos fügen sich die Dessins zu meterbreiten Musterungen zusammen, ohne dass Anfang und Ende des zugrunde liegenden Rapports zu erkennen wäre. Die Erstellung nahtloser Wiederholungsmuster scheint hochkompliziert, aber sie ist im Grunde ebenso einfach wie elegant. Geht man methodisch vor, lassen sich mit etwas Übung wunderbar nahtlose Muster erzeugen, deren zugrunde liegende Geometrie sich dem ersten Blick völlig entzieht. In diesem Kapitel stelle ich einige einfache, aber wirkungsvolle Methoden dieser Art Mustererstellung vor.

Der niederländische Künstler und Grafiker M. C. Escher (1898-1972) war für seine komplexen, mit Liebe zum Detail ausgearbeiteten Tier- und Menschenfiguren bekannt, die er zu nahtlosen Flächenmustern zusammenbaute. Dabei beruhten auch Eschers unbestreitbar geniale Kreationen auf den bekannten Parkettierungstechniken, auch wenn sie diese ad absurdum zu führen schienen. Die Grundlagen der überraschend eingängigen Methode, die Escher für seine Parkettierungen nutzte, wird im zweiten Teil dieses Kapitels anhand von quadratischen, rechteckigen, dreieckigen und sechseckigen Grundfiguren erklärt.

Obwohl nahtlose Muster und Escher-Parkettierungen eigentlich nichts miteinander zu tun haben, werden sie in diesem Kapitel zusammengefasst. Beide stellen Extreme der Musterkreation dar und belegen, welch unglaublich kreative Wiederholungsmuster sich auf Grundlage der elementaren Parkettierungstechniken erstellen lassen – Wiederholungsmuster, die die Grenzen der elementaren Symmetrieoperationen, mit denen dieses Buch begann, weit zu übersteigen scheinen.

5.1 Nahtlose Muster

Grundmethode

Die hier beschriebene Methode ist ebenso einfach wie elegant und lässt sich, wenn man sie einmal beherrscht, für alle Arten der Oberflächengestaltung verwenden – egal, ob Sie Muster digital oder per Hand mit Schere, Leim und Kopiermaschine erstellen.

Im Netz finden sich zahllose Online-Angebote, die Besucher mit dem Versprechen locken, sogenannte nahtlose Muster digital durch einfache Eingabe eines Bildes zu erstellen. Die meisten dieser Seiten bieten allerdings nur ein sehr beschränktes Musterpotenzial und sind nicht mehr als Kinderkram.

Die hier beschriebene Methode dagegen ist überaus wirkungsvoll und von unendlicher Vielseitigkeit. Ihr Herzstück ist die wiederholte Umgruppierung der Ecken ABCD, welche sich digital ganz einfach über die Funktionen „Kopieren“ und „Einfügen“, über die praktisch jede vektorbasierte Software verfügt, durchführen lässt. Nutzer von Adobe Photoshop haben es noch einfacher, da hier die Funktion „Verschiebungseffekt“ diesen Schritt automatisch für Sie erstellt. Für beide gibt es zahlreiche Tutorials im Netz.

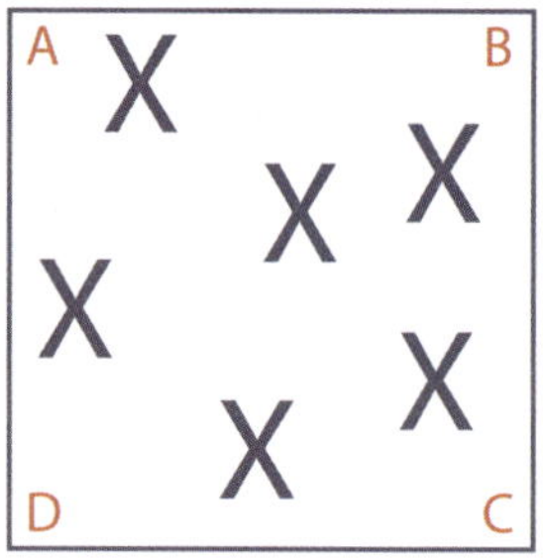

(1) Die Abbildung zeigt eine einfache grafische Darstellung, nämlich sechs innerhalb einer quadratischen Kachel verteilte X. Beachten Sie, dass keines der X in einer der vier Ecken platziert wurde, sondern dass sie frei im Innenraum verteilt sind. Diese Verteilung wurde absichtlich gewählt und bildet ein wesentliches Element dieser Methode. Beachten Sie ebenso, dass die vier Ecken der Kachel mit den Buchstaben A, B, C und D gekennzeichnet wurden. Das Dessin des abgebildeten Beispiels wurde der Übersichtlichkeit wegen einfach gehalten, doch im Prinzip ließe sich jedes beliebige Motiv in die Kachel einsetzen; komplexe Darstellungen, vielfarbige oder stark strukturierte Muster, Fotografien, Drucke – alles ist möglich! Sie müssen dabei nur eines beachten: halten Sie die Ecken frei!

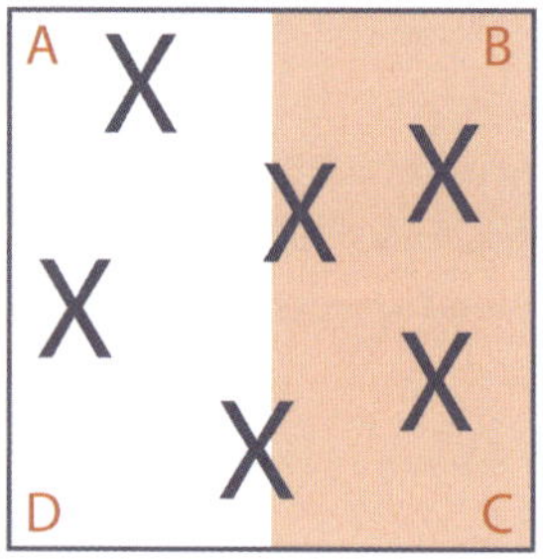

(2) Die rechte Seite der Kachel wurde hier zur Verdeutlichung pfirsichfarben markiert. Beachten Sie, dass die Buchstaben B und C in diesem Teil der Kachel stehen. Im nächsten Schritt werden wir diesen Teil verschieben.

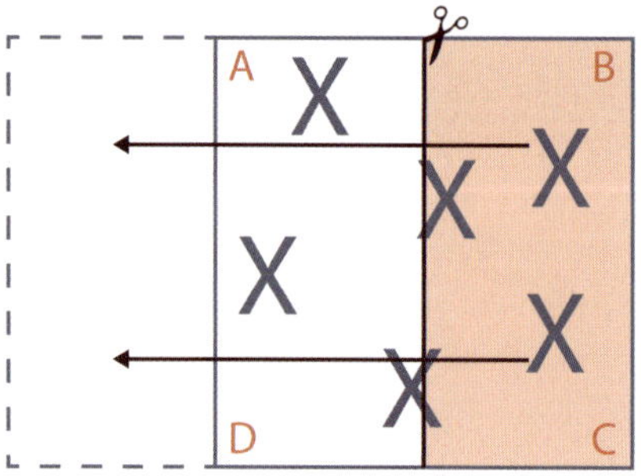

(3) Teilen Sie die Kachel vertikal in der Mitte in ihre rechte und linke Hälfte und verschieben Sie den rechten Teil über die gesamte linke Kachelhälfte nach links. Der Buchstabe B liegt nun direkt neben A, der Buchstabe C direkt neben D. Achten Sie darauf, dass der Schnitt, der die Kachel in ihre rechte und linke Hälfte teilt, exakt und genau mittig durchgeführt wird, damit auch wirklich zwei gleich große Kachelhälften entstehen.

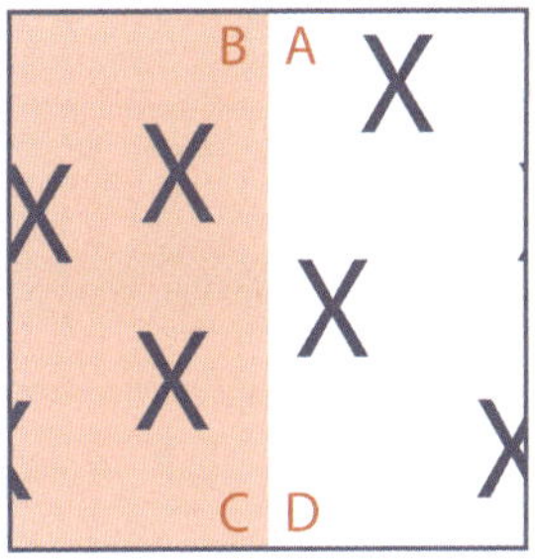

(4) Sie haben nun das hier abgebildete Resultat vor sich liegen, bei dem die Buchstabengruppen B und A bzw. C und D mittig nebeneinander liegen.

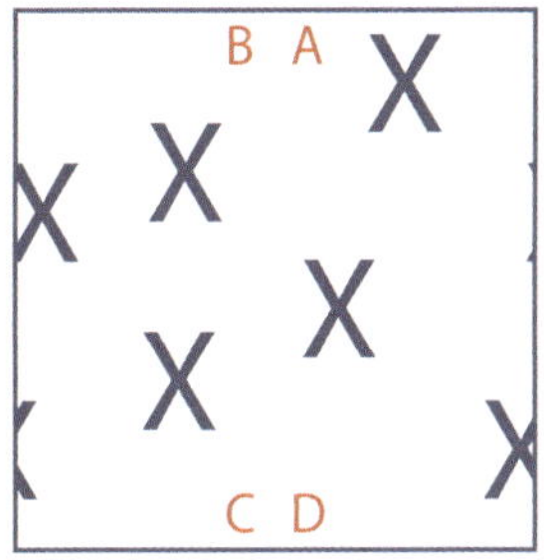

(5) Als Nächstes wird die pfirsichfarbene Markierung entfernt, sodass als Zwischenresultat die oben abgebildete Kachel entsteht. Für den nächsten Schritt gehen Sie wie gerade eben vor, nur dass Sie nun die Kachel horizontal in der Mitte teilen.

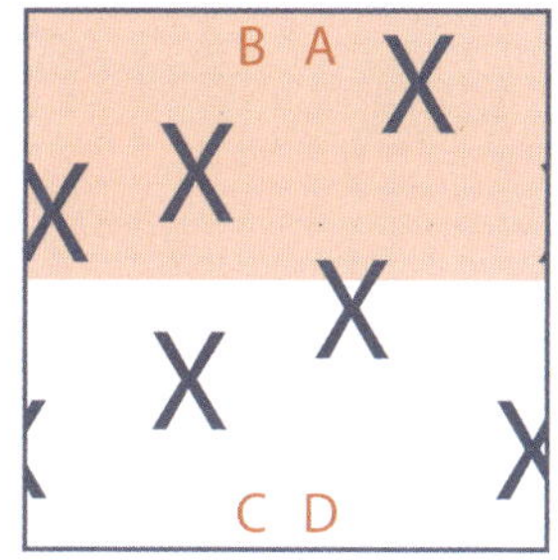

(6) Zur Verdeutlichung wurde die obere Hälfte der Kachel wieder pfirsichfarben markiert. Beachten Sie, dass die beiden Buchstaben B und A in dieser oberen Hälfte der Kachel stehen. Im nächsten Schritt werden wir diese obere Kachelhälfte verschieben.

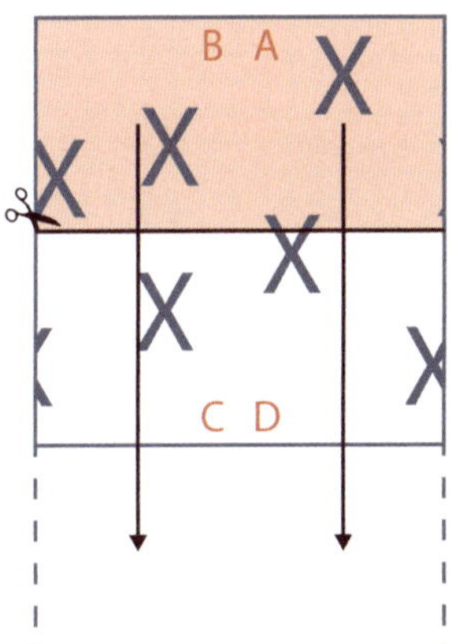

(7) Teilen Sie nun die Kachel horizontal in der Mitte und verschieben Sie den oberen Teil nach unten. Die Buchstabengruppe B und A liegt nun direkt neben C und D. Achten Sie darauf, dass der Schnitt exakt und genau mittig durchgeführt wird, damit auch wirklich zwei gleich große Kachelhälften entstehen.

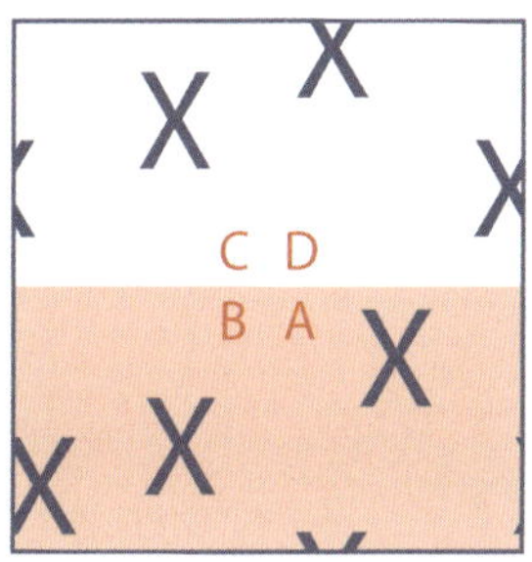

(8) Sie haben nun das hier abgebildete Resultat vor sich liegen. Die beiden Buchstabengruppen stehen sich nun in der Mitte der Kachel gegenüber. Auch einige der X-Elemente haben eine Wandlung erfahren und tauchen als in zwei Teile geteilte, direkt an die einander gegenüberliegenden Kachelkanten stoßende Restelemente auf. Diese Teilung von grafischen Elementen in zwei (oder sogar vier) Teile ist normal und sollte nicht vermieden werden, da gerade dieses Phänomen die daraus entstehenden Muster nahtlos wirken lässt.

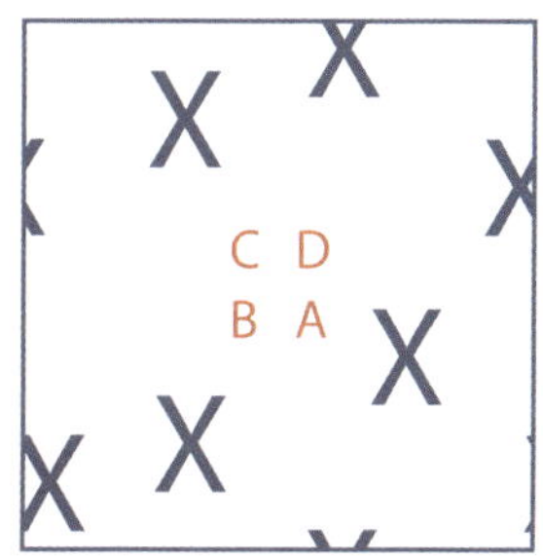

(9) Die Abbildung zeigt die endgültige Musterkachel. Wenn Sie mit Schere und Papier arbeiten, müssen Sie nun die Kachel kopieren und die entsprechende Anzahl an Kopien zu einem nahtlosen Muster zusammensetzen. Wenn Sie digital arbeiten, sollten Sie vor der Parkettierung den schwarzen Rand der Kachel und die Buchstaben ABCD entfernen.

5.1 Nahtlose Muster

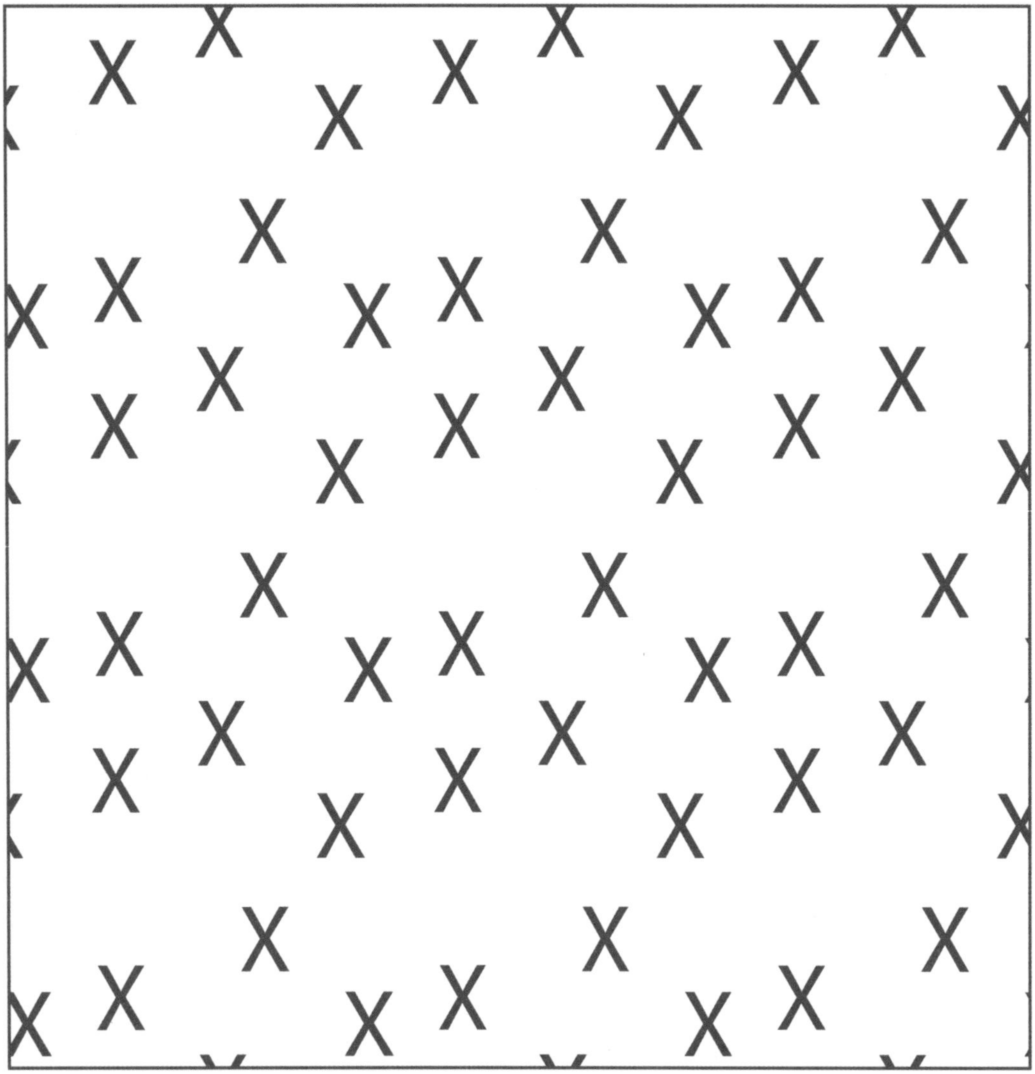

(10) Die Abbildung zeigt ein orthogonales Gittermuster, bestehend aus 3 x 3 der in den vorherigen Schritten erstellten Kacheln. Man kann sehr schön erkennen, wie die zuvor in zwei Teile geteilten X plötzlich auf fast magische Art und Weise wieder zueinander gefunden haben, wodurch die Ränder des Musterrapports schwer zu erkennen sind. Das Resultat ist ein überraschend freies Wiederholungsmuster, das auf den ersten Blick wie zufällig wirkt. Statt quadratischer Kacheln können Sie natürlich auch rechteckige Kacheln verwenden.

Auch das auf der gegenüberliegenden Seite abgebildete Muster wurde mithilfe dieser Grundmethode erstellt, selbst wenn es auf den ersten Blick nicht nahtlos zu sein scheint. Durch Hinzufügen zusätzlicher Elemente entsprechend der auf den Seiten 134 bis 136 beschriebenen erweiterten Methode lässt sich jedoch auch dieses Muster problemlos zu einem nahtlos wirkenden Muster ausbauen, wie die Abbildung auf Seite 137 beweist. Auch bei diesem Beispiel gilt, dass sich sowohl quadratische als auch rechteckige Kacheln verwenden lassen.

5.1 Nahtlose Muster
[Grundmethode]

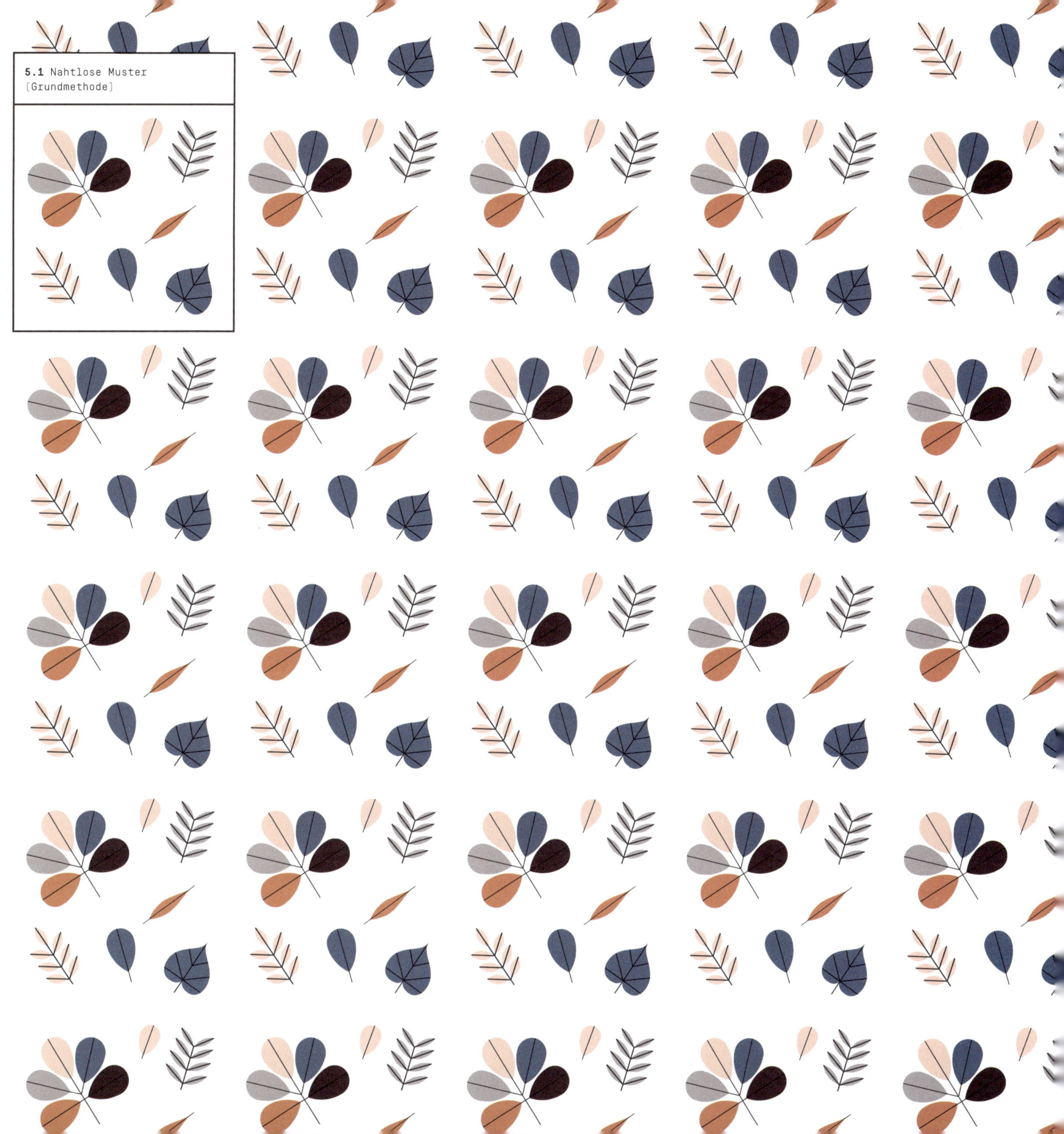

Erweiterte Methode

Bei der auf den Seiten 130 bis 132 beschriebenen Grundmethode lässt sich nur schwer vorhersagen, welche Elemente der Kachel sich wie und wo teilen und neu zusammenfügen. Die so entstandenen Muster sind daher oft eher ein Produkt des Zufalls denn der Planung. Will man dennoch ansprechende Endresultate erzielen, bei denen die Musterverteilung lückenlos und gefällig wirkt, kann man die Grundmethode durch ein- oder mehrmaliges Hinzufügen neuer Elemente erweitern.

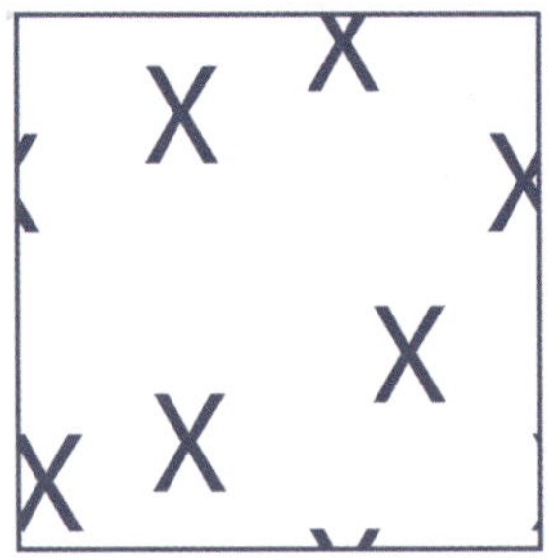

(1) Die Abbildung zeigt die fertige, mithilfe der Grundmethode erstellte Kachel. Auffällig ist das relativ leere Zentrum der Kachel. Das liegt daran, dass bei dem für die Grundmethode verwendeten Beispiel die Ecken frei von Musterelementen gehalten wurden. Nach den entsprechenden Umgruppierungen bilden die ehemaligen Ecken nun das Zentrum der Kachel.

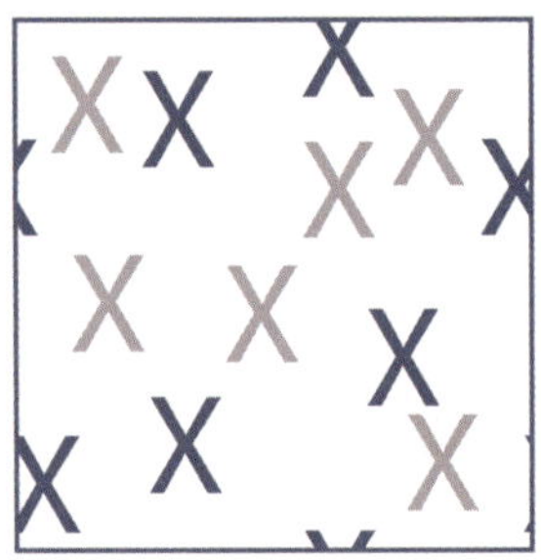

(2) Als ersten Folgeschritt füllen Sie nun das Zentrum der Kachel mit weiteren Grafikelementen aus. Dabei spielt es keine Rolle, ob Sie mehrere kleinere Elemente verwenden oder, wie hier, dieselben Musterelemente erneut einfügen. Zur Verdeutlichung wurden die neu eingefügten Elemente grau abgebildet. Achten Sie darauf, dass Sie wiederum die Ecken frei lassen.

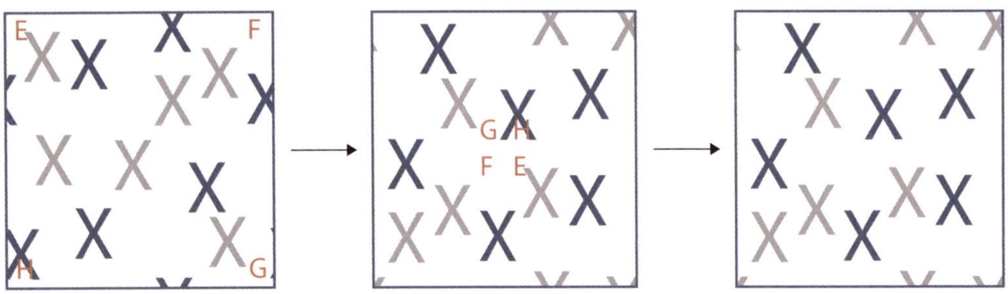

(3) Kennzeichnen Sie nun die Ecken mit den Buchstaben E, F, G und H. Gehen Sie dann analog der Grundmethode vor, bis die Buchstaben in der Mitte der neuen Kachel erscheinen. Nach diesen neuerlichen Verschiebungen taucht keines der alten X-Elemente zerteilt auf oder berührt die Innenränder der Kachel. Stattdessen sind die alten blauen X tatsächlich auf ihre ehemalige Ausgangsposition gerückt. Das liegt daran, dass die blauen X der Ausgangskachel nicht auf den durch die Mitte der Kachel laufenden Linien lagen. Dafür wurden die neu eingefügten grauen X-Elemente zerteilt und verschoben.

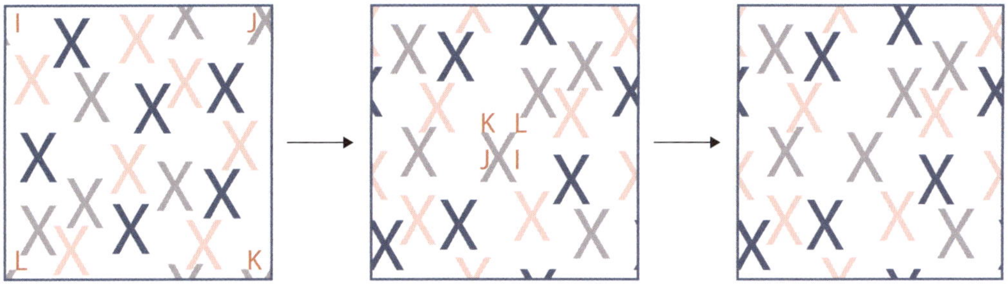

(4) Die in den vorhergehenden Schritten erstellte Kachel weist immer noch einige freie Stellen auf, die wiederum durch neue Grafikelemente gefüllt werden können. Die neu eingesetzten X-Elemente wurden dieses Mal pfirsichfarben dargestellt, die Ecken mit den Buchstaben I, J, K und L gekennzeichnet. Dann wurde ein drittes Mal analog der Grundmethode vorgegangen, bis die zwei Buchstabengruppen KL und JI sich in der Mitte der Kachel gegenüber lagen.

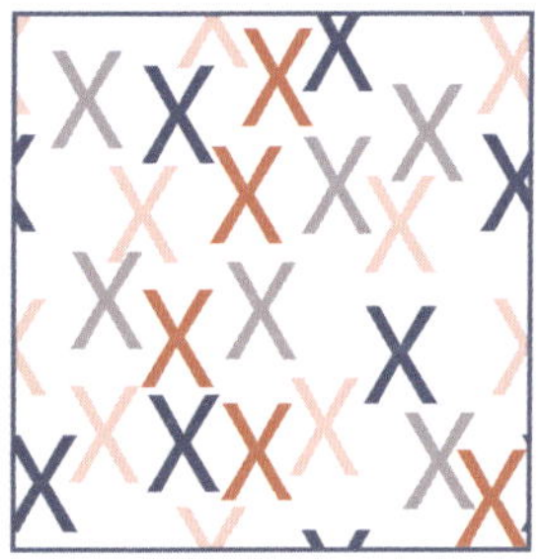

(5) Die durch diese dritte Verschiebung entstandene Kachel zeigt noch immer einige freie Stellen in ihrem Zentrum, die nun mit braunen X-Elementen verfüllt werden. Eine Verschiebung entsprechend der Grundmethode wie in den Schritten zuvor ist nun nicht mehr nötig, da mit Verfüllen der Kachel das grafische Endmotiv komplett ist.

Ich habe hier zur Veranschaulichung der erweiterten Methode drei Umgruppierungen durchgeführt und vier zusätzliche X-Elemente verwendet. Wie oft Sie bei Ihrer eigenen Mustergestaltung die erweiterte Methode anwenden, liegt ganz bei Ihnen und hängt von der jeweils gewünschten Komplexität des Musters und vom persönlichen Geschmack ab.

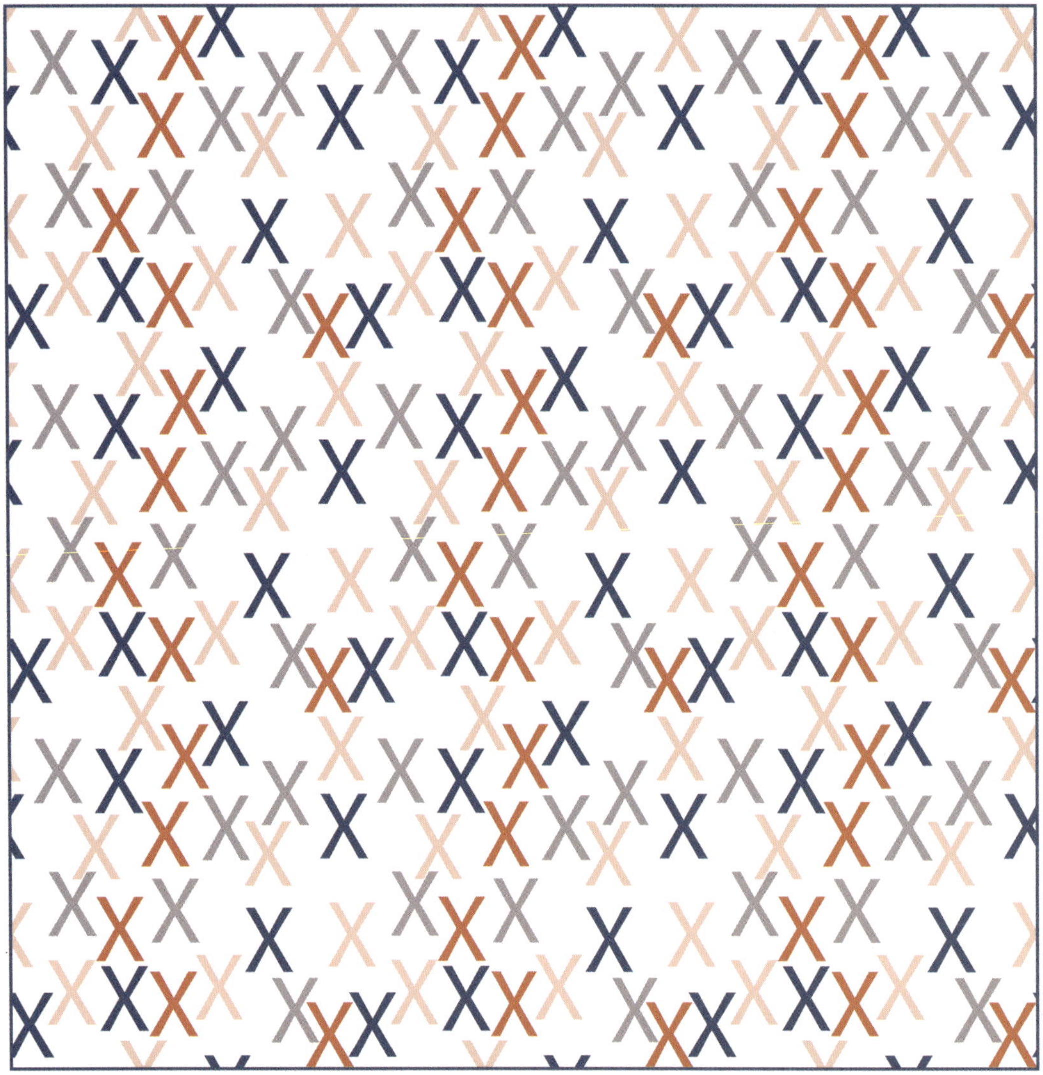

(6) Die Abbildung zeigt ein polygonales Gittermuster bestehend aus 3 x 3 der in den vorhergehenden Schritten erstellten Kacheln. Natürlich könnten noch weitere grafische Elemente hinzugefügt und analog der Grundmethode beliebig oft geteilt und verschoben werden. Tatsächlich lässt sich die Mustererstellung mittels der oben dargelegten Methode endlos fortführen. So mancher Kreative hat seine Karriere als Oberflächendesigner auf der Beherrschung dieser Methode zur Erstellung nahtloser Muster und deren Ausschöpfung bis an die Grenzen des Machbaren aufgebaut.

Grundlage des auf der gegenüberliegenden Seite abgebildeten Musters ist das Muster auf Seite 133, dem entsprechend der erweiterten Methode zusätzliche Elemente hinzugefügt wurden. Das Resultat ist ein komplexes, nahtloses Wiederholungsmuster, bei dem der Rapport kaum noch zu erkennen ist.

Es ist durchaus interessant, dieses Muster mit dem auf dieser Seite abgebildeten Beispiel zu vergleichen. Alle X des linksseitig dargestellten Musters haben die gleiche Größe, während bei dem rechtsseitig abgebildeten Muster die großen, fünfblättrigen Elemente das Dessin dominieren. Unweigerlich erfasst das Auge diese dominanten Elemente und erkennt das Wiederholungsmuster in ihnen. Sind dagegen wie bei dem linksseitigen Beispiel alle Elemente gleich groß, fällt es dem Auge schwerer, in einer Darstellung das Wiederholungsmuster zu erkennen.

Will man also Wiederholungsmuster kreieren, bei denen das Muster bzw. die Wiederholung nur schwer zu erkennen sind, wählt man am besten eine große Zahl in Form und Größe ähnlicher Elemente.

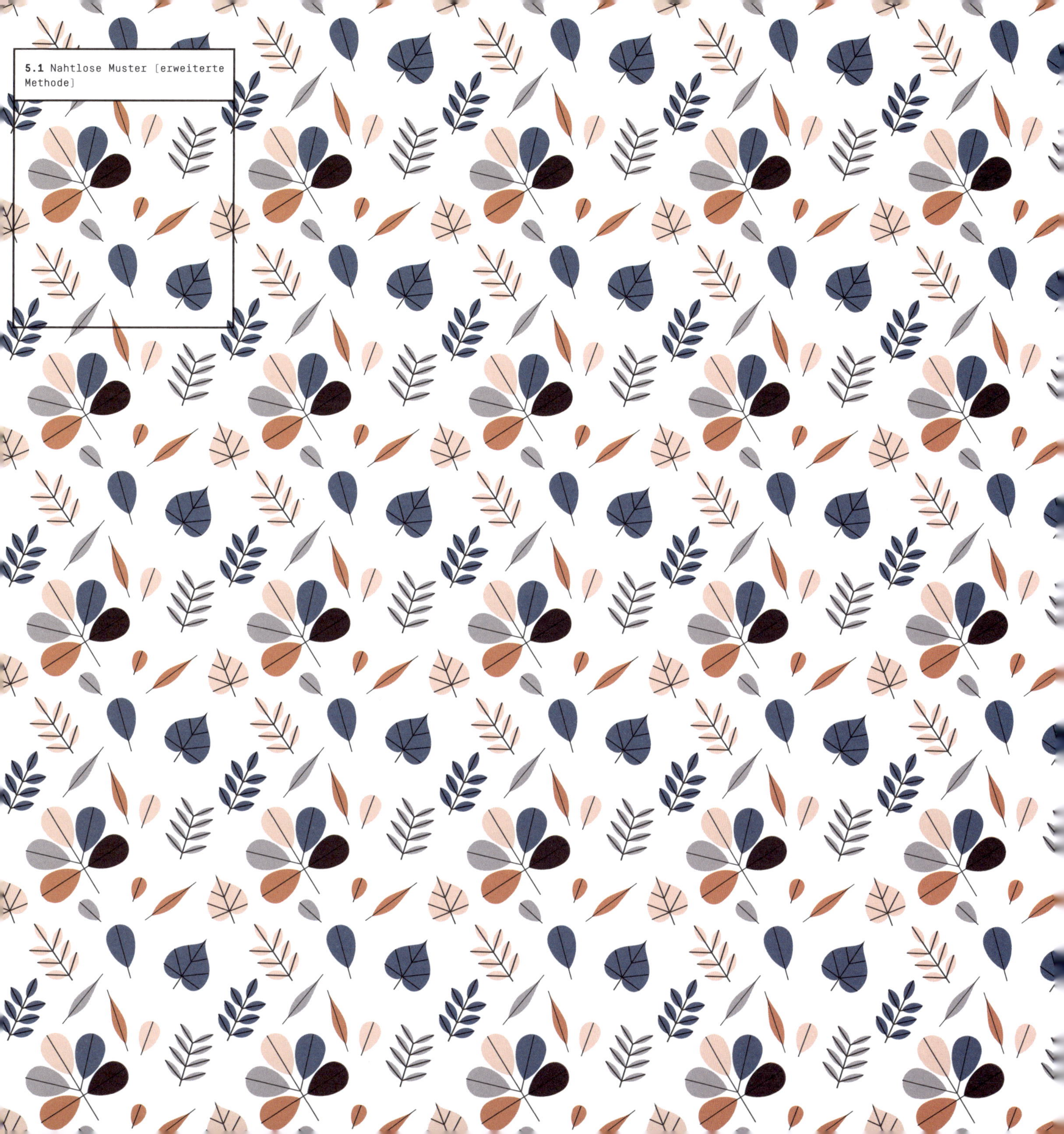

5.1 Nahtlose Muster [erweiterte Methode]

5.2 Escher-Parkettierungen

Die ineinander verschlungenen Muster, für die der Grafiker M.C. Escher berühmt ist, erscheinen deshalb so kompliziert und beeindruckend, weil die Motive sofort als Fische, Vögel oder Köpfe erkennbar sind, noch bevor man sie als Wiederholungsmuster aus geometrischen Kacheln wahrnimmt, was sie ihrer Natur nach jedoch sind. Eschers verschachtelte Muster sind nicht einfach aus Rechtecken und Dreiecken zusammengesetzt, sondern aus zwar durchaus simplen geometrischen Grundformen, doch diese haben auf zauberhafte Weise die Form von Gliedmaßen, Köpfen und Flügeln angenommen und sind durch Hinzufügen feiner Zeichnungen sofort als Federn, Schuppen oder Gesichtszüge erkennbar. Die folgenden Seiten beschreiben das Konstruktionsprinzip verschachtelter Wiederholungsmuster; auf den Seiten 142 und 143 wird die Technik an einem Beispiel, wie es typischerweise mit M.C. Escher assoziiert wird, durchgespielt. Diese Technik ist die Vorstufe zur Erstellung der dreieckigen und sechseckigen Kacheln, die am Ende des Kapitels beschrieben werden und zeigt, wie sich die Methode auf einfachere geometrische Muster übertragen lässt.

Kacheln mit vier ungleichen Seiten

Dies ist ein einfaches Beispiel für Escher-Parkettierungen und erstaunlich wandelbar. Schon in nur zufällig gezeichneten Zellen erkennt man meist bereits ein Tier oder eine menschliche Gestalt.

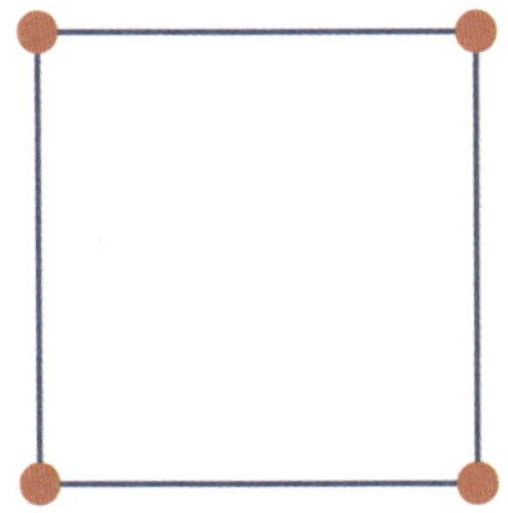

(1) Zeichnen Sie vier Punkte, die die Ecken eines Quadrats markieren. Dies ist Ihre Ausgangskachel. Die Punkte können zum Quadrat verbunden sein, dies ist aber nicht notwendig.

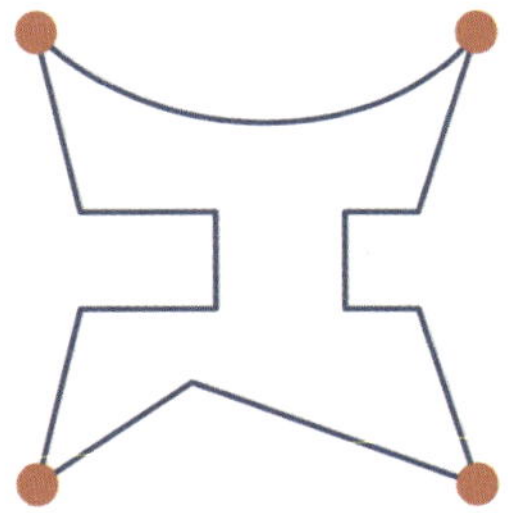

(2) Ersetzen Sie die vier geraden Seiten des Quadrats durch Fantasielinien. Die Ecken sollten nicht zu spitz zulaufen und die Linien sich nicht zu nahe kommen.

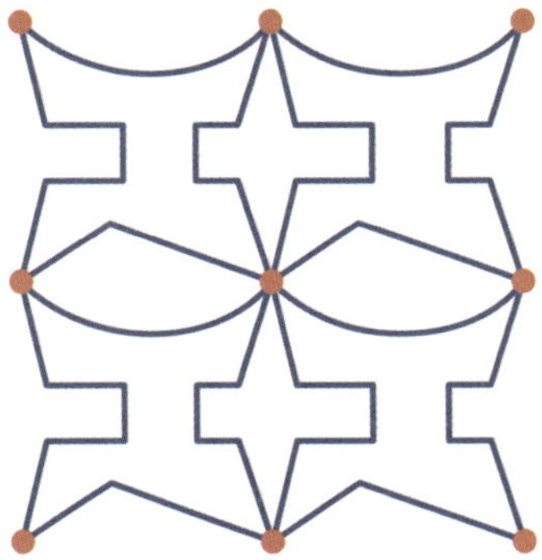

(3) Dank der quadratischen Punkteanordnung können Sie nun mit dieser Figur eine Fläche lückenlos füllen und ein Wiederholungsmuster erstellen. Schon dieses kleine Gitter aus 2 x 2 Kacheln zeigt, wie es wirkt und ob eine der Linien zur Verbesserung des Musters einer Korrektur bedarf. Beachten Sie, dass bei vier unterschiedlich gezeichneten Seiten drei verschiedene Musterflächen entstehen.

(4) Die Abbildung zeigt das vollständige Wiederholungsmuster. Für klare Erkennbarkeit ist es zweifarbig, könnte aber auch vielfarbig gestaltet sein. Weiter hinten im Kapitel werden wir sehen, wie man den gleichen Effekt mit Dreiecken und Sechsecken erzielt.

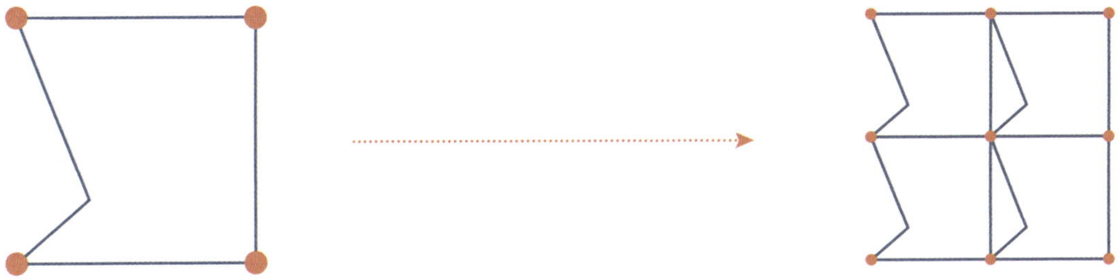

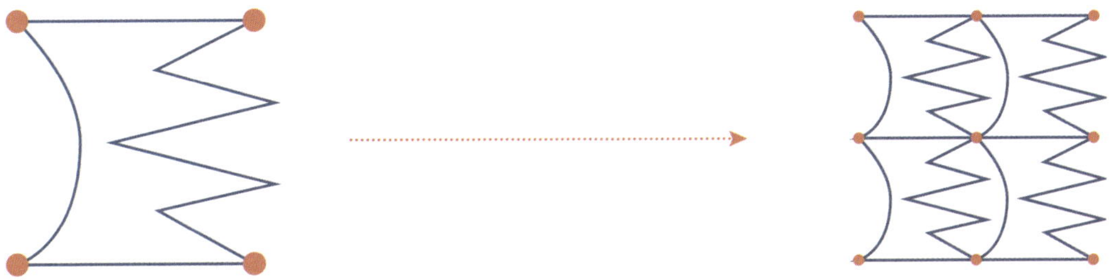

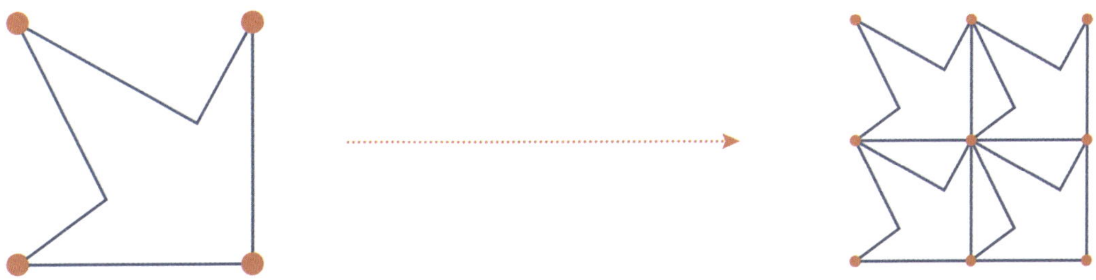

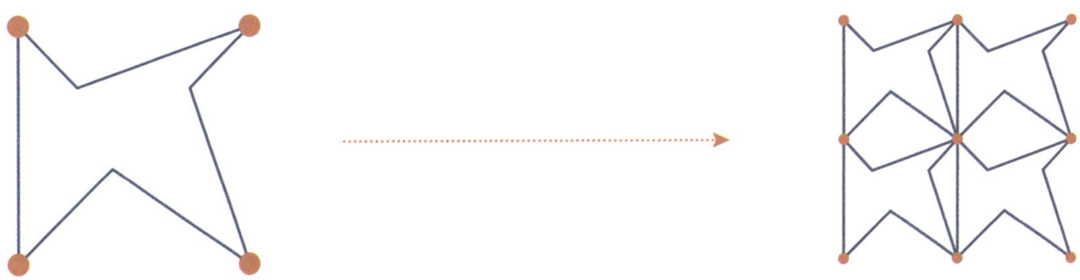

(5) Anstelle der unterschiedlichen Gestaltung aller vier Quadratseiten ist es auch möglich, nur eine, zwei oder drei Seiten zu verändern. Die Muster werden dadurch einfacher, dennoch können viele interessante Effekte entstehen. Bei der Gestaltung muss das Augenmerk darauf liegen, dass keine unschönen Leerräume zwischen den Kacheln entstehen. Diese Lücken sind nicht einfach nur Zwischenräume, sondern genauso wichtig für die Attraktivität des Wiederholungsmusters wie die Kachel selbst.

5.2 Escher-Parkettierungen

Kacheln mit identischen gegenüberliegenden Seiten

Und hier ist die Technik, die am meisten mit M.C. Escher verbunden wird. Bei dieser Methode geht es nur um eine einzige Kachel mit Flächenschluss, ohne dass dabei mehrere Zwischenstücke entstehen, wie bei den vorigen Beispielen. Für ein Wiederholungsmuster, das ähnlich wie bei Escher tierische oder menschliche Züge aufweist, beginnen Sie mit einem rein zufälligen Entwurf der Kachel. Betrachten Sie Ihren Entwurf, gedreht um 360°, aus verschiedenen Blickwinkeln. Mit etwas Fantasie werden Sie beispielsweise die grobe Silhouette eines Vogels oder einer laufenden Person erkennen. Das bietet den Ausgangspunkt für kleine Veränderungen an der Linienführung, bis schließlich das Motiv deutlich erkennbar wird.

Im Beispiel auf dieser Seite ähnelt die letzte Kachel einem Elefanten. Um 90° im Uhrzeigersinn gedreht, sieht sie eher wie ein Kaninchen aus. Mit wenigen Veränderungen könnten Kacheln entstehen, die entweder das eine oder andere Motiv oder vielleicht beide deutlich erkennen lassen. Diese Umwandlung vom Abstrakten zum Figürlichen erfordert Zeit und Genauigkeit und wird im folgenden Abschnitt eingehend erläutert.

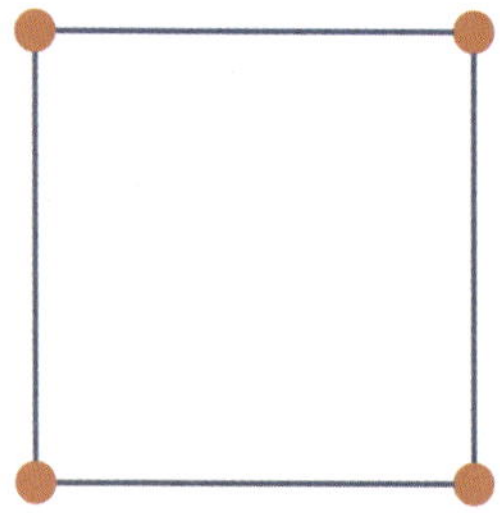

(1) Erstellen Sie eine quadratische, durch vier Punkte gekennzeichnete Kachel.

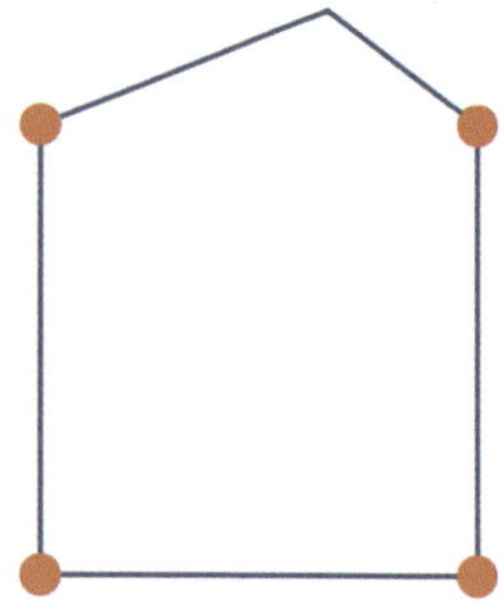

(2) Verändern Sie eine Seite. Die Veränderung kann sowohl einfach als auch hochkomplex sein.

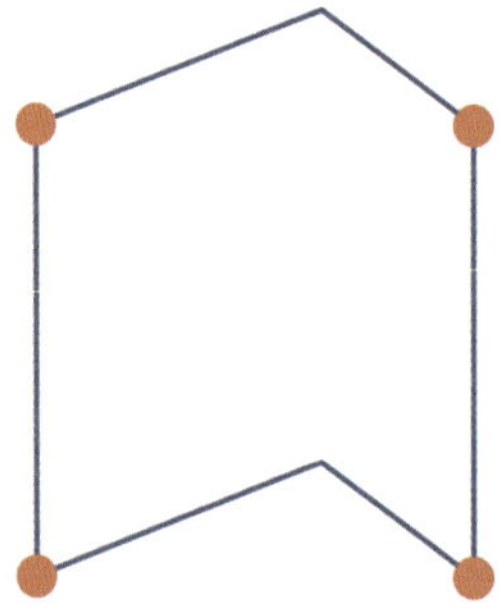

(3) Verwandeln Sie die gegenüberliegende Seite in exakt gleicher Weise. Beide Linien müssen dabei identisch sein, nicht spiegelbildlich.

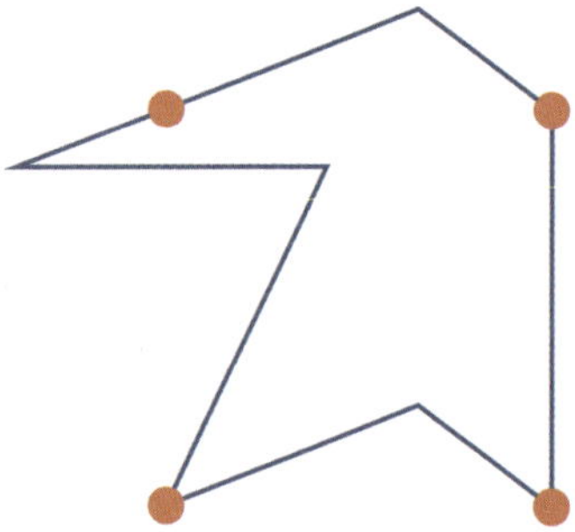

(4) Verändern Sie eine weitere der verbleibenden Linien. In diesem Beispiel setzt die neue Linie teilweise die Oberkante fort.

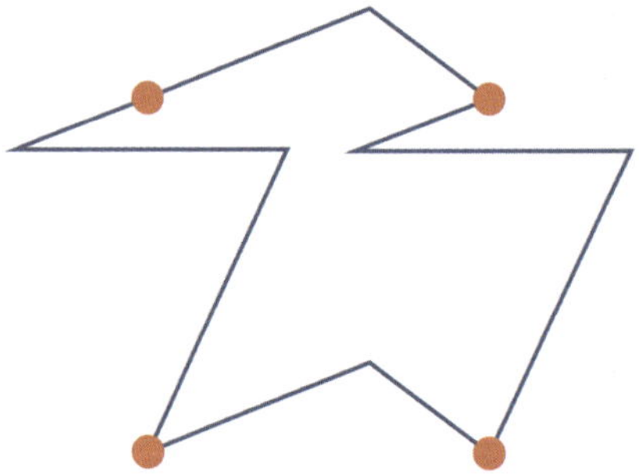

(5) Machen Sie die vierte Seite zur exakten Kopie der dritten. Sollten Ecken zu eng zulaufen oder Linien zu dicht zusammenkommen, ändern Sie dies, streng nach der Gesetzmäßigkeit: Gegenüberliegende Seiten müssen stets identisch sein; die Veränderung einer Seite muss die Angleichung der gegenüberliegenden Seite nach sich ziehen.

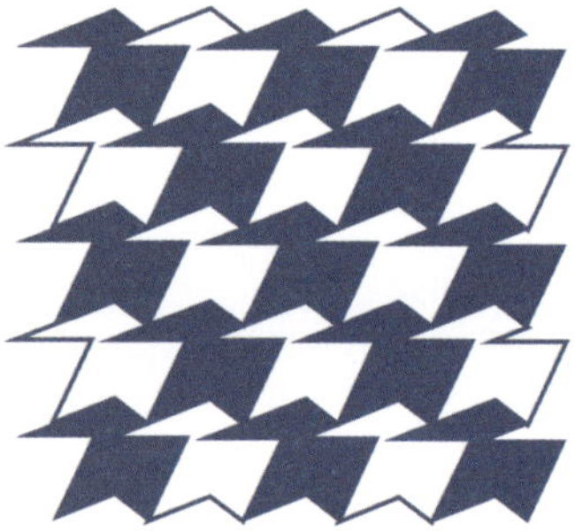

(6) Ist Ihre Kachel fertig, vervielfältigen Sie die einzelne Kachel anhand der Quadratpunkte im Netzmuster über die Fläche. Der lückenlose Flächenschluss derart komplexer Vielecke wirkt ungeheuer beeindruckend, obwohl er doch ganz einfach ist.

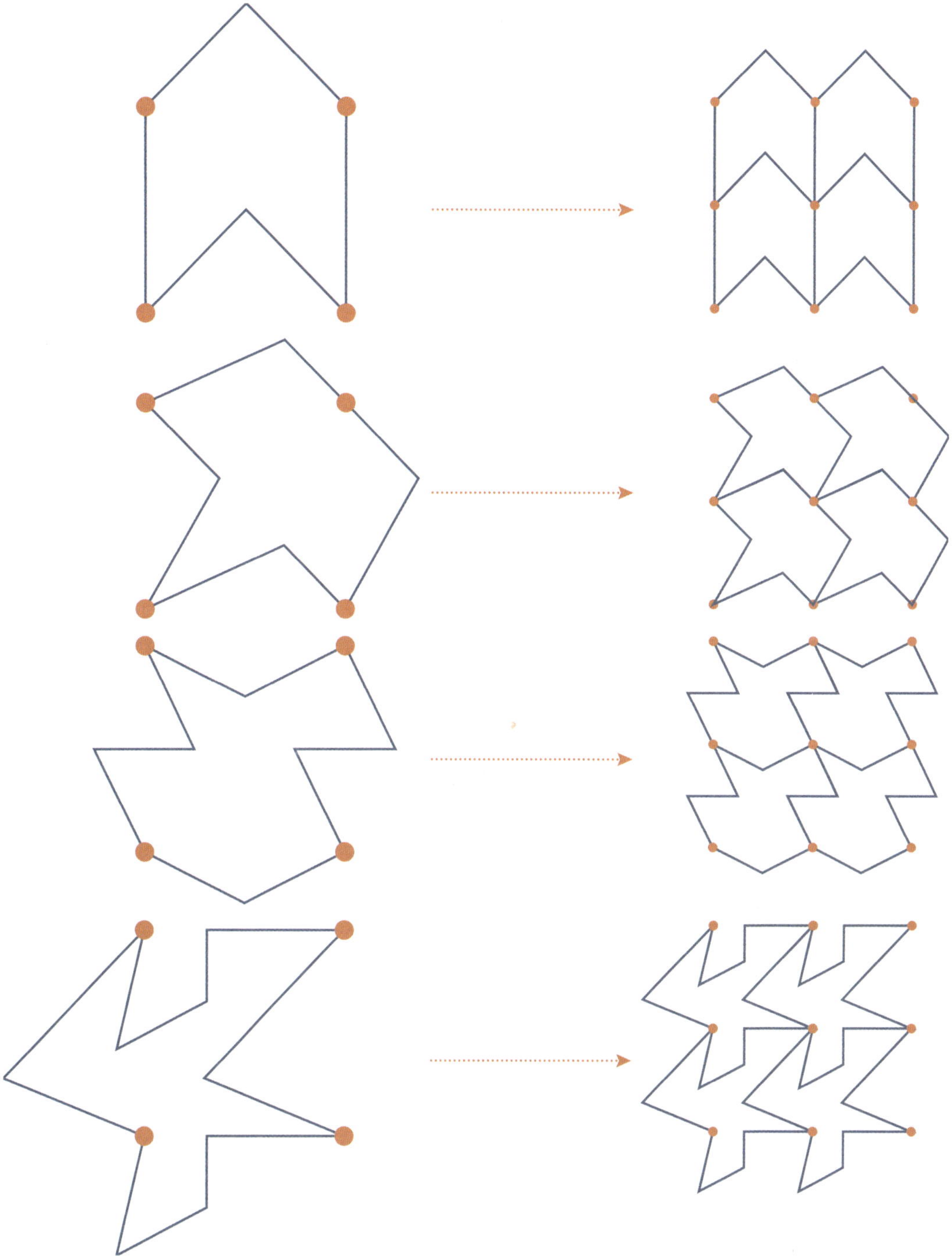

(7) Eine quadratische Kachel lässt sich auf vielfältige Weise verändern. Die Beispiele zeigen, dass den Kacheln eine beliebige Anzahl von Kanten gegeben werden kann. Erstellen Sie einfache Raster aus 2 x 2 Kacheln, um zu sehen, wie sie als Netz wirken, nehmen Sie dann notwendige Änderungen vor und überprüfen Sie diese wieder am 2 x 2-Raster. Wiederholen Sie dies so oft, bis Sie die perfekte Kachel gefunden haben.

5.2 Escher-Parkettierungen

Rechteckkacheln

Der Umgang mit Rechteckkacheln ist im Prinzip der gleiche wie mit quadratischen. Der Unterschied ist, dass sich am Rechteck besser Schritt für Schritt erklären lässt, wie eine geometrische Kachel in eine Escher-Parkettierung mit einem erkennbaren Motiv verwandelt wird. Im Grunde genommen wird auch hier der Umriss der Kachel sorgfältig angepasst, bis das Motiv klar herausgearbeitet ist. Die Verwandlungsschritte geben Aufschluss darüber, wie, ausgehend von einer wenig vielversprechend aussehenden geometrischen Spielerei, echte Escher-Parkettierungen zustande kommen.

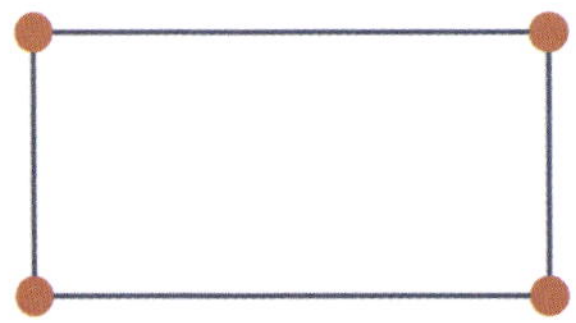

(1) Die Ausgangskachel ist ein Rechteck.

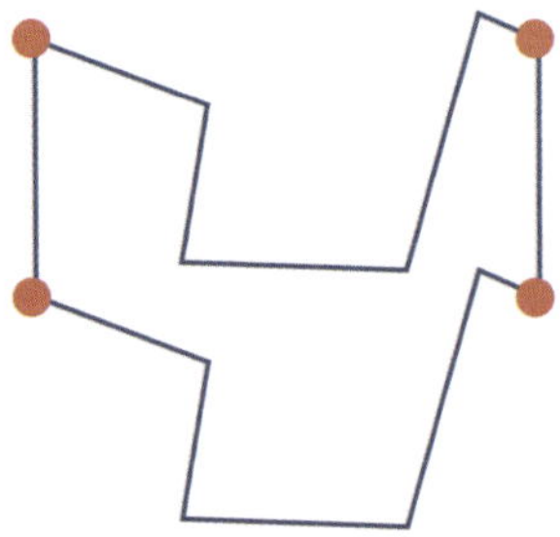

(2) Ändern Sie den Verlauf zweier einander gegenüberliegender Seiten. Im Beispiel wird die Rechteckoberkante nach unten verzogen. Im nächsten Schritt muss daraufhin die Unterkante der Oberkante exakt nachgebildet werden. Allgemein ist es sinnvoller, die Linien stark und nicht zu zaghaft zu verändern, denn das gibt der entstehenden Kachel die prägnante Form, die leichter als Teil eines bestimmten Motivs, etwa eines Tieres, erkannt wird.

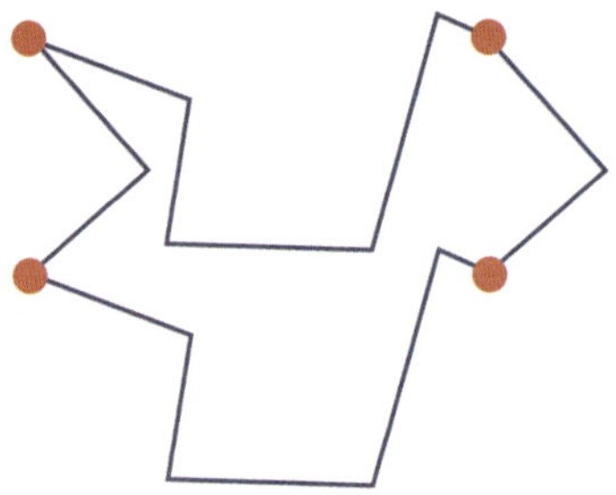

(3) Ändern Sie die Form des verbleibenden Linienpaars. Achten Sie dabei sorgfältig darauf, dass die neuen Linien einen deutlichen Abstand zu den bereits geänderten haben. In diesem Stadium hat sich rein zufällig eine Ähnlichkeit mit einem Vogel oder einem anderen Tier ergeben.

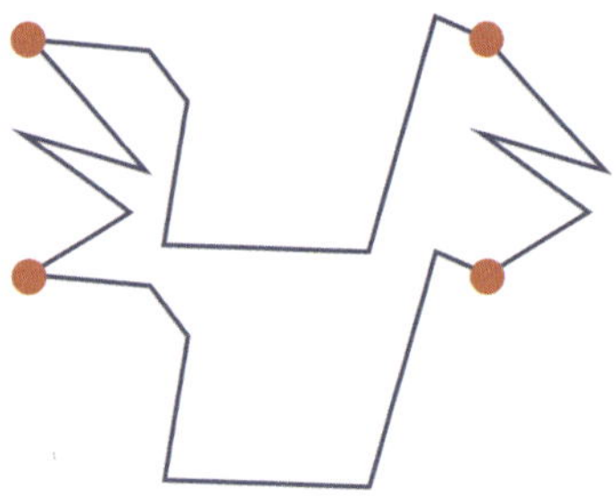

(4) Eine nächste kleine Veränderung am „Kopf“ lässt ein Maul entstehen. Nach der identischen Anpassung der gegenüberliegenden Seite könnte man sich nun dort ein gefiedertes „Schwanzende“ vorstellen. Vielleicht wird die Kachel zu einem Vogel; vielleicht zu einem Huhn?

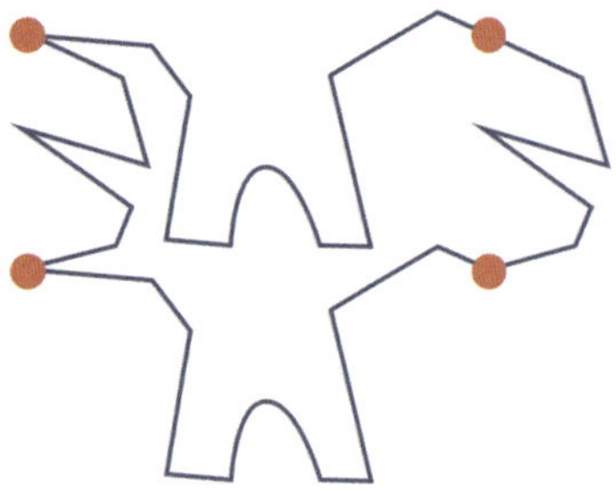

(5) Das Huhn braucht Beine. Das Einfügen einer einfachen Einbuchtung an der Unterkante der Kachel schafft Vorder- und Hinterbeine, was eher auf ein Säugetier als auf einen Vogel hinweist. Gekrümmte Linien sind für abstrakte oder figürliche Kachelmotive natürlich genauso erlaubt wie gerade Linien und sollten auch überall dort, wo sie Sinn machen, verwendet werden. Unsere letzte Veränderung muss an der Oberkante als Ausbuchtung wiederholt werden und deutet einen Flügel an. Kopf und Schwanz werden noch ein wenig nachbearbeitet und die Kachel nimmt die Form einer Fantasiekreatur an.

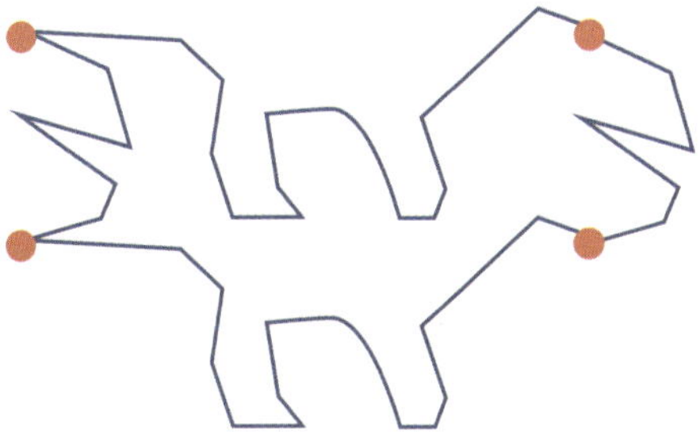

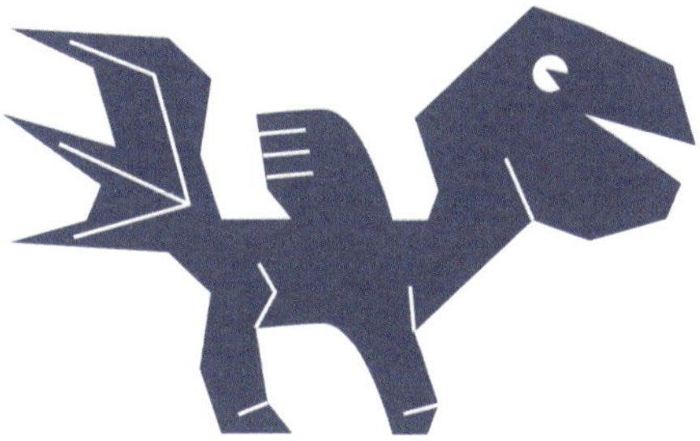

(6) Sobald das Thema feststeht, werden alle Seiten der Kachel soweit nachbearbeitet, bis das Motiv deutlich zutage tritt. Hier sind fast alle Linien noch geringfügig verändert worden. Vor allem wurde die Kachel insgesamt verbreitert, wodurch sich der Körper im Verhältnis zu Kopf und Schwanz vergrößert hat. Der Schlüssel zum Gelingen eines Entwurfs liegt darin, dafür zu sorgen, dass das, was beispielsweise für das Maul funktioniert, gleichermaßen für den Schwanz funktioniert, da diese beiden Linien identisch sein müssen. Jede Linie und jede Ecke hat ihren Zwilling auf der gegenüberliegenden Seite der Kachel, der bei allen Aspekten der Silhouette gleichermaßen berücksichtigt werden muss. Durch Farbgebung und ein paar geschickt gewählte Zeichenlinien wird die Kachel endgültig als Baby-Drache erkennbar.

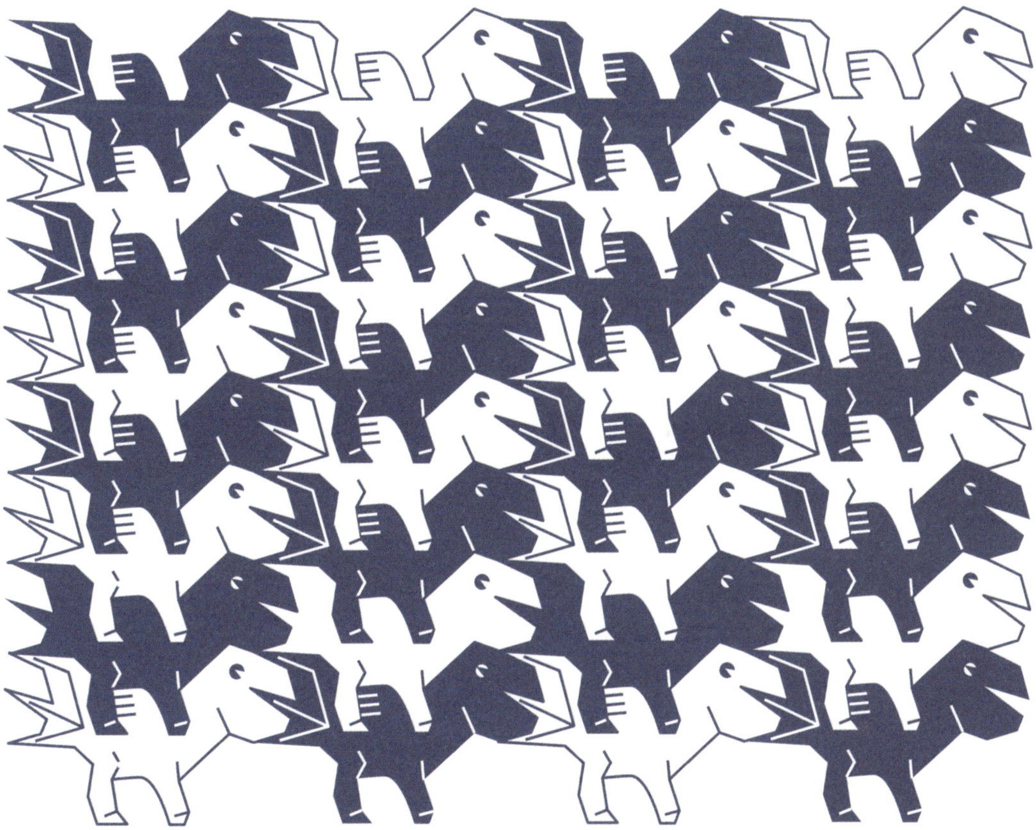

(7) Für sich allein betrachtet ist die Kachel nun schon so komplex, dass man sich kaum vorstellen kann, dass sie eine Fläche lückenlos füllen könnte, aber genau das tut sie, wie das Wiederholungsmuster aus den gerasterten Rechteckkacheln beweist. Obwohl es sich bereits um ein anspruchsvolles Wiederholungsmuster handelt, ist das hier gezeigte Beispiel noch relativ einfach. M.C. Escher war in der Lage, die Technik noch um einiges mehr auszufeilen. Zum Beispiel entwarf er Kacheln, die alle das gleiche Motiv wiedergaben, aber in abwechselnde Richtungen wies (anstatt alle in die gleiche Richtung, wie hier) oder Kacheln, die sich alle unterschieden, oder Kacheln, die sich um einen Drehpunkt wiederholten und entweder wuchsen oder schrumpften, wenn sie sich von ihm entfernten, oder Metamorphosen, bei denen sich ein Motiv unmerklich in ein anderes verwandelte. Er arbeitete auch mit dreieckigen oder sechseckigen Kacheln. Zu diesen Systemen kommen wir auf den folgenden Seiten.

Drehsymmetrische Dreieckskacheln

Es gibt zwei Möglichkeiten, dreieckige Kacheln abzuwandeln, um sie später zu parkettieren. Die erste besteht in der Verformung zweier der drei Seiten und dem Drehen des Dreiecks um einen Punkt.

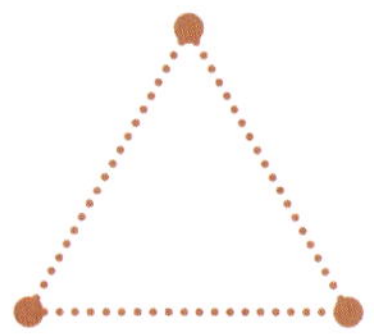

(1) Bezeichnen Sie die Ecken eines gleichseitigen Dreiecks mit drei Punkten.

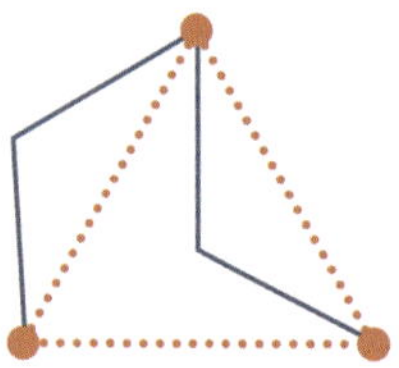

(2) Verformen Sie eine Seite des Dreiecks. Wiederholen Sie die Verformung an einer anderen Seite so, dass sich die beiden Linien in einem Eckpunkt treffen, hier an der Spitze des Dreiecks. Eine der veränderten Seiten liegt nun inmitten des Dreiecks, die andere außerhalb.

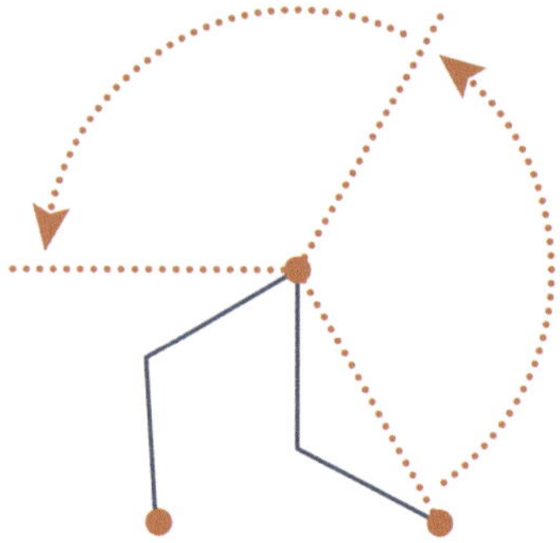

(3) Die beiden verformten Linien nehmen einen Winkelabschnitt von 120° eines 360°-Kreises ein und können noch zweimal wiederholt werden, um den Kreisumfang von 360° voll zu machen (es handelt sich um eine dreizählige Drehung, siehe Seite 23).

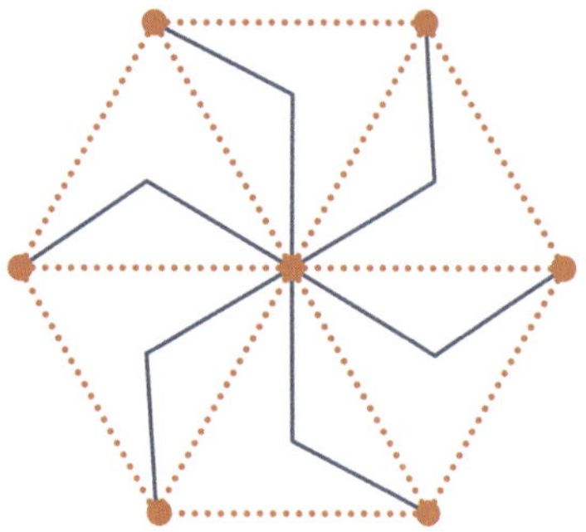

(4) Das Ergebnis ist ein Sechseck, das sich aus sechs gleichseitigen Dreiecken zusammensetzt, mit sechs identischen vom Mittelpunkt ausstrahlenden Linien.

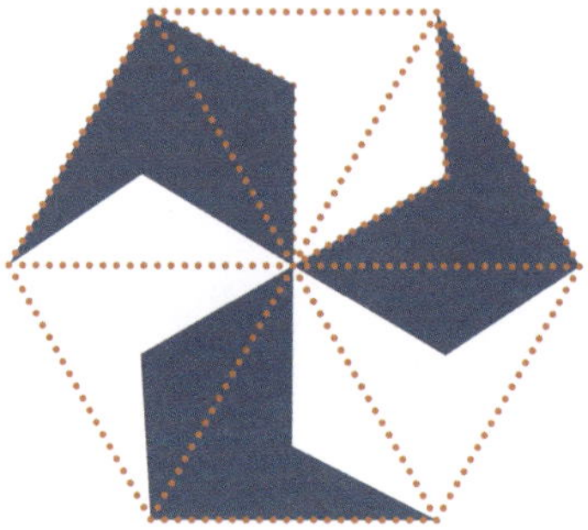

(5) Durch abwechselnde Farbgebung treten die sechs identischen Vielecke deutlich hervor. Bei dieser Methode wird der Umriss des Sechsecks nicht übertreten. Dazu wäre die Veränderung auch der dritten Dreiecksseite notwendig, wozu wir im nächsten Abschnitt kommen.

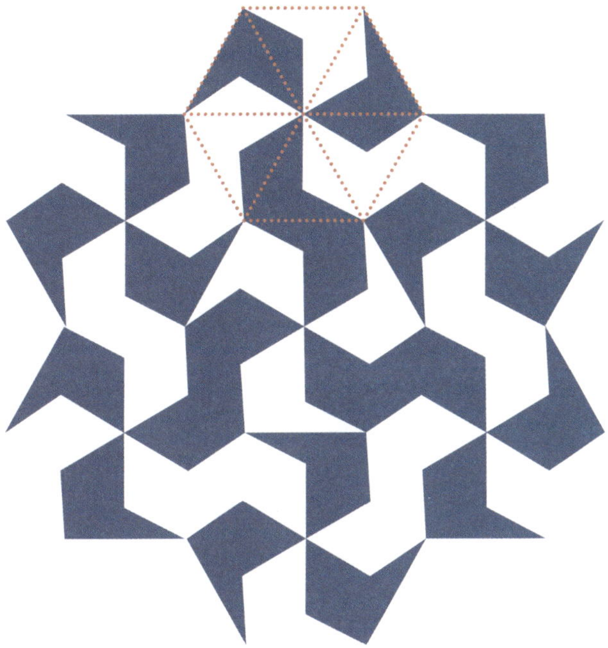

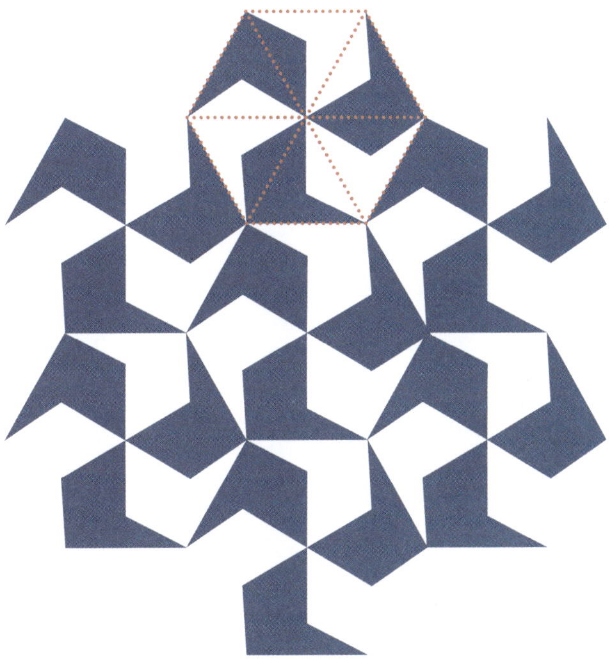

(6) Für die Anordnung identischer Sechsecke gibt es zwei Möglichkeiten. Die sechs Seiten des Sechsecks in Schritt 5 wechseln zwischen zwei Farben ab. Eine Möglichkeit der Anordnung besteht darin, sie so zu arrangieren, dass an verschiedenen Kacheln alle blauen Kanten mit anderen blauen Kanten zusammenstoßen und alle weißen Kanten mit anderen weißen Kanten. Dies ist beim ersten hier abgebildeten Beispiel der Fall. Beim Verbinden von Blau an Blau und Weiß an Weiß ist auffällig, dass sich nun ein Teil der Vielecke von einem Sechseck zum nächsten fortsetzt und lange S-förmige Vielecke bildet.

Das zweite Beispiel hier zeigt jeweils die Verbindung einer blauen Kante eines Sechsecks mit einer weißen Kante eines anderen, sodass beim Flächenschluss der Sechsecke niemals gleiche Farben aneinanderstoßen. Dies lässt die sechs hakenförmigen Vielecke innerhalb eines jeden Sechsecks intakt und bewirkt, dass alle Kacheln identisch sind.

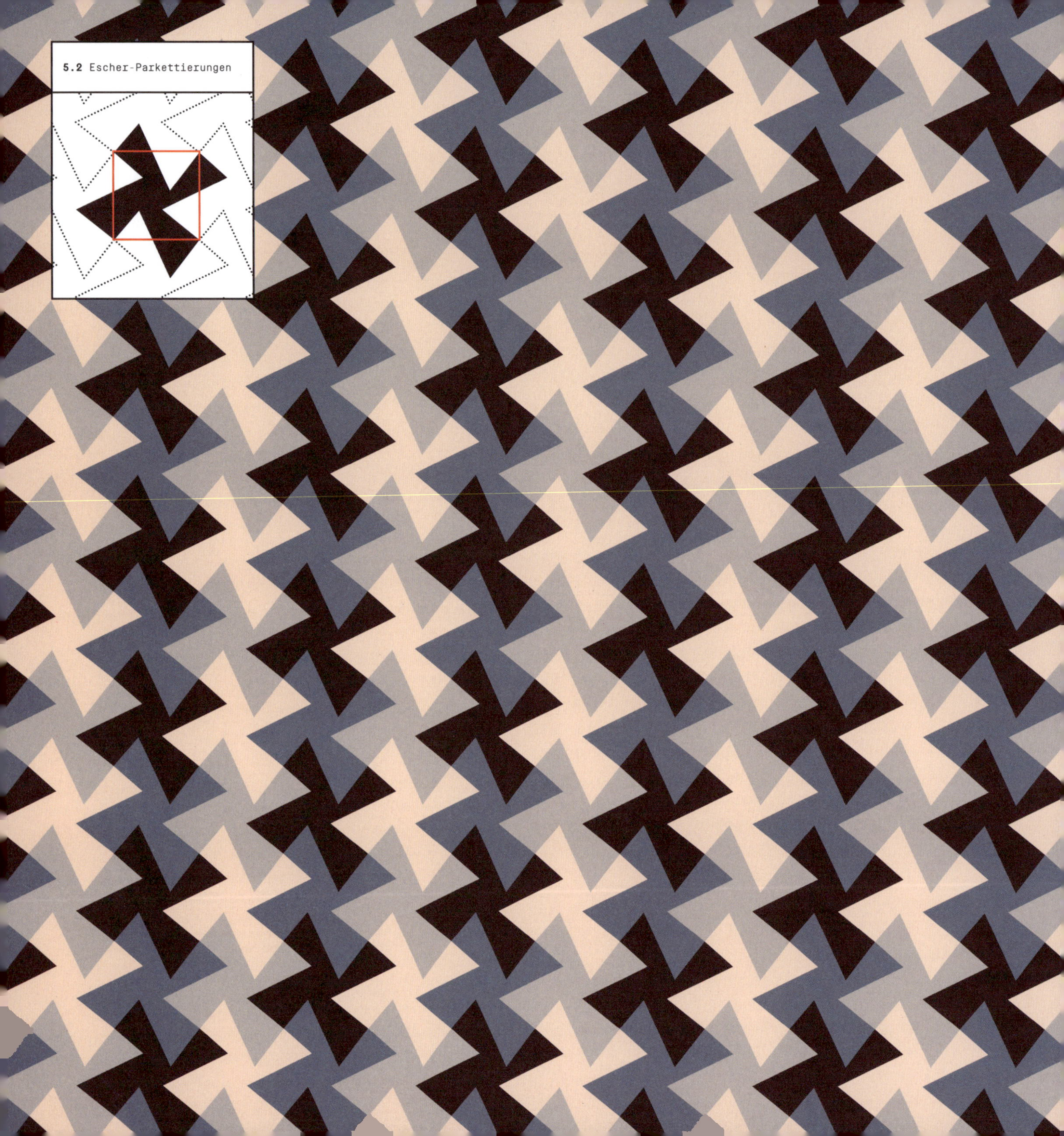

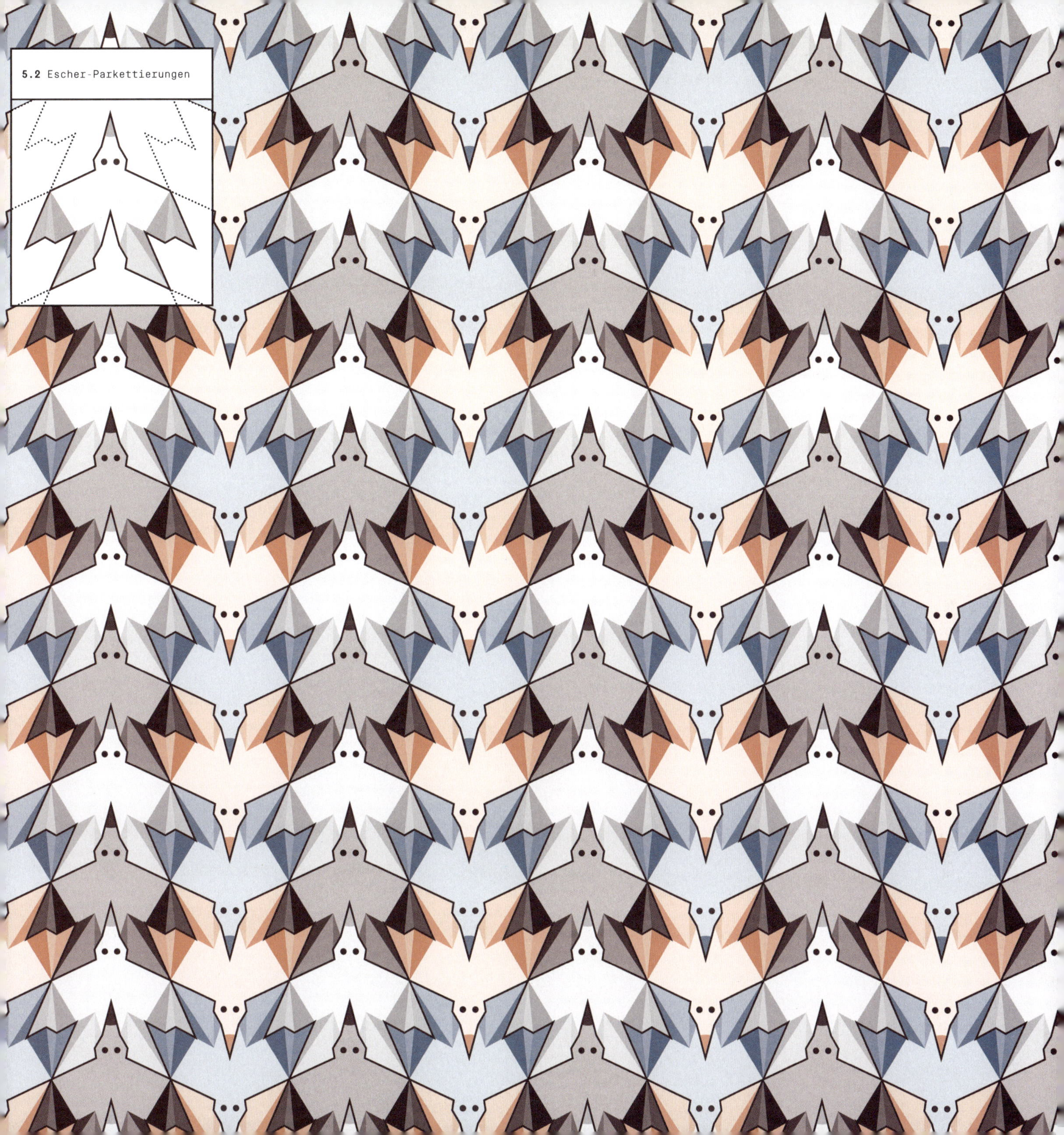

5.2 Escher-Parkettierungen

Dreieckkacheln mit Flächenschluss

Um mit dieser zweiten Methode Dreiecke abzuwandeln, die sich dennoch parkettieren lassen, werden alle drei Seiten des Dreiecks so verformt, dass sich die Kachel in einem einfachen Gittermuster über die Fläche verteilen lässt.

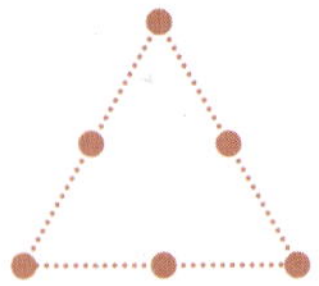

(1) In den Beispielen auf den Seiten 138 – 143 wurden lückenlos flächendeckende Kacheln durch Verformung gegenüberliegender Seiten eines Quadrats oder Rechtecks geschaffen, wobei eine Seite eine konvexe Form annahm, die gegenüberliegende Seite entsprechend konkav. Bei Dreiecken gibt es keine gegenüberliegenden Seiten, also ist die Methode so nicht anwendbar. Mit einem Trick klappt es aber auch so: Legen Sie zuerst die Ecken des Dreiecks fest und finden Sie dann die Mittelpunkte der Seiten.

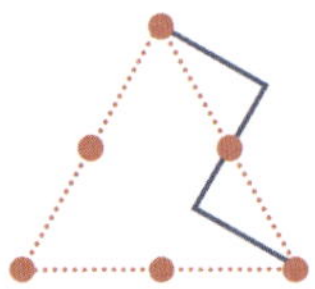

(2) Verändern Sie an einer Dreiecksseite eine Hälfte des Umrisses nach außen und die andere Hälfte entsprechend nach innen. Jede Hälfte stellt die 180°-Drehung der anderen Hälfte dar.

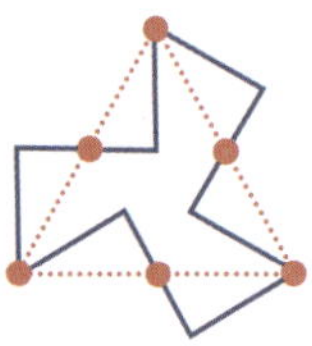

(3) Wiederholen Sie die gleiche Verformung an den anderen beiden Dreiecksseiten unter Beachtung der gleichen Regel. Es gibt viele Wege, die Seiten des Dreiecks zu verformen, aber geben Sie wie immer darauf Acht, dass keine zu scharfen Winkel und keine zu spitzen Ecken entstehen.

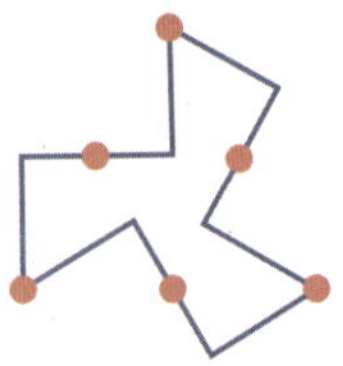

(4) Hier der endgültige Umriss der Kachel ohne die Linien der dreieckigen Grundstruktur.

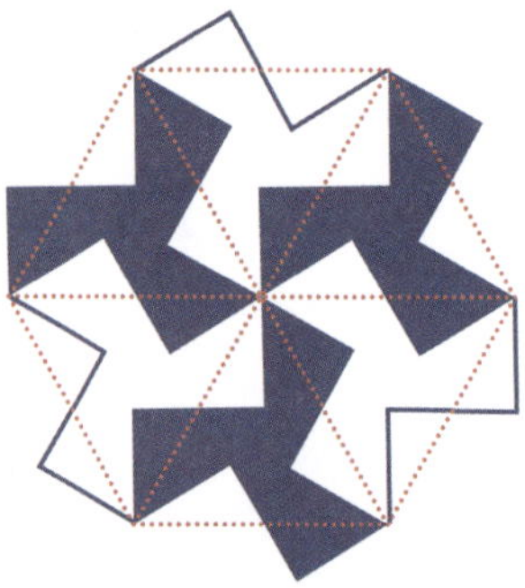

(5) Sechs gleiche Kacheln wurden nun um einen Zentralpunkt gruppiert (eine Drehsymmetrie der Ordnung 6 – siehe Seite 24).

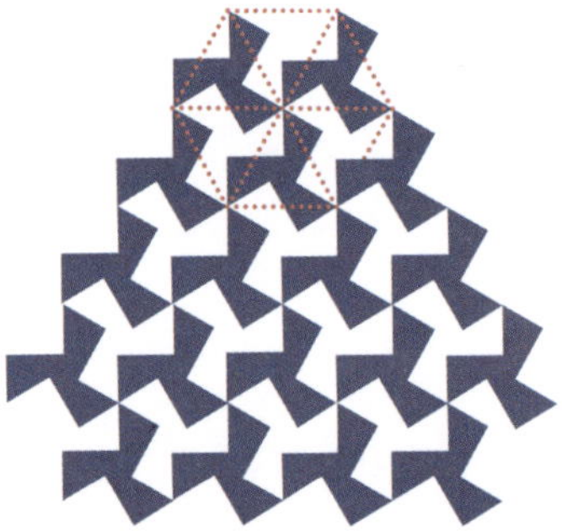

(6) Schließlich ergibt sich aus den dreieckigen Kacheln dieses Gittermuster.

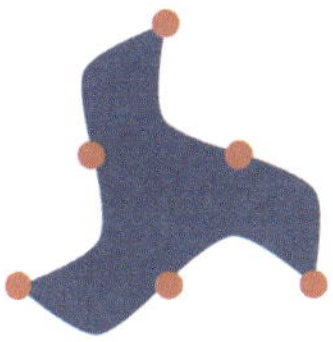

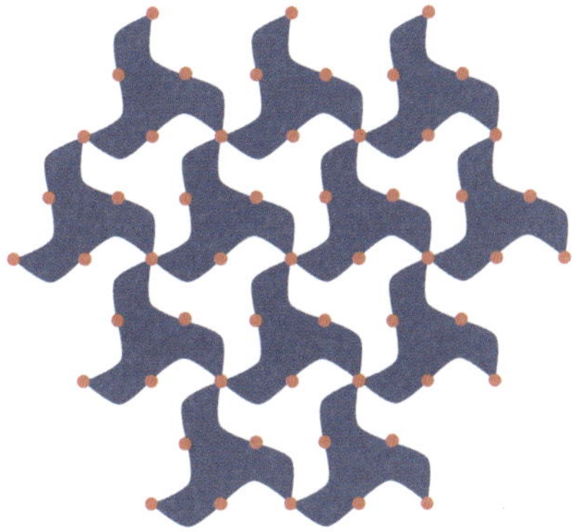

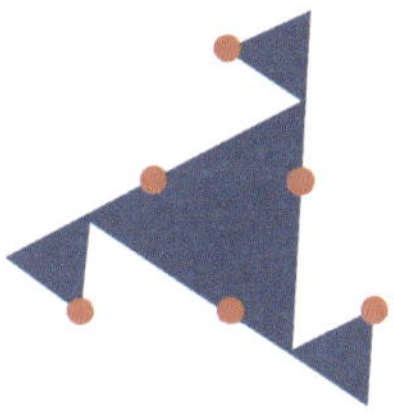

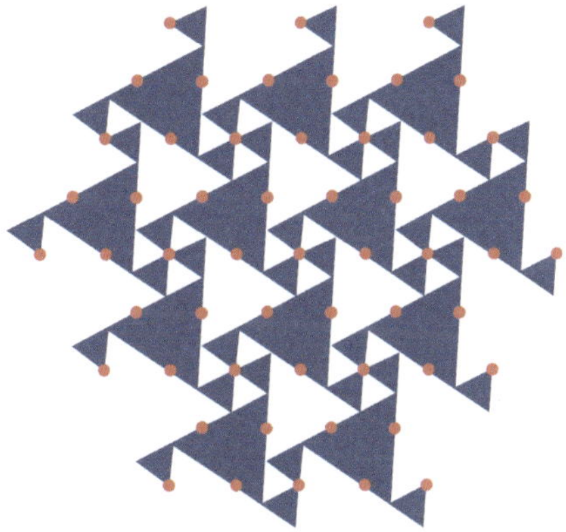

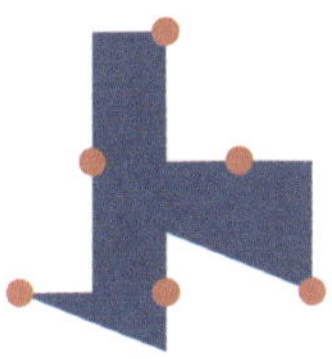

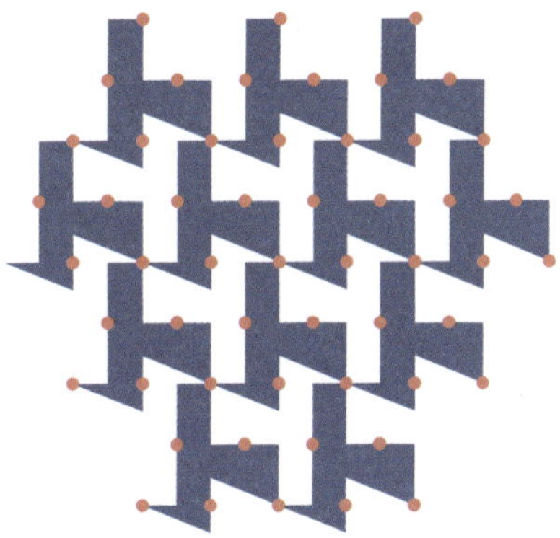

(7) Diese Art der Musterbildung lässt viele Variationsmöglichkeiten zu, einschließlich gekrümmter Kanten und Kacheln, die sich um die Ecken anderer legen. Die Seiten müssen nicht notwendigerweise alle identisch sein. Das letzte Beispiel zeigt ein Dreieck mit drei verschiedenen Seiten. Beachten Sie, wie jede Seite noch der Regel „halb konvex, halb konkav" folgt, die sicherstellt, dass jede Seite exakt an die drei Seiten ihres Nachbarn andocken wird. Bei dieser Variante kommt das endgültige Wiederholungsmuster nicht durch Drehung zustande, wie die anderen Wiederholungsmuster der abgebildeten Beispiele, sondern durch Verschiebung. Auf eine Seite gedreht, sieht die Kachel aus wie ein Kaninchen, auf die andere gedreht, wie ein Segelboot mit Ruderpinne. Mit nur wenig Bearbeitung sollte es möglich sein, die Kachel konkreter zu gestalten. Die Methode funktioniert auch noch, wenn es nur zwei verschiedenartige Seiten gibt, also zwei identische und eine dritte andere Seite.

5.2 Escher-Parkettierungen

Sechseckkacheln

Sechseckkacheln sind Hybridformen. Sie bedienen sich der Geometrie gleichseitiger Dreiecke, aber weil sie eine gerade Anzahl von (sechs) Seiten haben, können sie nach den Regeln für Quadrate und Rechtecke den Symmetrieoperationen mit gegenüberliegenden und abwechselnden Seiten unterzogen werden. Da in ihren Ecken drei Winkel von 120° zusammentreffen, wird das Wiederholungsmuster erst bei drei Farben erkennbar, zwei reichen nicht aus.

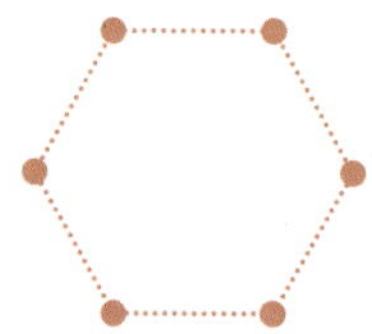

(1) Sechs Punkte definieren ein Sechseck.

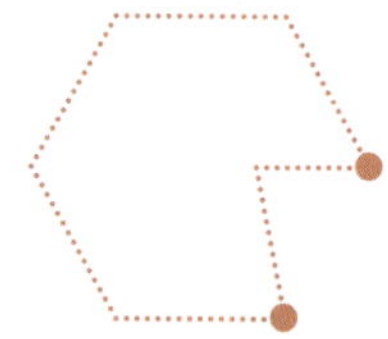

(2) Eine Seite wird nach innen verformt. Es gibt viele Möglichkeiten, wie dies aussehen kann, zur Verdeutlichung ist hier ein einfaches Beispiel gewählt.

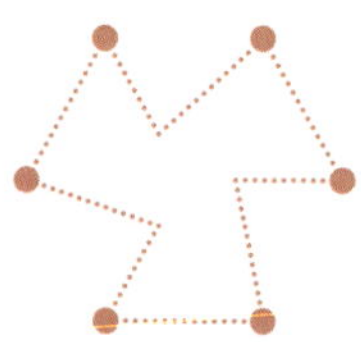

(3) Nehmen Sie die gleiche Verformung an jeder zweiten Kante des Sechsecks vor.

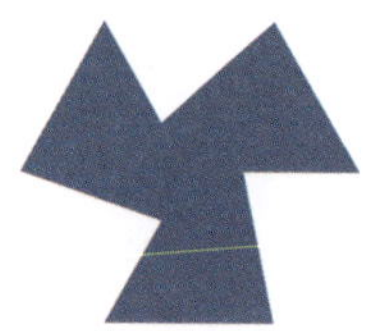

(4) Geben Sie dem Musterteil der Kachel Farbe, damit er eindeutig zu erkennen ist.

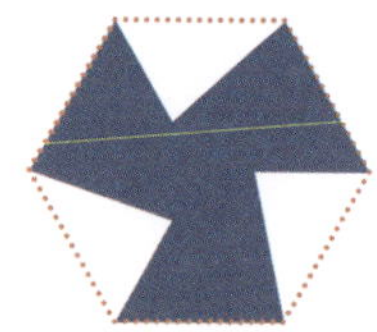

(5) Stellen Sie das Motiv in die umgrenzende Sechseckkachel.

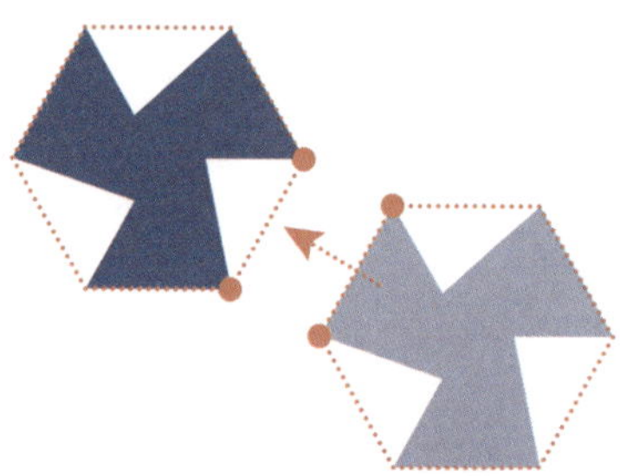

(6) Kopieren Sie die Sechseckkachel, ändern Sie dabei jedoch die Füllfarbe des Motivs. Rücken Sie beide Sechsecke so aneinander, dass eine farbige Kante des einen Sechsecks an eine weiße Kante des anderen stößt.

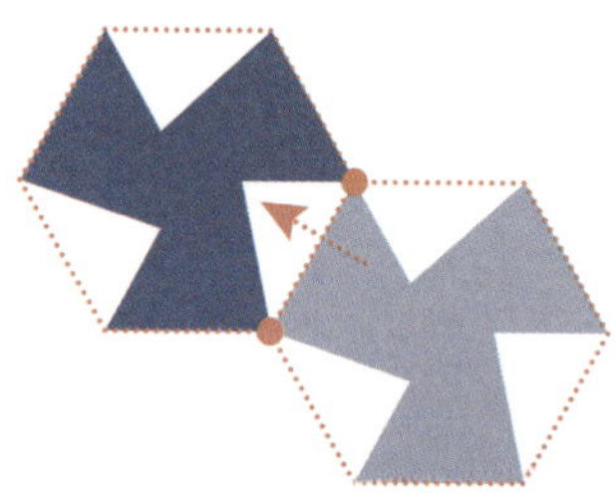

(7) Zwischen beiden Sechsecken ergibt sich ein umschlossener weißer Bereich, der in unserem Beispiel ein Dreieck ist. Verlängern Sie eine farbige Kante der einen Kachel um genau diesen weißen Bereich über die Sechseckgrenze hinaus.

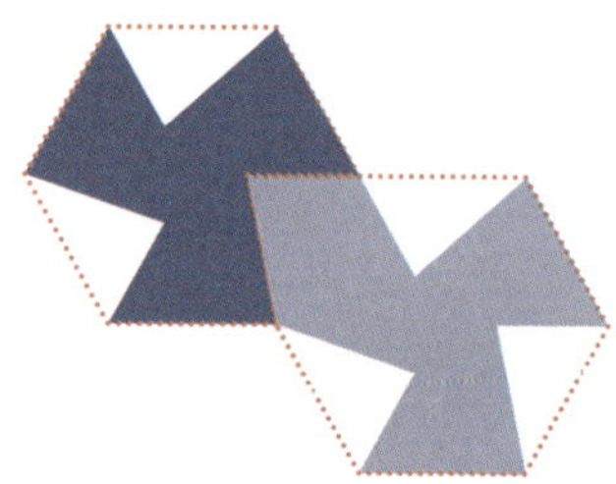

(8) Es entsteht das abgebildete Ergebnis. Die hellblaue Kachel reicht lückenlos bis an die dunkelblaue.

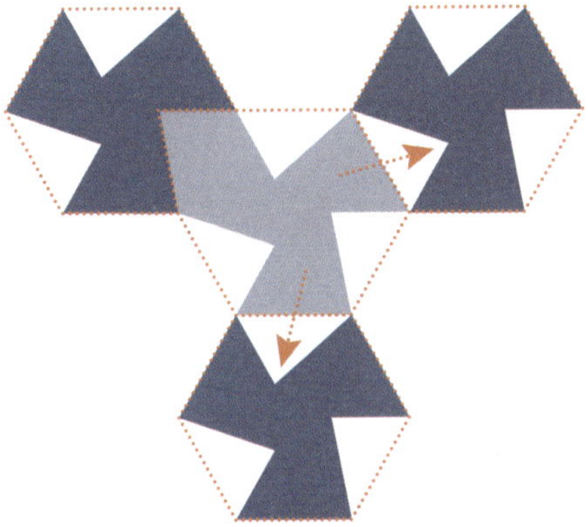

(9) Wiederholen Sie die letzten drei Schritte noch zweimal und dehnen Sie dabei die hellblaue Kachel über die weißen Bereiche hinaus bis an die angrenzenden beiden dunkelblauen aus.

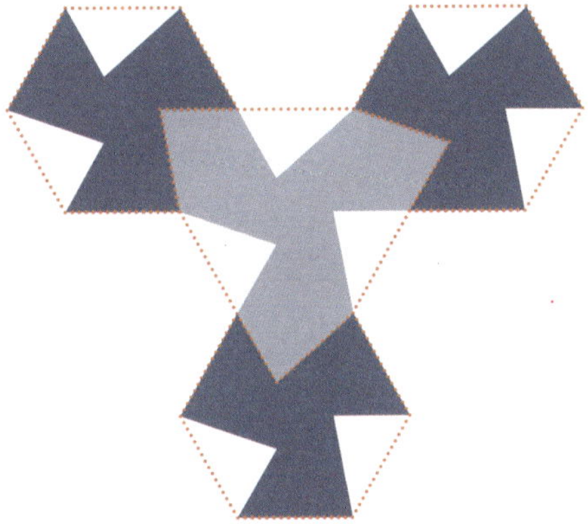

(10) Hier ist das Ergebnis. Die hellblaue Kachel ist damit vollständig.

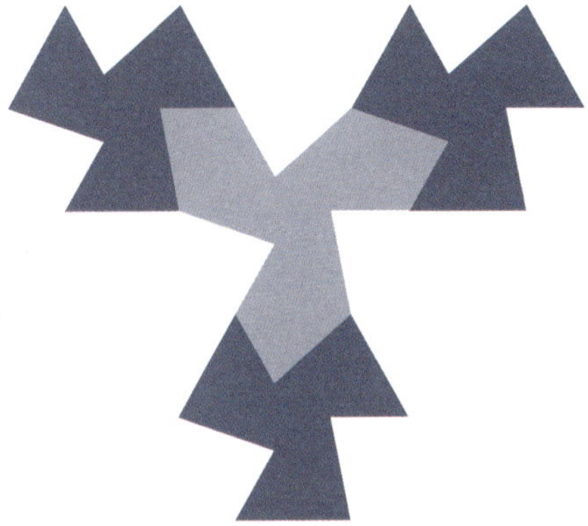

(11) Ohne die Grenzlinien der Kachel zeigt die hellblaue Kachel das obige Bild. Die gleichen Schritte nehmen Sie an den dunkelblauen Kacheln vor.

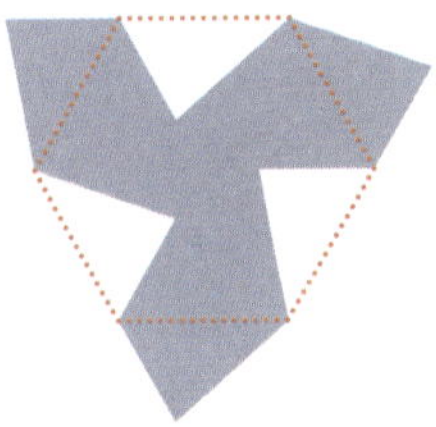

(12) Eine Analyse der hellblauen Kachel zeigt, dass die drei Bereiche außerhalb des Sechsecks identisch sind mit den drei weißen Bereichen innerhalb des Sechsecks. Es ist dieses „Geben und Nehmen", das dem Sechseckverbund die lückenlose Fortsetzung ermöglicht. Jede Kachel, egal wie seltsam geformt, entspricht immer noch genau dem Flächeninhalt des gesamten Sechsecks.

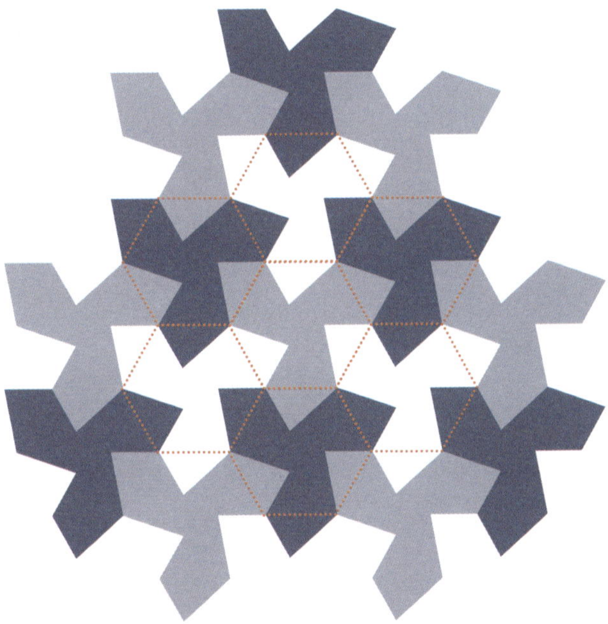

(13) Im endgültigen Wiederholungsmuster fällt auf, dass die hellen und dunklen Kacheln weiße Kacheln erzeugen, die genau die gleiche Form haben wie sie selbst. Es sind daher drei Farben nötig, um das Muster deutlich wiederzugeben. Das ursprüngliche Sechseckgitter ist schwer erkennbar, legt man es aber darüber, wird die Struktur des Rapports klar ersichtlich.

Regeln lernen, Regeln brechen

Man sagt, Regeln müssen zuerst gelernt werden, bevor man sie brechen kann. Spontanes Kreativsein ohne das Befolgen von Regeln kann von einem beachtlichen Maß an Fantasie zeugen, aber mit der gleichen Berechtigung auch als selbstbezogene Spielerei bezeichnet werden. Der unbeschränkte Ausdruck von Spontaneität kann für seinen Urheber von großer Bedeutung sein, kommuniziert aber nicht unbedingt eine Botschaft.

Auf der anderen Seite ist kreatives Schaffen, das ausschließlich einem vorgegebenen Kanon von Formeln und Konventionen, eben den „Regeln" folgt, auch nicht unbedingt dazu angetan, Botschaften zu vermitteln. Sklavische Befolgung der Regeln kann ebenso nichtssagend sein wie regellose Kreativität.

Alle großen Designer, egal welcher Sparte, ob Maler, Komponisten, Dichter oder Architekten, verdanken ihren Erfolg der Entwicklung einer eigenen Formensprache, die einzigartig und eindeutig nur ihnen zuzuordnen ist. Eine Sprache ist ein Regelwerk, aber hier geht es um eines, das selbst erarbeitet wurde, und das sich ständig und mit jedem neuen Projekt weiterentwickelt. An dieser Stelle könnte man in eine interessante philosophische Diskussion verfallen, ob Kreativität vornehmlich in Freiheit oder in Beschränkung gedeiht. Aber wo besteht der Bezug zu diesem Buch?

Nur so viel: Zunächst gilt es, das vorliegende Werk mit Bedacht zu lesen. Wichtig ist es, die Methoden zu verinnerlichen, wie auf Grundlage der vier in Kapitel 1 beschriebenen elementaren Symmetrieabbildungen die Erstellung von Wiederholungsmustern funktioniert. Daran anschließen sollte sich die praktische Umsetzung der komplexeren Methoden aus den weiteren Kapiteln. Am besten wird das Gelernte möglichst serienmäßig auf Produkte in verschiedenen Medien angewendet, um die Symmetrieoperationen für sich testen und auswerten zu können.

Haben Sie die Regeln einmal erlernt, ist es dann aber eben genauso wichtig, sie wieder zu brechen und den Versuch zu starten, Wiederholungsmuster mit Methoden zu erstellen, die das Buch nicht vorgesehen hat. Werden Regeln von jemandem verletzt, der genau weiß, welche Regeln er bricht und warum, kann die daraus entstehende Arbeit sehr informativ, intelligent und geistreich sein, statt selbstgenügsam und unkommunikativ.

Sie haben also das Buch gelesen und den korrekten Weg zu den Wiederholungsmustern verstanden. Welche Regeln könnten Sie nun versuchen zu brechen? Auf der gegenüberliegenden Seite finden Sie erste Anregungen – aber vielleicht fallen Ihnen auch selbst welche ein?

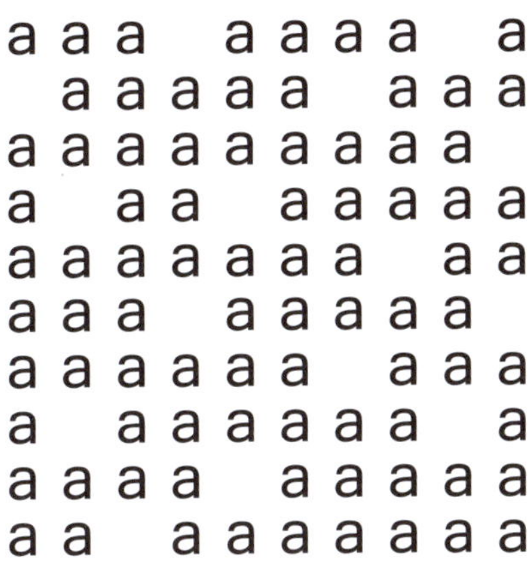

Auslassung von Musterelementen
Sie müssen nicht jedes Einzelelement – oder Motiv oder Metamotiv – in einem Rapport verwenden, es könnten einige entfallen, vielleicht nach dem Zufallsprinzip, vielleicht in einem vorgegebenen Rhythmus.

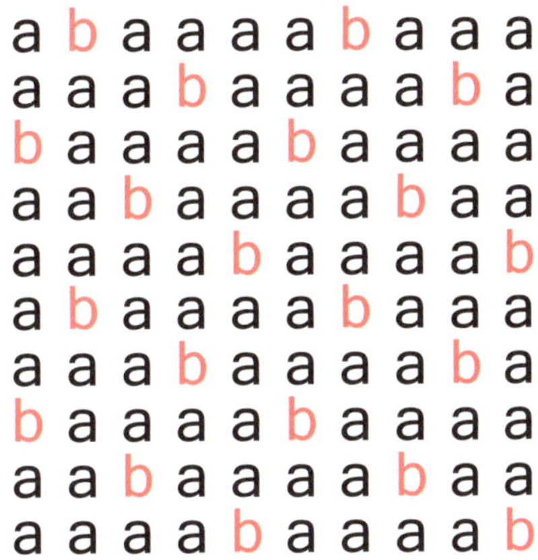

Einstreuung eines abweichenden Musterelements
Fügen Sie anstelle der immer gleichen Wiederholung desselben Einzelelements, Motivs oder Metamotivs ein zweites dazwischen ein. Vielleicht in einem zufälligen, vielleicht in einem bestimmten Wiederholungszyklus.

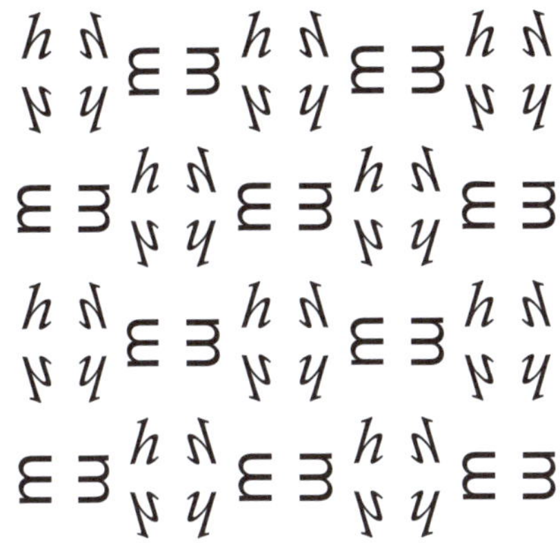

Kombination von Symmetrieoperationen
Die Zusammenstellung zweier verschiedener Symmetrieoperationen gibt einem Rapport etwas sehr Interessantes. Die beiden Operationen können ähnlich sein, wie etwa zwei Abbildungen, die rechte Winkel verwenden, oder unterschiedlich, beispielsweise eine 90°- und eine 120°-Operation.

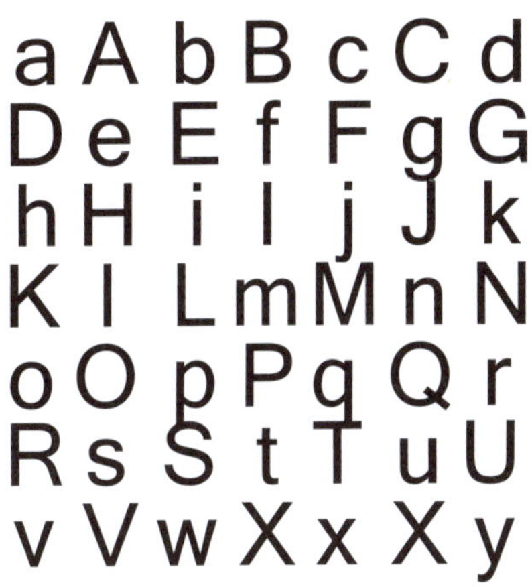

Rapporte mit jeweils verschiedenen Einzelelementen
Ein Motiv kann an sich schon ein Wiederholungsmuster sein, beim Zusammenstellen eines Gitters aus unterschiedlichen Motiven bleibt die Quintessenz eines Rapports erhalten, ohne tatsächlich ein Wiederholungsmuster zu schaffen. Das Resultat ist eine Mischung aus Chaos und Ordnung.

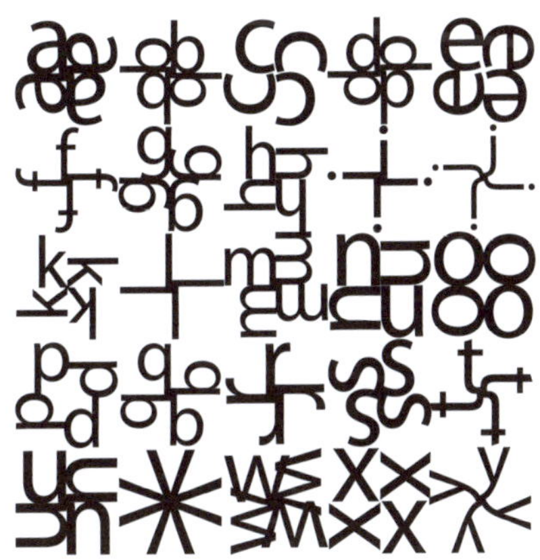

Vollkommen unterschiedliche Motive
Statt nur ein entworfenes Element wieder und wieder zu wiederholen, können Sie eine Serie verschiedener Elemente erstellen und sie jeweils nur einmal benutzen. Das ergibt kein Wiederholungsmuster, aber immerhin noch ein Gitter. Bei Wiederholung einiger einzelner Elemente lässt sich der Anschein eines Musters hervorrufen.

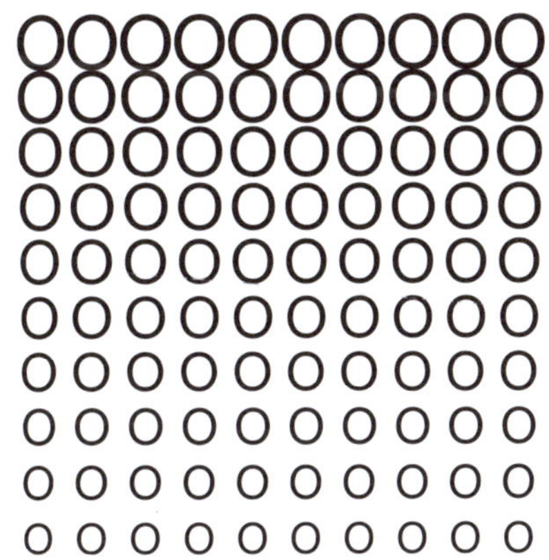

Modifikation der Elementgröße
Anstatt ein Element in gleichbleibender Größe über die Fläche zu verteilen, können Sie es von einer Kante zur anderen graduell größer oder kleiner werden lassen. Eine Alternative dazu ist das Beibehalten der Elementgröße, aber die Veränderung des Abstands zwischen den Wiederholungen.

Verzeichnis der Symmetrieoperationen

Zum leichteren Auffinden sind hier die sieben linear- und 17 plansymmetrischen Abbildungen erneut aufgeführt. Die Zusammenstellung wird Ihnen Ähnlichkeiten und Unterschiede deutlich machen und Ihnen eine Hilfestellung sein bei Ihrer Entscheidung, welche Symmetrieoperation Sie verwenden möchten.

Lineare Symmetrie

2.1 Verschiebung [Translation] [S. 40]

2.2 Verschiebung [Translation] + vertikale Achsenspiegelung [S. 42]

2.3 Verschiebung [Translation] + 180°-Drehung [S. 44]

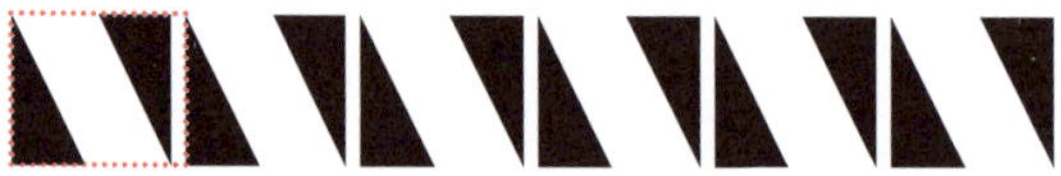

2.4 Verschiebung + Gleitspiegelung [S. 48]

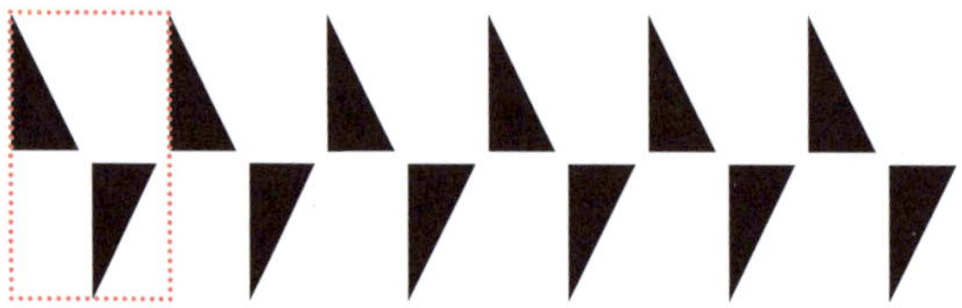

2.5 Horizontale Achsenspiegelung [S. 50]

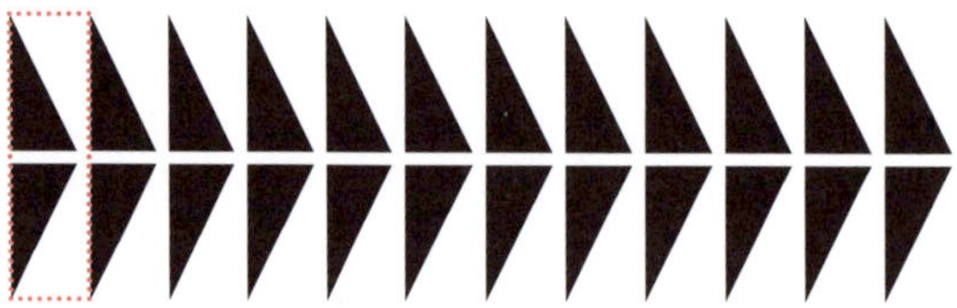

2.6 Vertikale Achsenspiegelung + Verschiebung
+ horizontale Achsenspiegelung + 180°-Drehung [S. 52]

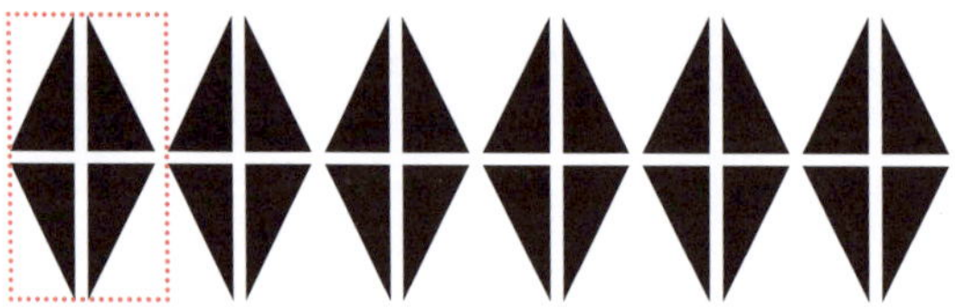

2.7 Verschiebung + vertikale Achsenspiegelung
+ 180°-Drehung + vertikale Achsenspiegelung [S. 54]

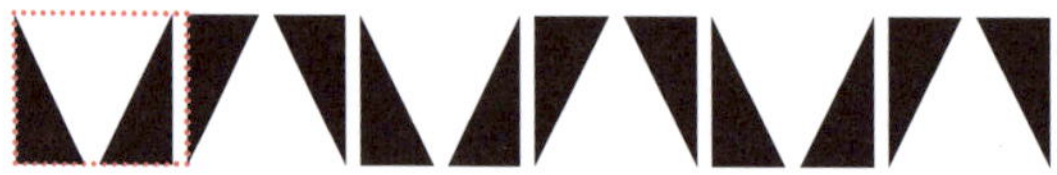

Plansymmetrie

3.1 Parallelverschiebung [S. 58]

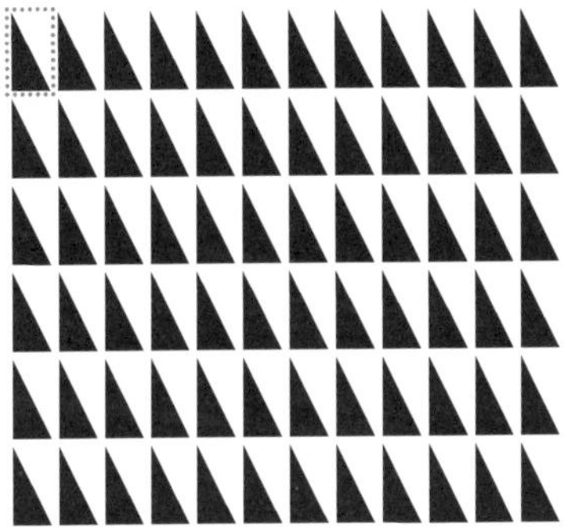

3.2 Gleitspiegelung [S. 60]

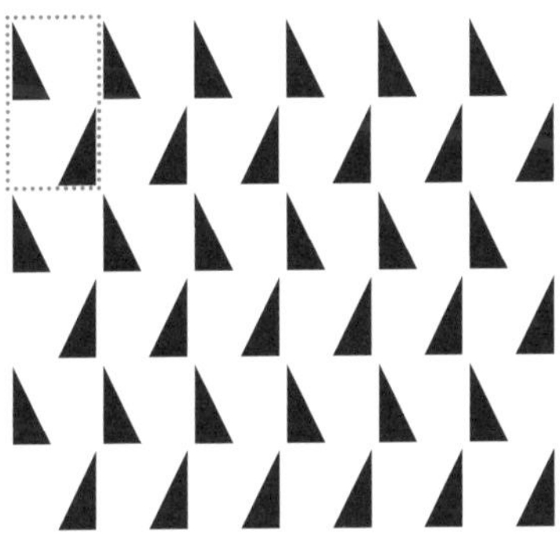

3.3 Doppelte Spiegelung [S. 64]

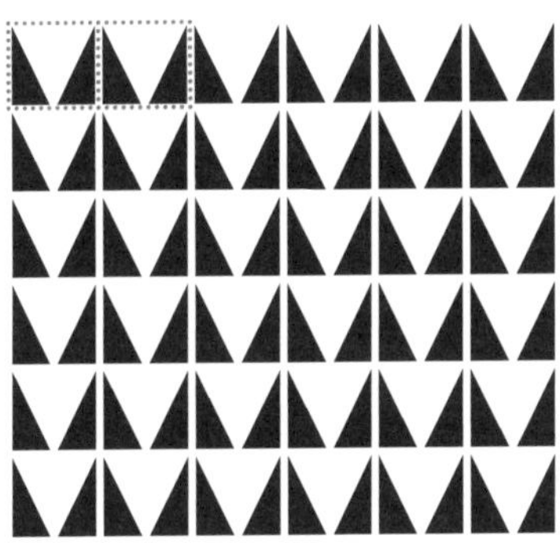

3.4 Spiegelung + parallele Gleitspiegelung [S. 66]

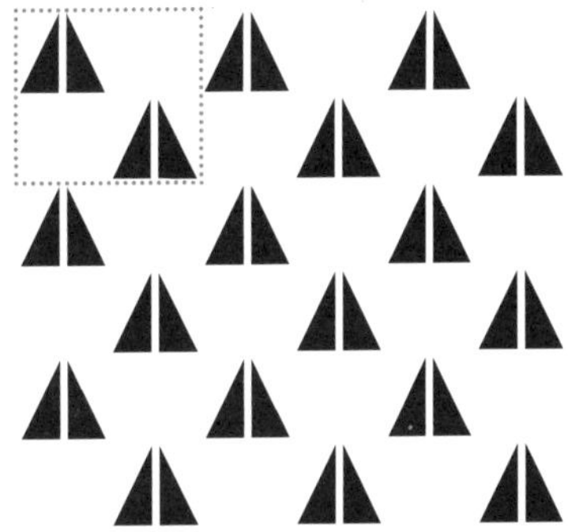

3.5 Drehung um 180° [S. 70]

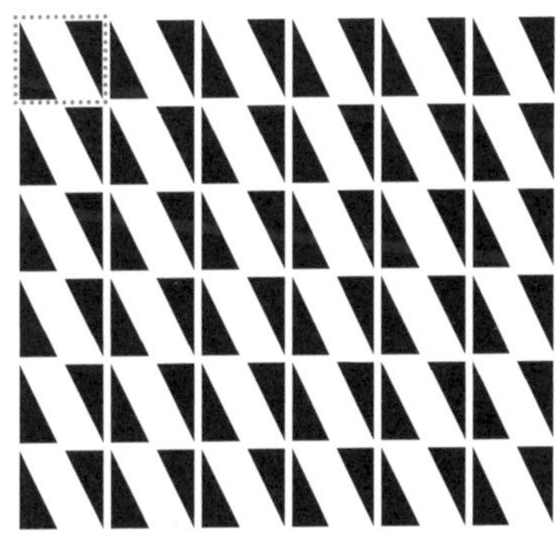

3.6 Spiegelung + rechtwinklige Gleitspiegelung [S. 72]

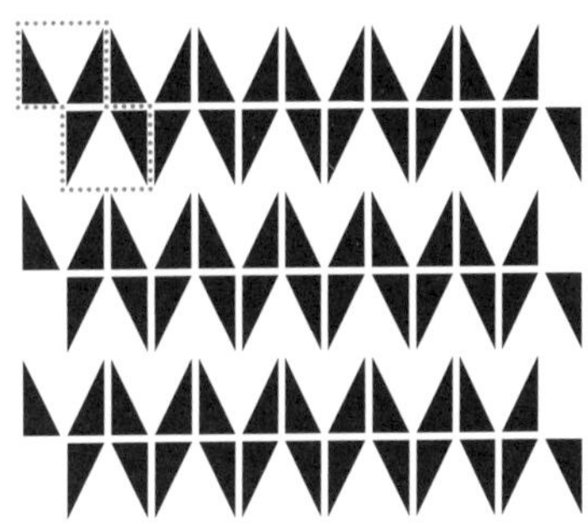

Verzeichnis der Symmetrieoperationen

3.7 Zwei Gleitspiegelungen im rechten Winkel [S. 76]

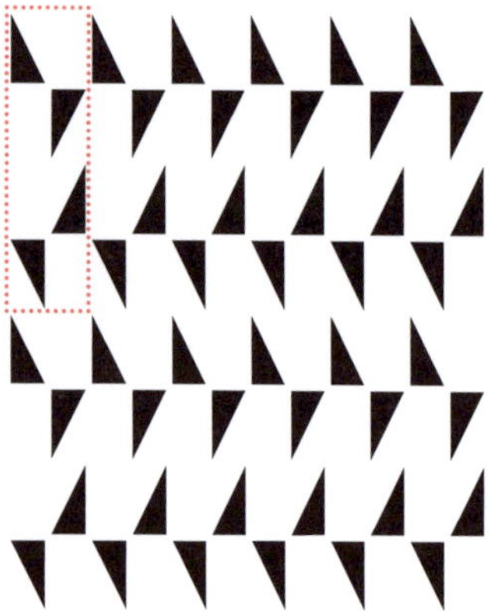

3.8 90°-Spiegelungen um einen Punkt [S. 78]

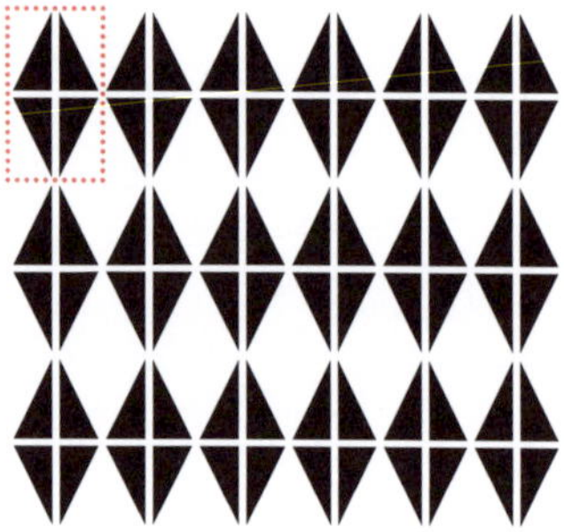

3.9 Spiegelung + Drehung + Spiegelung + Spiegelung im rechten Winkel [S. 82]

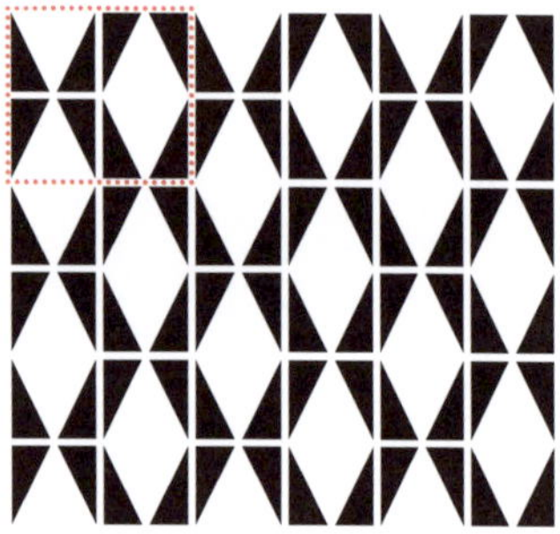

3.10 Drei Drehungen um 120° [S. 84]

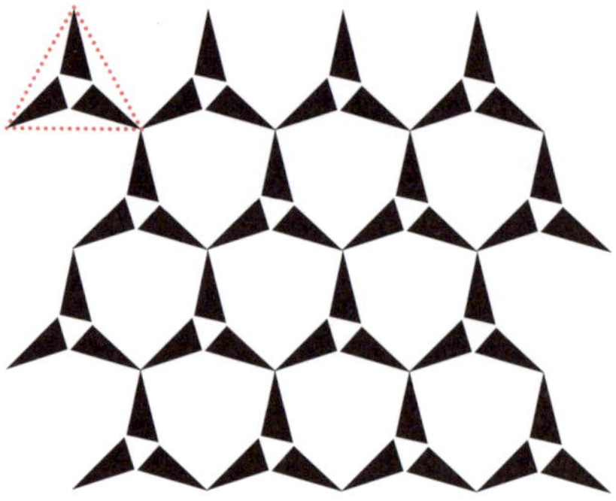

3.11 Spiegelungen gleichseitiger Dreiecke [S. 88]

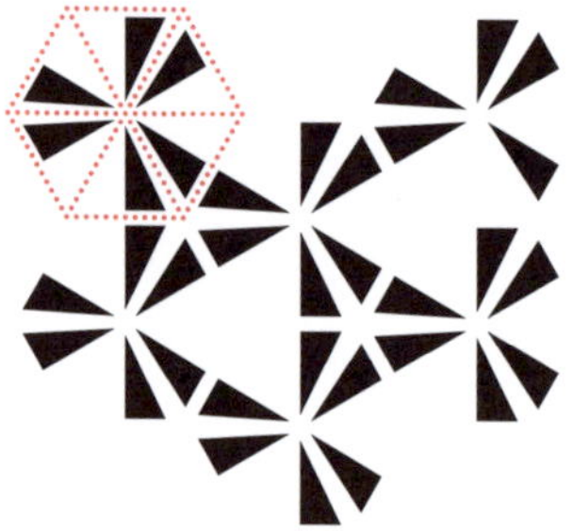

3.12 Gespiegelte 120°-Drehungen [S. 90]

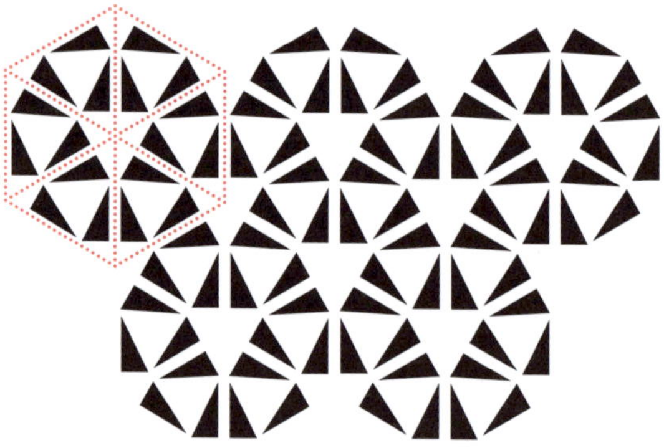

3.13 Drehungen um 90° [S. 94]

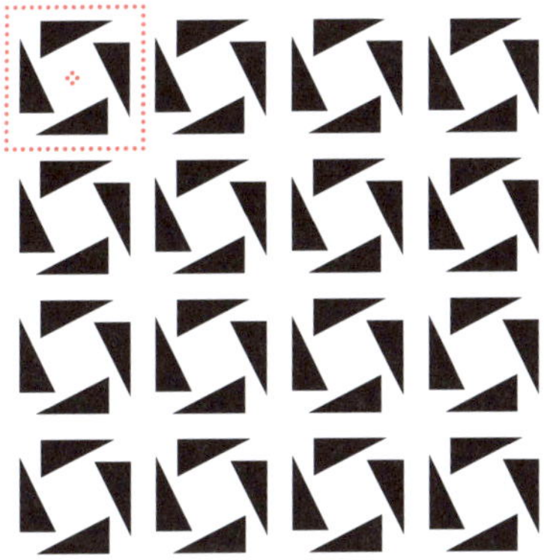

3.16 Drehungen um 60° [S. 102]

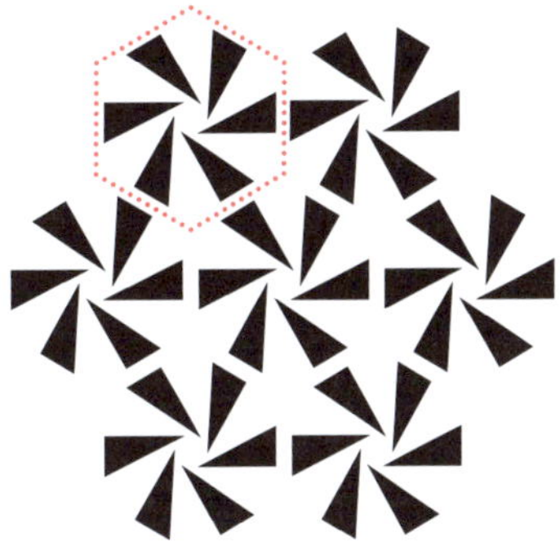

3.14 Spiegelungen von 90°-Drehungen [S. 96]

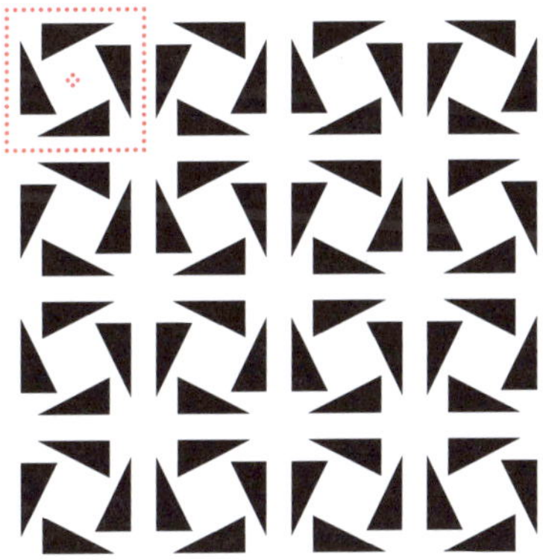

3.17 Seitenspiegelung bei Dreiecken mit den Winkeln 30°-60°-90° [S. 106]

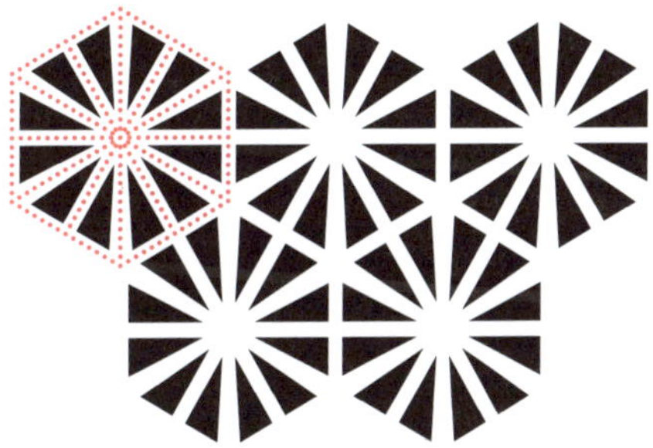

3.15 Spiegelung von Dreiecken mit den Winkeln 45°-45°-90° [S. 100]

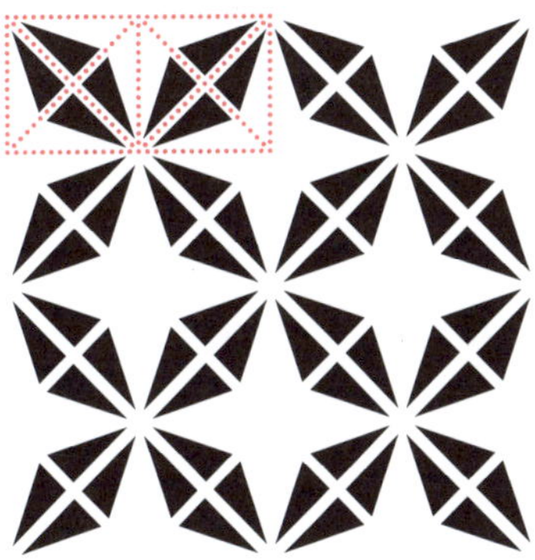

Glossar

Das Glossar umfasst die wichtigsten in diesem Buch verwendeten Fachbegriffe. Die Erklärungen beziehen sich auf deren Verwendung im Zusammenhang mit Symmetrie und Mustererstellung, daher kann es zu Abweichungen von ihrer herkömmlichen Definition kommen. Wörter, die an anderer Stelle des Glossars auftauchen, sind kursiv gedruckt.

Achsenspiegelung
Von Achsenspiegelung spricht man, wenn die eine Hälfte einer *Figur* das deckungsgleiche Abbild der anderen Hälfte ist. (vgl. auch *Spiegelbild*.)

Asymmetrie
Von Asymmetrie spricht man, wenn eine *Figur* nicht symmetrisch ist.

Ausrichtung
Die relative Position einer *Figur* in Bezug auf eine andere *Figur*. Die Ausrichtung wird oft in Gradmaßen angegeben.

Drehpunkt
Ein gedachter *Punkt*, über den eine *Figur* gedreht wird.

Drehsymmetrie
Symmetrie, die auf der *Drehung* und *Spiegelung* einer *Figur* über einen zentralen *Punkt* beruht.

Drehung
Bei der Drehung wird eine *Figur* über einen zentralen *Punkt* gespiegelt. (Vgl. auch *Spiegelachse*.)

Dreidimensionalität
Dreidimensionalität liegt vor, wenn ein Objekt räumlich existiert, das heißt wenn es Höhe, Breite und Tiefe aufweist.

Ebene
Eine plane, zweidimensionale *Fläche*.

Eindimensionalität
Die Ausdehnung bzw. Entfaltung einer *Figur* entlang einer Geraden. (Vgl. auch *lineare Symmetrie)*

Einzelelement
Der kleinste Teil eines *Wiederholungsmusters*. Mehrere Einzelelemente werden zu dem *Motiv* zusammengesetzt.

Element
vgl. *Einzelelement*

Escher-Parkettierung
Art von *Parkettierung*, die nach dem niederländischen Künstler und Grafiker M.C. Escher (1898-1972) benannt ist. Die *Muster* zeichnen sich durch komplexe und ausgeklügelte *Kachelungen* aus, wobei die *Kacheln* oft die Form von Objekten, Tieren oder Menschen abbilden.

Euklidische Geometrie
Nach dem griechischen Mathematiker Euklid (ca. 300 v. Chr.) benanntes Teilgebiet der Geometrie. Die Euklidische Geometrie beschreibt anhand von anschaulichen Beispielen einige Grundpostulate der Geometrie. Sie gilt als Grundlage der modernen Geometrie.

Figur
Eine *zweidimensionale* grafische Abbildung.

Fläche
Eine plane, *zweidimensionale Ebene*.

Frequenz
Die Frequenz bezeichnet die Anzahl der Wiederholungen, mit der ein *Muster* über eine gegebene Strecke wiederholt wird. (vgl. auch *Modifikation der Abstände*.)

Gittermuster
Wiederholungsmuster, das durch Kreuzen zweier oder mehrerer einfacher *Linienmuster* entsteht:

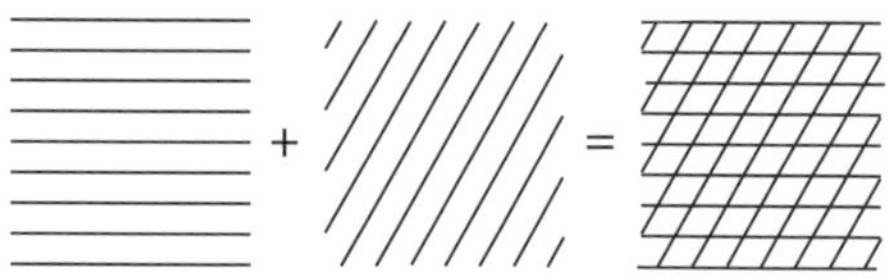

Gleichschenkliges Dreieck
Gleichschenklige Dreiecke haben zwei gleichlange Seiten und zwei Ecken mit identischen Innenwinkeln.

Gleichseitiges Dreieck
Bei gleichseitigen Dreiecken sind alle Seiten gleich lang und alle Innenwinkel betragen 60°.

Gleitspiegelung
Bei der Gleitspiegelung werden zwei *Symmetrieoperationen* miteinander kombiniert. Zuerst wird eine *Verschiebung* durchgeführt, danach folgt eine *Achsenspiegelung* in derselben Richtung wie die *Verschiebung*.

Halbversatz
Wiederholungsmuster, das aus alternierenden Zeilen sich wiederholender *Einzelelemente*, *Motive* oder *Metamotive* besteht, wobei die Zeilen versetzt zueinander erscheinen:

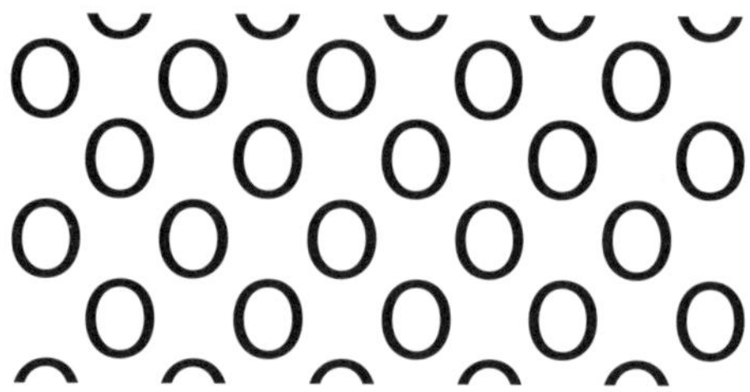

Kachel
Kacheln sind identische *Vielecke*, die über eine *zweidimensionale Ebene* zu einem *Wiederholungsmuster* zusammengesetzt werden können.

Kachelung
vgl. *Parkettierung*

Lineare Symmetrie
Von linearer Symmetrie spricht man, wenn *symmetrische Operationen* entlang einer Geraden erfolgen.

Metamotiv
Metamotive entstehen durch die Verknüpfung zweier oder mehrerer *Motive*.

Modifikation der Abstände
Veränderung der Abstände zwischen den einzelnen Motivelementen. (Vgl. auch *Frequenz*)

Motiv
Eine *Figur*, die aus zwei oder mehr *Einzelelementen* besteht.

Muster
vgl. *Wiederholungsmuster*

Nahtlose Muster
Ein nahtloses Muster ist ein *Wiederholungsmuster*, bei dem Anfang und Ende des Rapports bzw. dessen Grenzen auf den ersten Blick nicht zu erkennen sind. Typische Beispiele für diese Art *Muster* sind Dekostoffe und Tapeten.

Nulldimensionalität
Singularität. Ein *Punkt* ist nulldimensional, da er weder Höhe, Breite noch Tiefe hat.

Operation
Eine Prozedur, die an etwas durchgeführt wird. (vgl. auch *Symmetrieoperationen*)

Ordnung 2 / Ordnung 3 / usw.
Der Einteilung von *Drehsymmetrien* in *Ordnungen* liegt die Teilung eines 360°-Kreises in gleichgroße Segmente zugrunde. Bei drehsymmetrischen Operationen der *Ordnung 2* wird der Kreis in zwei Segmente von je 180° geteilt, bei drehsymmetrischen Operationen der *Ordnung 3* in drei Segmente zu je 120°, usw. Die Einteilung in Ordnungen ist nur für die *Drehsymmetrie* relevant.

Parkettierung
Zellen oder *Kacheln* werden lückenlos auf einer *Ebene* zu einem *Wiederholungsmuster* aufgebaut.

Plansymmetrie
Symmetrie auf einer zweidimensionalen *Ebene.*

Polygon
vgl. *Vieleck*

Punkt
Eine *nulldimensionale* Singularität ohne Höhe, Breite oder Tiefe. (siehe auch *Nulldimensionalität*)

Punktsymmetrie
vgl. *Drehung*, *Drehsymmetrie*

Raute
Ein *Viereck*, bei dem die gegenüberliegenden Seiten parallel zueinander liegen und keine Ecke 90° aufweist.

Rechtwinkligkeit
Eine Gerade oder *Figur*, die senkrecht in einem 90°-Winkel zu einer anderen steht.

Reflexion
vgl. *Achsenspiegelung*

Rhombisch
Die Form einer *Raute* haben.

Rotation
vgl. *Drehung, Drehsymmetrie, Punktsymmetrie*

Semireguläre Parkettierung
Bei dieser Art *Parkettierung* fügen sich die *Kacheln* nicht nahtlos aneinander, sondern es entstehen neue, *vieleckige* Formen in den Lücken zwischen den *Kacheln*:

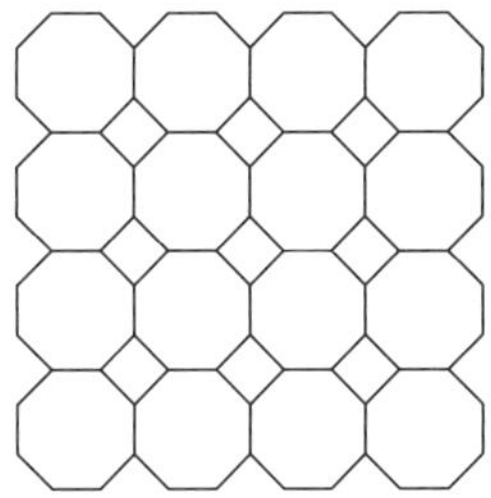

Skalieren
Eine *Figur* vergrößern oder verkleinern

Spiegelachse
Eine gedachte Linie, an der eine *Figur* gespiegelt wird.

Spiegelbild
Von Spiegelbild spricht man dann, wenn die eine Hälfte einer Figur die deckungsgleiche Abbildung der anderen Hälfte ist. (Vgl. auch *Achsenspiegelung*)

Stufenversatz
Hierbei werden Musterelemente nicht entlang einer Linie, sondern versetzt nach oben oder unten verschoben:

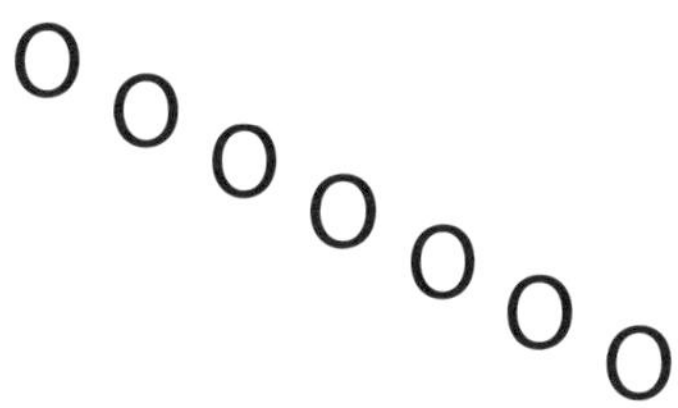

Symmetrie
Von Symmetrie spricht man, wenn eine *Figur* durch *Verschiebung*, *Drehung*, *Achsenspiegelung* oder *Drehspiegelung* deckungsgleich auf sich selbst abgebildet wird.

Symmetrieabbildungen
vgl. *Symmetrieoperationen*

Symmetrieoperationen
Es gibt vier elementare Symmetrieoperationen um *Symmetrie* zu erzeugen: die *Drehung (Rotation), Verschiebung (Translation), Achsenspiegelung (Reflexion)* und *Gleitspiegelung.*

Translation
vgl. *Verschiebung*

Trapez
Ein *Viereck*, bei dem zwei Seiten parallel zueinander liegen und keine Ecke 90° aufweist.

Ungleichmäßiges Dreieck
Ungleichmäßige Dreiecke haben drei unterschiedlich lange Seiten und weisen drei unterschiedliche Innenwinkel auf.

Verformung
Die Verformung ist eine Technik, die es erlaubt, die Seiten eines *Vielecks* komplexer und interessanter zu gestalten, dabei aber die jeweiligen Eckpunkte der Ausgangsform beizubehalten:

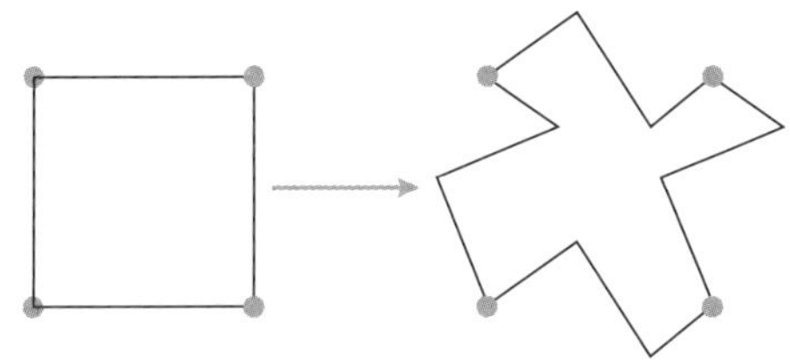

Verschiebung
Die symmetrische Verschiebung beschreibt das wiederholte Bewegen einer *Figur* (bzw. *Einzelelements, Motivs* oder *Metamotivs*) entlang einer Linie in einem vorgegebenen Abstand und einer vorgegebenem Richtung. Entfernung und *Ausrichtung* der *Figuren* zueinander müssen dabei stets gleich bleiben und die *Figuren* dürfen weder gedreht noch gespiegelt werden.

Vieleck
Eine geschlossene, *zweidimensionale*, aus geraden Linien zusammengesetzte Form, wie zum Beispiel ein Quadrat.

Viereck
Ein *Polygon* jedweder Form, das über vier Ecken und Seiten verfügt.

Wiederholungsmuster
Von Wiederholungsmustern spricht man, wenn eine *Figur* entsprechend einer oder mehrerer der *Symmetrieoperationen* wiederholt und zu einem *Muster* aufgebaut wird.

Zelle
Eine Zelle ist ein *Vieleck*, das auf einer *Ebene* zu einem sich wiederholenden *Muster* aufgebaut werden kann. Die Form des *Vielecks* wird durch das jeweils eingefügte *Einzelelement*, *Motiv* oder *Metamotiv* festgelegt. (Vgl. auch *Parkettierung*.)

Zweidimensionalität
Von Zweidimensionalität spricht man, wenn eine *Figur* auf einer *Ebene* existiert und Höhe und Breite hat, jedoch keine Tiefe.

Dank

Die Leser/-innen, denen mein Name geläufig ist, kennen mich höchstwahrscheinlich als Autor von Handbüchern zum Thema Papierfalttechniken für Designer. Erst vor kurzem habe ich erkannt, dass mein Wissen über das Papierfalten auf einem eingehenden, aber meist intuitiven Verständnis der Regeln der Symmetrie und ihrer Anwendung auf sich wiederholende Faltenmuster beruht. Zu verdanken habe ich diese Erkenntnis den Origami- und Pop-up-Künstlern sowie den vielen Studierenden, die mich im Laufe der Jahre unbewusst eine besondere Vorliebe für Symmetrien und Muster gelehrt haben.

Professor Peter Stebbing überzeugte mich, dass ein Buch über Symmetrie und Muster, speziell im Hinblick auf Designer/-innen, fehlte und dass ich es wäre, der diese Lücke füllen könnte. Ohne seinen Enthusiasmus und sein Vertrauen wäre dieses Buch nicht aus der Taufe gehoben worden.

Die im Buch verwendeten Wiederholungsmuster wurden unter meiner Anleitung von Studierenden der Abschlussklassen an der Hochschule für Gestaltung in Schwäbisch Gmünd, Deutschland, geschaffen. Für das Buch aufbereitet und koloriert hat sie der Illustrator Nicolas Pauly. Ich danke allen Studierenden für ihr Engagement und ihre schönen Arbeiten, namentlich: Sofie Ascherl, Julia Böhringer, Dennis Ehret, Franziska Fink, Lisa Kern, Manuel Goetz, Felix Gräter, Josh Greaves, Paul Kaeppler, Sascha Kurz, Lee Cheng-Yu, Carla Lenné, Annabel Müller, Yannik Peschke, Tabea Scheib, Jakob Schlenker, Mara Schmid, Lina Stadelmaier, Janis Walser-Cofalka, Leonie Weiss und Philine Winkler. Mein Dank geht auch an Professor Ulrich Schendzielorz, Prorektor der HfG, für die Erlaubnis, mit den Studierenden arbeiten zu dürfen.

Ferner danke ich meiner Lektorin Sara Goldsmith für ihr außergewöhnlich scharfes Auge und ihre großartigen redaktionellen Fähigkeiten, dem Illustrator Nicolas Pauly für seine klaren Layouts und leicht zu verstehenden Wiederholungsmuster und meiner Frau Miri Golan für ihre Geduld, wenn ich wieder einmal die Wäsche liegen ließ unter dem Vorwand, an diesem Buch arbeiten zu müssen.